응답하라!

PD수첩에 가해진 폭력과 저항의 기록

PD수첩

응답하라!

PD수첩에 가해진 폭력과 저항의 기록

PD수첩

PD수첩 제작진 지음

우리는 당신과 함께, 할 것입니다

1980년대의 암울했던 시대의 어둠을 뚫고 한국 사회는 도도히 성장해왔다. 시대의 분수령이 되었던 1987년 민주항쟁은 언론의 역사에도 새로운 흐름을 만들어냈고, MBC는 《PD수첩》이라는 탐사 저널리즘의 출발을 알렸다. 《PD수첩》은 인권과 민주적 가치의 실현, 그리고 다원화된 사회에서 언론 본연의 의제 설정이라는 역할을 자임하며 '시대의 정직한 목격자'가 되어왔다. 민감한 아이템에 대한 기득권층의 반발에 의해 몇 번의 위기가 있었지만, 진실 추구라는 우직한 신념으로 이를 극복해오며 한국 언론사에서 독보적인 자리를 구축해왔다. 당대의 어떤 권력과도 타협하지 않으며 오로지 국민만을 두려워했기에 가능한 일이었다.

그러나 2012년 11월 현재, 《PD수첩》은 1년 가까이 전파를 타지 못하고 있다. 권력에 비판적인 PD들은 해고되거나 징계 중이며, 소신 있는 작가들은 쫓겨났다. 한국 사회에서 가장 무게 있고 상징적인 탐사보도 프로그램이 완전히 붕괴되고 있다. 20년 《PD수첩》 역사에서 도저히 상상하지 못한 일들이 최근 몇 년 사이에 빈번하게 일어났으며, 끝내는 프로그램의 존재 자체가 위험한 지경에 이르렀다.

《PD수첩》의 현실은 불행하게도 한국 사회의 현주소를 가장 적나라하고 극적으로 보여주고 있다. 자신의 영달을 위해 프로그램의 정신을 훼손한 부장, 국장, 본부장이 있고, 언론사의 저널리즘을 권력에 갖다 바친 사장이 있다. 이들을 옹호하는 정치집단이 있고, 그 정점에는 이명박이라는 대통령이 있다. 그들은 그동안 한국 사회가 다져온 민주적 절차와 정당성을 송두리째 뭉개면서 뻔뻔하게도 이러한 '역사의 퇴행'을 자신의 치적이라고 주장하고 있다.

지난 몇 년간 이러한 퇴행의 한복판에서 《PD수첩》은 마녀사냥의 대상이 되기도 했으며, 검찰과 방송통신위원회 등 합법적 권력마저 《PD수첩》을 먹잇감으로 삼았다. 《PD수첩》은 십자포화를 맞았으며, 그만큼 상징성이 크기에 가장 집요하게 탄압의 본보기가 되었다.

《PD수첩》은 그러나 무릎 꿇지 않았다. 권력에 무릎 꿇지 않았기에 이토록 잔인하게 탄압받고 있는 것이다. 지난 몇 년간 《PD수첩》

에서 일어났던 일들은 그 자체로 한국 언론사의 한 페이지가 될 것이다.

《PD수첩》제작진은 한국 언론에서 다시는 이런 일들이 일어나지 않도록 하기 위해 그 기록을 생생하게 남겨야 한다고 판단했다. 이 증언들은 피와 눈물이 배어 있는 사연들이며, 저널리즘을 지키기 위해 벌인 '전쟁'의 기록이기도 하다. 여기에는 피떡이 되기까지 싸워왔던 제작진의 고뇌, 그리고 최근 몇 년 사이에 우리가 던진 대표적인 의제들의 제작 스토리가 담겨 있으며, 아울러 가장 최근에 벌어졌던 뜨거운 저항이 담겨 있다.

피떡이 되어 버린 《PD수첩》이 다시 국민들을 만나게 되는 날이 올 것이다. 역사의 발전이 일직선이 아니듯이, 우리는 오늘의 이 순간을 기억하고 성찰하면서 훨씬 더 단단하고 견고해진 《PD수첩》으로 성장해갈 것이다. 《PD수첩》은 이미 우리만의 것이 아니며, 인류의 보편적 가치를 지지하는 사람들 모두의 것이기 때문이다. 우리는 그 길에서 결연하게 당신과 함께할 것이다.

《PD수첩》제작진 일동

Part 2
PD수첩이 말하는 우리시대의 자화상

Part 3
PD수첩, 응답하다

Part 4
부활하라! PD수첩

Part 1

피떡이 된 PD수첩

이 기록은 진실을 꺼낸 대가를 혹독하게 치렀고, 지금도 치르고 있는 국민의 재산에 대한 이야기이다.
우리가 사는 세계의 진실이란 계단을 오르고 벽을 넘는다고 해서 단번에 보이는 것이 아니다.
우리는 끊임없이 진실을 속삭이는 누군가가 되길 원했다.
하지만 우리는 지금 손발이 묶인 채, 입을 다물고 외로이 서 있다.

피떡이 되다

#1. **찢긴다.** 어처구니없는 이유로 기획안이 찢긴다.

#2. **찍힌다.** 사무실 안에 10여 대의 CCTV가 돌아간다.

#3. **뒤진다.** 자리를 비운 사이 책상을 뒤진다.

이것은 《PD수첩》에 가해진 폭력의 기록이다.

전 국민을 상대로 사기를 친 어느 과학자의 이야기가 방송을 통해 폭로되었을 때, 우리는 거짓이 얼마나 위대하고 아름답게 포장될 수 있는지를 분명히 목도했다. 그런 폭로들이 잇달아 나오며 부당하고 잘못 전달된 것들이 바로잡혀졌을 때, 사람들은 진실이 너무나 쉽게 주어지는 것이라 잠시 착각을 했을지도 모른다. 그런 탓에 유능함을 인정받아온 PD들이 방송의 의무를 지키려 했다는 이유로 드라마 세트장 관리인이 되거나 지방 방송국의 광고를 따러 다니고, 중요 아이템들의 기획안이 찢겨나가고, 작가들이 전원 해고당하고, 베테랑 PD들이 재교육이라는 명분으로 PD 지망생 학원에서 3개월의 시간을 보내는 일련의 사건들 속에서 세상은 생각보다 고요했으며, 이 모든 것을 주도한 가해자들은 여전히 자리를 지키고 있다.

국민의 세금을 어떤 정치인이 사사로운 욕심에 횡령했다면, 이는 당연히 분개할 만한 일이다. 그 정치인은 결코 자기 입으로 자신이 횡령을 했다고 말하지는 않을 것이다. 노련한 이들은 아주 치밀하고 섬세하게 자신의 부정不正을 감춘다. 그 부정을 고발하고자 하는 의지를 가지고 있는 당신의 친구가 바로 그 부정한 자들로부터 말할 수 있는 자유를 빼앗겼을 때, 평범하게 살아온 당신은 이럴 때 어떻게 하겠는가. 권력자들의 부정과 부패를 감시하고 드러낼 수 있는 누군가에게 권력들이 뭉쳐 재갈을 물릴 때 당신은 어떻게 행동할 것인가.

이 책은 한 편의 기록이지만, 동시에 이런 질문들을 우리에게 던지고 있다.

일방적으로 짓밟히다

2011년 3월 MBC의 시사교양국 사무실은 술렁이고 있었다. 바로 며칠 전 시사교양국장에 임명된 윤모 국장 때문이었다. 'MBC 김재철 체제의 사단'이 존재한다면 그 말석을 차지할 그다. 그는 시사교양국장에 부임하자마자 절반이 넘는 평PD들을 자신들의 의지와 상관없는 부서로 보내는 인사 조치를 단행했다. 특히 《PD수첩》에는 《PD수첩》을 지망하지 않은 PD들을 보내고, 《PD수첩》을 계속 제작하겠다는 의지가 있는 PD들은 모두 강제 발령냈다. 시사교양국 유사 이래 없었던 조치였다.

윤모 국장은 1999년까지 《PD수첩》에서 사이비 종교를 취재하며 명성을 얻은 대표적인 《PD수첩》의 PD였다. 그의 대표작인 '목자님, 목자님, 우리 목자님'은 '만민중앙교회'의 이재록 목사의 이단파문을 다루면서 방송중단 사태까지 빚었다. 이재록 목사를 따르는 무리의 사람들이 대한민국 공영방송사의 주조종실로 난입해, 방영 중이던 프로그램이 중단되는 초유의 사태가 벌어질 당시, 윤모 국장은 담당 PD였다. 그는 《PD수첩》 20주년 특집으로 발간된 『진실의 목격자들』에서 11명의 《PD수첩》 대표 PD로 선정되기도 했다. 취임 이후 벌어지게 될 행동과 발언을 놓고 볼 때 상상할 수 없는 이력이다.

그는 취임 직후 멀쩡히 일하고 있던 《PD수첩》의 김태현 CP(책임 프로듀서), 홍상운 MC, 최승호·박건식·전성관·오행운 PD를 타 부서로 발령시키는 인사를 단행한다. 시사교양국장과 PD들 간의 총회에서 윤모 국장은 이렇게 변명했다.

PD들: 도대체 어떤 기준으로 인사 조치를 하신 겁니까?
윤모 국장: 원칙적으로 1년 넘게 일한 PD를 기준으로 했습니다. 정도의 차이는 있지만 예외가 있어선 안 됩니다.

전문성을 요하는 방송사에서 일괄적인 1년 단위 인사라는 유래 없는 조치를 취하는 그는 최승호 PD에게도 예외가 없었다. 최승호 PD는 갖가지 화제작으로 한국 사회를 흔든, 자타가 공인하는 《PD

수첩》의 간판 PD이다. 아이러니하게도 그가 2011년 신년특집으로 '공정사회와 낙하산'이라는 프로그램을 제작한 직후 윤모 국장이 취임했다.

그 프로그램은 이명박 정부가 내세우는 '공정사회' 프레임으로 이명박 정부를 분석하고, 낙하산이 속출하는 이명박 정부가 과연 '공정사회'라는 캐치프레이즈를 내걸 수 있느냐는 근본적인 질문을 던졌다. 정부 입장에서는 많이 아팠을 것이다. MB정부의 핵심 관계자가 상당히 불편해했다는 소문이 들리던 시기였다. 술 권하는 자가 심히 불편하여 안색이 안 좋은데 술잔을 받는 윤모 국장의 자리가 편할 리 없었다. 권하는 자가 편해야 내가 편하고, 그가 불편하면 내가 편하게 만들어줘야 한다. 그 충성의 시기와 방법은 문제가 아니다.

결국 다음 아이템으로 소망교회와 이명박 정부 관련 프로그램을 준비하고 있던 최승호 PD는 윤모 국장으로부터 인사 조치를 당한다. 사실 윤모 국장이 예외 없이 1년 이상 프로그램에 복무한 PD들에 대한 무조건적인 인사 조치를 한 것은 최승호 PD를 겨냥해서 만든 무리수라는 소문이었다. 그리고 윤국장은 정책 발표회를 하는 자리에서 '이제 최승호 PD를 쉬게 해주자, 그동안 얼마나 힘들었겠는가'라는 어처구니없는 이유를 대 그 소문을 사실로 확인시킨다. 최승호 PD는 아침 방송을 관리하는 직책으로 옮겨진다. 방송

경력 25년차, 부장 직급에도 화제의 현장을 누비던 그였다. 《PD수첩》에 청춘과 꿈을 걸었던 그였다. 최승호 PD를 비롯한 25명의 PD들이 본인의 의사와 상관없이 인사 조치를 당한다.

> "제가 원하는 것은 그저 여기 남아서 《PD수첩》이란 프로그램을, 정말 다른 생각하지 않고 프로그램을 열심히 하겠다는 겁니다. 저는 이게 제게 주어진 소명이라고 봅니다. 이게 저의 꿈이고 운명입니다. 그런데 그런 저의 꿈, PD들이 서로 도우면서 가꾸어왔던 꿈이, 말하자면 국장님이 갖고 계신 거의 대부분이 동의하지 않는 그 생각에 의해서 깨지고 있습니다. 굉장히 비논리적인 방식으로요. 그걸 어떻게 받아들일 수 있겠습니까."
>
> _최승호 PD

최승호 PD는 당시 시사교양 PD 간담회에서 윤모 국장에게 이와 같이 묻는다. 이에 윤모 국장과 함께 등장한 김모 부장은 다음과 같이 답한다. 《PD수첩》은 '노동운동 편향성'과 '정치적 편향성'이 지나치며 그런 과도한 정치색을 탈색할 필요가 있다는 것. 특히 최승호 PD는 정치색이 너무 짙다는 것이 이유라고. 간담회에 모인 모두는 그의 말에 놀랐다. 그리고 슬펐다. 너무나 희극적인, 하지만 비극적인 콩트의 한 장면이었다.

이런 솔직담백한 말을 뱉어낸 김모 부장은 김대중 정부, 참여정부 시절 《PD수첩》에서 일하면서 시사교양국 부국장까지 승진한 사람이었지만, MB정부가 들어선 후로 《PD수첩》을 와해시키는 데 앞장섰다. 그런 그의 눈에 첫 번째로 들어온 사람이 최승호 PD였다. 최승호 PD가 만든 방송이 대체 무엇이 문제였던 것일까. 차라리 그가 만든 방송이 방송심의나 언론중재에 회부되어 문제가 되었다면 조금이라도 납득할 수 있을 것이다. 서슬 퍼런 이명박 정부의 검열 아래에서도 최승호 PD의 프로그램은 늘 그 칼을 피할 수 있을 정도로 정교했다. 그런데도 '편향적'이라는 마타도어를 당한 주된 이유는 그가 MBC 노동조합 위원장을 역임했던 경력 때문이었다. 최승호 PD 또한 그러한 사실을 너무도 잘 알고 있다.

"하고 싶어 하고 실제로 잘하는 PD들을 대거 다른 데로 발령을 내버린다는 것은, 그 PD들이 지금까지 만들어온 프로그램들이 많은 권력을 갖고 있는 사람들을 불편하게 했다는 것을 반증하는 얘기죠. 권력을 편안하게 해주기 위해서 프로그램을 짓밟아버린 사례라고 생각합니다."

_최승호 PD

하지 말라면 하지 마

《PD수첩》을 권력이 무서워했던 가장 큰 이유는 《PD수첩》의 아이템이 결정되는 과정이 투명했기 때문이다. 99.9%의 국민들이 철석같이 믿고 있던 황우석 박사의 논문에 과감히 손을 댈 수 있었던 것처럼, 《PD수첩》의 제작진은 회사 간부나 경영진의 눈이 아닌 시청자와 국민의 알 권리를 가장 중요한 가치로 생각했고, 또 그것을 보장받을 수 있는 제도적 장치들이 존재했다. 세상의 문제에 직면한 PD들이 아이템을 스스로 선택해 결재를 올렸을 때 특별한 하자가 없다면 간부들과 협의해 PD가 선택한 프로그램을 제작할 수 있도록 해주는 것이 《PD수첩》의 전통이었다. 그리고 민주적이고 공정한 방송이 가능하게끔 MBC 노동조합과 회사가 체결한 단체협약, MBC 구성원들이 스스로 만든 MBC 방송강령 등에 의해 국민의 알 권리와 언론 자유는 보장받아왔다.

2011년 김재철 사장이 연임되고, 백모 편성제작본부장, 윤모 시사교양국장, 김모 CP라는 빗장수비체제가 가동되자 이런 모든 시스템은 휴지 조각이 되었고, 지난 십 수년간 상상할 수 없었던 일을 《PD수첩》의 PD들은 경험하게 된다.

윤모 시사교양국장 취임 직후 정치와 종교를 분리하는 것을 헌법에 규정해놓은 대한민국에서는 무척이나 보기 힘든 일이 벌어진다. 이명박 대통령이 2011년 3월 서울 삼성동 코엑스에서 열린 국가조찬기도회에서 무릎을 꿇고 기도를 한 것이다. 가뜩이나 서울시장 시절부터 개신교에 대한 편애를 보여준 대통령이었다. 개신교 이외의 종교인들에게 불편한 감정을 제공했던 대통령이었다.

당연히 국민통합을 저해하는 부적절한 행동이라는 비판이 제기되었다. 《PD수첩》 내에서 이를 방송 아이템으로 추진하려 하자 윤모 국장은 '일과성 해프닝'이라며 취재를 불허한다. 숱한 항의와 비판이 쏟아졌다. 그는 자신이 가진 국장으로서의 모든 권력을 이용해 이 아이템을 막는다. 결국 'MB 무릎기도'는 방송되지 못한다. 그때부터 PD들은 철옹성 앞에서 무기력한 스스로를 인지하기 시작한다.

'MB 무릎기도' 방송화가 무산된 후 《PD수첩》 제작진은 천안함 사태 1주년을 맞아 2011년 5월 남북경제협력 중단 문제를 취재하려는 계획을 세운다. 당시 이 건을 주도하던 사람은 이우환 PD였고, 함께 일을 진행하던 이는 이우환 PD와 함께 '쌍용자동차 22명 죽음의 진실' 편을 연출한 당시 6년차 김동희 PD였다.

이 아이템을 방송으로 만드는 것에 대한 국장의 최종 승낙이 떨어지지 않은 상황에서 김동희 PD는 사전 취재를 나서기로 하고 강원도로 떠났다. 그런 상황은 시간에 쫓기는 방송국에서는 흔히 벌어진다. 아이템의 방송 여부가 불확실한 상황이라도 일단 취재를 하고 만약 허가가 나지 않으면 바로 다른 아이템으로 넘어가면 그만이다. 그런데 한참 차를 몰던 김동희 PD는 김모 CP(1984년 라디오PD로 입사, 시사교양PD로 전직한 후 몇몇 프로그램을 거쳤지만, 단 한 번도 《PD수첩》을 제작하지 않은 비《PD수첩》 출신 최초의 CP. 윤모 국장에 의해 《PD수첩》 팀장에 임명된 후 각종 아이템을 검열하고 통제하는 데 앞장서는 인물)의 전화를 받는다.

"강원도 어귀까지 갔을 때 전화가 와서 돌아오라고 하더라고요. 그러면서 확정되지 않은 아이템을 취재하는 것은 사규 위반이라고 했습니다."

_김동희 PD

처음에 김동희 PD는 돌아오기엔 이미 꽤 많이 간 상태였고, 취재하기로 한 사람과의 약속을 취소하기에도 시간이 한참 지나버렸기 때문에 오늘 할 일은 하고 돌아가겠다고 말했고, 김모 CP는 처음에 못 이긴 척 승낙했지만 곧 다시 전화를 건다.

> "계속 가고 있는데 돌아오라는 말만 반복했어요. 그러면서 너는 부장 말을 듣지 않았다, 부장 말을 무시했다, 상명하복을 깼다, 우리 회사의 질서를 깼다, 위계질서 조직질서를 깼다, 라며 저를 나무랐습니다."
>
> _김동희 PD

회사로 돌아온 김동희 PD는 남북경협 아이템 때문에 이우환 PD가 《PD수첩》을 떠나라는 인사 발령을 받았다는 충격적인 소식을 듣는다. 그사이 이우환 PD에게는 무슨 일이 생긴 것일까.

이우환 PD가 남북경협 아이템을 제안한 것은 여러 가지 이유에서였다. 국가의 허락을 받아 북한에 투자하고 사업을 진행하던 자영업자들은 천안함 사태가 터진 뒤 2010년 5월 24일에 일방적으로 남북경협이 중단되었다는 통보를 받는다. 물론 국가적 사태로 인한 교류 중단은 이해할 수 있다. 그러나 북한과의 경제 교류를 생업으로 삼던 사람들에 대한 제도적 보완은 전혀 없었다. 이우환 PD가 만난 사람 중에는 남북경협 중단으로 파산한 사람들이 수두룩했고, 이런 사정들이 국내 물가에 악영향을 주고 있었다. 이우환 PD가 방송을 통해 남북경협 중단 1주년을 맞는 지금에라도 정부 보완

책의 필요성을 역설하려 했던 것은 지극히 상식적인 접근이었다.

게다가 MBC 방송강령에는 '방송은 남북의 평화를 지향하고, 남북관계의 개선에 이바지해야 한다'라는 취지의 전문까지 포함되어 있었다. 이 아이템에 그 어떤 것도 문제 있어 보이지 않았다. 그러나 방송강령도, PD들의 강한 의지도, 프로그램의 긍정적 취지도 윤모 국장의 반대 앞에서는 아무 소용이 없었다. 그는 시청률을 이유 삼아 이 아이템의 방송화를 거절한다.

사실 윤모 국장은 애초부터 이우환 PD를 내키지 않아 했다. 이우환 PD는 《PD수첩》 부임 직후 쌍용자동차 노동자들의 집단 자살 문제를 다뤘는데, 이 방송에 윤모 국장은 상당한 불쾌감을 표시했었다. 시청률이 약간 저조했고, 칙칙했다는 게 이유였지만, 사실은 노동 문제를 다루었다는 게 마음에 들지 않았던 것이다.

그러나 이우환 PD는 쉽게 물러나지 않았다. 시청률을 걱정하는 국장의 입장에 공감을 표시하고 시청률을 위한 나름의 대책을 제시해 설득을 시도했다. 남북경협 중단으로 북한에서 70% 넘게 수입해오던 조개가 끊겨 조개구이집이 전부 도산을 했다거나, 역시 북한에서 대부분 가져오던 인삼밭에 까는 짚이 부족하다는 등 시청자의 피부에 와닿을 수 있는 에피소드를 위주로 흥미롭게 구성하겠다며 설득했지만 국장은 끝까지 반대 의사를 밝혔다. 한 주가 넘도록 이어진 설득 과정에서 둘은 극렬하게 충돌한다.

"하지 말라는데 네가 왜 하려고 하냐, 왜 PD들을 선동하고 국의 운영방침을 뒤흔드냐며 저를 선동자로 만들었어요. 그러면서 국장은 제가 나가주면 국이 잘 운영될 수 있다는 식으로 얘기를 해서 방송 아이템에 관한 대화가 갑자기 제 거취 얘기로 변해버린 거죠. 그러면서 저한테 《PD수첩》뿐만 아니라 아예 시사교양국에서 좀 나가달라고 얘기했습니다."

_이우환 PD

아이템과 관련된 충돌로 PD의 거취를 운운하는 것 자체가 정상적이지 않았다. 이우환 PD는 당시 《PD수첩》에 합류한 지 두 달 정도밖에 되지 않은 상황이었기 때문이다. 18년이 넘는 시사교양국 PD 생활 가운데 5년을 《PD수첩》에서 프로그램을 제작했지만 이런 적은 없었다.

자신의 거취까지 거론하면서 윤모 국장이 압박하자 이우환 PD는 결국 남북경협 아이템을 포기하기로 마음먹는다. 사실 그때까지만 해도 이우환 PD는 정말 그런 이유로 자신에게 인사 조치를 내릴 것이라고 생각하지 않았다. 그러나 바로 이틀 후, 그는 용인에 있는 드라마 세트 제작소로 출근하라는 통보를 받는다. 그리고 윤모 국장 취임 이후에 시사교양 PD들의 언론자유를 지키기 위해 '평PD협의회'를 구성하고 PD들의 입장을 대변해오던 한학수 PD마저 같은 날 수원에 위치한 경인지사로 발령을 받는다. 한학수 PD는 아이템과 관련된 갈등이 없었던 자신까지 포함된 당시의 인사 조치를 '평PD들의 사기 저하를 노린 공격'으로 해석한다.

> "굳이 저를 쳐낸 것은 무슨 뜻일까. 현재 평PD들의 정서와 사기를 단번에 꺾어버리기 위한 공격이 아니었을까요. 지금 생각해보면 그런 생각이 듭니다."
>
> _한학수 PD

여기서 끝이 아니다. 늘 하던 대로 아이템 취재를 나갔다가 김모 CP의 명령으로 취재도 못하고 돌아온 김동희 PD를 상사에 대한 불복종이라는 이유로 인사위원회에 회부하겠다는 얘기가 윗선에서 나온 것이다. 김동희 PD는 남북경협 아이템이 무산되었다는 이야기를 듣고 새로운 아이템을 찾는 와중에 이우환 PD의 인사발령 소식과 자신이 무려 인사위원회에 회부되어 6개월의 정직 처분을 받을 수도 있다는 청천벽력 같은 이야기를 듣는다. 당황한 김동희 PD는 김모 CP에게 상황을 묻는다. 긴장되고 떨리는 마음으로 전화를 걸어 이우환 PD의 인사 조치와 자신의 6개월 정직 이야기가 사실이냐고 묻는 그에게, 간부들의 야유회에 있던 김모 CP는 웃고 떠드는 와중에 '뭐, 그럴 수도 있을 것 같아'라고 남의 일처럼 대답했다. 김동희 PD는 그의 무성의함에 분노할 수밖에 없었다.

김동희 PD는 방송을 펑크내거나, 회사 돈을 횡령하거나, 회사를 사칭해 나쁜 짓을 한 적이 없다. 음주 방송을 한 사람도 감봉 1개월 정도의 처분을 받는 회사에서 정직 6개월이라는 처분은 해고에 버금가는 처벌로 대체 그 죄질이 어느 정도인지 감이 잡히지 않을 정도다. 하지만 회사는 마치 그에 마땅한 잘못을 저질렀다는 듯, 인사위원회에 출석하라고 통보한다. 김동희 PD는 그래서인지 인사위원회에 출석 통보를 받는 그 순간까지도 자신이 어떤 일을 겪고 있는지 잘 실감하지 못했다.

인사위원회 출석 통보를 위해 사건의 일지를 정리하던 임원들은 갑자기 허둥지둥하기 시작했다. 사측의 판단이 오히려 김모 CP의 잘못된 보고에 의한 것임을 뒤늦게 알게 된 것이다. 김모 CP는 아이템이 무산되었는데도 마치 김동희 PD가 자신의 지시를 어기고 취재를 나간 것처럼 임원들에게 보고를 한 것이었다. 분명한 팩트는 '남북경협 아이템'에 대한 결정이 최종적으로 윤모 국장과 이우환 PD 사이에 오가던 중에 사전 취재를 간 것이었고, 이는 담당 PD와 주위 PD들에 의해 증명될 터, 오히려 사측의 무리한 반응이 웃음거리로 전락할 수 있는 상황이 되어버린 것이다. 그런 와중에 김동희 PD는 인사위원회 출석을 3시간 앞두고 반성문 성격의 '유감 표명문'을 쓰면 징계를 철회하겠다는 이야기를 듣는다. 도대체 무엇에 대한 유감이었을까.

"간부의 마음에 상처를 입힌 것에 대해 사과를 하라고 하더라고요. 너무 황당했어요. 간부의 마음에 상처를 입힌 것에 대해 사과하라 그러면서 저 때문에 김모 부장이 망가졌다고 그랬어요. 비참했죠. 간부의 마음에 상처를 입힌 것에 대해 사죄하라는 게 받아들이기 정말 어려운 상황이었거든요. 심적 저항이 컸죠."

_김동희 PD

　김동희 PD는 자신이 무엇을 잘못했는지 알 수 없었지만 '앞으로 주의하겠다'는 요지의 글을 쓰고 악몽 같았던 하루를 마무리했다. 김동희 PD는 이 사건 이후 한동안 정신적으로 큰 고통을 겪었다.

　남북경협 아이템에서 출발한 갈등은 사측의 완승으로 끝난다. 아이템은 방영조차 되지 못했고, 담당 PD인 이우환 PD는《PD수첩》을 완전히 떠나 용인 세트장 관리라는 치욕스러운 발령을 받았고, 김동희 PD 역시 두 달 후《PD수첩》을 떠났다.

'여의도 1번지
사모님들'의 불방 사태

이우환, 한학수 PD를 시사교양국에서 불법적으로 내쫓은 후, 시사교양국은 긴장의 연속이었다. 그런 가운데 또다시 황당한 사태가 발생한다. '긴급취재, 미국산 쇠고기 광우병으로부터 안전한가?' 편을 제작해 고초를 겪은 김보슬 PD가 제작해서 2011년 6월 24일 방송 예정이었던 《MBC 스페셜》 '여의도 1번지 사모님들'(이하 '여의도 1번지') 편이 방영을 일주일 앞두고 갑자기 불방 조치된 것이다. 무슨 일이 있었던 것일까.

당시 《MBC 스페셜》 정성후 팀장과 윤모 국장은 약 두 달 전 이 아이템의 기획 단계에서부터 승인을 했고, 담당 PD는 아무 문제

없이 촬영, 편집, 파인커팅finecutting까지 마친 상태였다. 불방 통보를 하기 바로 전날까지만 하더라도 윤국장은 "촬영해놓고 방송이 안 나가는 출연자가 있어서는 안 된다"는 우려만 나타냈었다고 한다. 하지만 윤국장은 다음 날 임원회의가 끝난 후 느닷없이 불방을 통보했다.

《MBC 스페셜》정성후 팀장은 담당 PD에게 불방 얘기가 나오고 있다는 말을 전했다. 아침 CP회의에서 국장이 불방 가능성을 언급했는데, 정치 관련한 아이템이라 민감하게 생각하는 것 같으니 일단 시사를 하면 얘기가 달라지지 않겠느냐, 말도 되지 않는 상황이니 우선 오후에 시사를 하자는 것이었다. 불방 이유에 대해서는 팀장조차 잘 모르고 있었다.

담당 PD가 처음 '여의도 1번지'의 기획안을 팀장을 통해 윤모 국장에게 보고한 것은 4월 29일이었다. 그리고 5월경 취재라인을 팀장에게 보고했고, 방송 전주 목요일에 최종 출연자를 윤국장에게 보고했을 때 국장이 한 유일한 당부는 "여야 균형에 신경 쓰고, 촬영해놓고 안 나가면 안 된다"는 것이었다. 그리고 그 입장은 변함이 없었다. 홍준표, 오세훈, 강기갑, 박주선 등의 정치인들을 여야 균형을 맞추어 섭외했다. 선거에 나가서 겪는 정치인의 아내 에피소드를 중심으로 시청자에게 '정치란 과연 무엇이고, 정치인은 어떤 사람들인지'를 보여주자는 의도였다. 가볍다면 가볍고, 또 무겁다면 무거운 아이템이었다. 그런데 왜 갑자기 불방인 것일까?

국장과 팀장이 편집실로 내려와 오후 3시에 시사를 시작했다. 국장은 간간이 메모를 하며 출연자들에 대해 몇 가지 질문을 던졌다. 이 사람은 정치를 다시 한다 하던가, 이 사람은 뭐하는 사람인가 같은 시시콜콜한 질문들이었다. 시사가 끝난 후 팀장이 몇몇 부분만 고치면 괜찮지 않겠냐고 했더니, 국장은 "글쎄, 좀 보자" 하며 편집실을 나가버렸다고 한다. 하지만 불방은 이미 정해진 사실이었다. 정성후 팀장은 기획이 문제라면 본인이 책임지고 그만두겠다고 했지만 윤모 국장은 주말 지나고 보자는 애매한 말로 팀장을 다독였다.

표면적인 불방 사유는 이랬다. 출연자 중 홍준표 의원이 곧 있을 한나라당 전당대회에 최고위원으로 출마한다고 하고, 오세훈 당시 서울시장이 무상급식과 관련해 투표를 통해 민의를 묻겠다고 나서 정치적으로 민감할 때니, 정치적으로 휘말리지 않으려면 불방이 낫다는 것이었다. 담당 PD는 팀장과 의논한 끝에 방송이 나가는 게 더 중요하니 6월 24일 예정대로 홍준표 의원 부인을 빼고 방송을 하는 안과 7.4 전당대회 이후 오세훈 서울시장 부인을 빼고 방송하자는 두 개의 안을 윤국장에게 제시해보기로 했다. 하지만 윤국장은 주말 사이에 홍준표 전당대회 출마 선언, 오세훈 무상급식, 서해안 뱃길 관련 발언 논란을 보면서 자신의 정치적 입장이 확고해졌다고 했다. 전당대회 후든, 그 이후 언제 방송되든 이 프로그램으로 인해 논란이 불거지는 것은 막을 수 없을 것 같다며 불방을 결정할 수밖에 없다는 것이다. 또한 본인이 불방에 대한 책임도 지겠다고까지 했다. '팀장이나 PD가 여자라서 정치적으로 감이 없는 것 같은데, 정치적으로는 남자인 자기가 더 잘 안다'는 황당한 말까지 둘러댔다. 이 발언으로 윤국장은 MBC 여사원에게 공식적으로 사과해야 했다.

나중에 전해지는 얘기로 방송 전주 금요일 아침 임원회의에서 '여의도 1번지' 아이템에 대해 모 임원이 '돌대가리 기획'이라며 팔팔 뛰었고 논란이 될 수 있다며 국장을 질책했다고 했다. 제작을 맡았던 담당 PD도 도마에 올랐다. 미국산 쇠고기 문제로 논란을 일으켰던 김보슬 PD가 정치적으로 민감한 프로그램을 제작한 것도 문제가 된다는 식으로 인신공격적 발언도 나왔다고 전해진다. 임원회의에서 정확하게 어떤 말들이 오갔는지 자세히는 알 수 없는 상태였다. 하지만 지금까지 《시사매거진 2580》이나 《MBC스페셜》에서는 수차례에 걸쳐 정치인의 사적인 영역을 아이템으로 제작한 적이 있었다. 갑자기 치러진 여당의 전당대회, 두 달이나 남겨둔 무상급식 투표 문제 때문에 방송될 수 없다는, 이해할 수 없는 임원진의 불방 결정은 진정한 불방 사유가 따로 있지 않았을까 하는 의심을 지울 수 없게 했다. 게다가 문제가 된다는 정치인은 충분히 뺄 수 있다고 담당 PD가 대안까지 제시하지 않았던가. 이미 제작비가

이라고 믿은 까닭이다.

당신의 믿음은 곧 순진한 것으로 밝혀졌다. 사장이 바뀐 후로 상황이 이상하게 돌아가기 시작한 것이다. 사람들에게서 열띤 호응을 불러일으키고 사회에 좋은 영향을 주고 있는 당신의 일에 대해 '시선이 삐딱하다'는 식의 비판을 한다. 무엇이 삐딱한지 알 수 없으나 회사는 당신의 아이디어와 기획을 철저히 무시한다. 견디다 못한 당신은 반항을 하고 소리도 질러보지만 아무런 대꾸도 돌아오지 않는다. 당신의 권한은 형편없이 축소된다. 그러던 어느 날 당신은 회사에 입사한 후 계속해오던 업무를 빼앗기고 난생처음 해보는 새로운 부서에 발령을 받는다.

이러한 일련의 과정들이 '그래도 MBC인데, 그래도 《PD수첩》인데'라고 믿고 《PD수첩》을 지켜내려고 했던 《PD수첩》의 PD들이 지난해부터 겪어온 일이다. 이 황당하고 어처구니없는 과정의 시발점이 된 '평판이 좋지 않는 사장'은 대체 어떻게 등장하게 된 것일까. 사건은 2008년으로 거슬러 올라간다.

어른들은 '먹는 것 가지고 장난치지 마라'며 아이들을 꾸짖곤 한다. 그런데 2008년, 세 살 아이도 아는 이 말을 뒤집는 일이 벌어진다. 이명박 정부가 누구도 상식적으로 찬성하기 어려운 과정을 통해 미국의 값싼 쇠고기를 수입하는 것을 허용한 것이다. 국민의 먹을거리를 담보로 한 위험한 거래였다. 이런 상황을 비판적으로 바라본 《PD수첩》은 2008년 4월 '긴급취재, 미국산 쇠고기 광우병으로부터 과연 안전한가?(이하 '미국산 쇠고기')'를 방영한다. 지극히 상식적인 이유를 들어 미국산 쇠고기의 문제점을 지적한 《PD수첩》의 제작진은 MB정부로부터 촛불집회의 '주범'으로 지목되고, 그들은 명예훼손과 업무방해 혐의로 법정에 서게 된다.

　《PD수첩》의 이 프로그램이 제작될 당시 MBC의 사장은 엄기영 씨였는데 그로부터 약 2년이 지난 2010년 2월 8일, 그는 임기를 1년 앞두고 사퇴 의사를 밝힌다. 소공동 롯데호텔에서, MBC의 관리감독기구이자 대주주인 방문진(방송문화진흥회)의 이사회가 열린 이후였다. 사퇴 이유는 엄기영 사장의 인사안을 방문진에서 승인하지 않았기 때문이다. 보도본부장과 제작본부장이라는 핵심 임원마저 자기 자신의 손으로 임명할 수 없었던 바지 사장은 결국 결단을 내려 사장직을 던진다. 엄기영 사장은 사퇴 직후 노동조합을 찾아 "MBC 파이팅"을 외치며 결기를 보이기도 했다. 아이러니하게도 이후 엄사장은 자신의 사퇴를 종용한 한나라당에 입당하는 알 수 없는 처신을 보이기도 했다. 엄기영 사장이 압력 속에 사퇴를 하자 야권과 언론은 즉각 성명과 기사로 방문진과 MB정권을 비판했다. 다음은 사퇴 당일 오후 신문에 보도된 기사다.

| **"엄기영 MBC 사장 사퇴, MB, 속 시원하신가?"** (진보신당)

"이명박 정부는 비판적 보도를 통제하면 국민들이 대통령을 좋아하게 될 것이라는 천박한 태도부터 버려야 한다." (민주노동당)

"김우룡 이사장은 평생 이 문제에 대한 책임을 주홍글씨처럼 지고 살아야 할 것." (민주당)

엄사장과 방문진 사이 갈등의 표면적인 원인은 엄사장의 의견과 다른 인물을 방문진 이사회에서 MBC 경영진으로 선임했기 때문이기도 했지만, 본질적인 원인이 바로 미국산 쇠고기와 관련된《PD수첩》방송과 관련된 갈등이었음을 주변 사람들은 모두 알고 있었다. 엄사장은 이 방송과 관련해 2009년 8월 이명박 정부와 한나라당에 의해 임명된 김우룡 방문진 이사장을 비롯한 방문진 이사와 갈등을 빚어왔다. 한국에서 가장 유명한 앵커 출신 사장을 강제로 내쫓고 독단적인 방식으로 선임된 새로운 사장이《PD수첩》에 어떤 행동을 할지는 불 보듯 뻔한 일이었다.

엄사장의 사퇴 직후 방문진은 기다렸다는 듯 새로운 사장을 임명했다. 그가 바로 MB와 절친하다고 알려진 김재철 사장이었다. 엄기영 사장의 마지막 임기인 2011년을 노동조합의 파업 속에서도 사장직을 훌륭하게(?) 마친 김재철 사장은 마침내 2012년 3월, 2014년까지 임기로 MBC의 사장이 된다. 그가 MBC의 사장으로 등극한 시점에 방문진 이사회가 보여준 독선과 불통은 앞으로 김재철이 보여줄 행보의 예고편이었는지도 모른다.

이후 김재철 사장은 자신이 선임된 목적을 충실히 그리고 성실히 이행한다. 그는 우선 언론의 중립을 지킬 수 있는 가이드라인이라고 할 수 있는 단체협약(경영진이 제작진에게 간섭할 수 없음을 규정한 MBC 노조와 MBC 회사가 맺은 규약)을 해지하고 본부장 책임제를 만들어 자신의 입맛대로 방송을 내보낼 수 있는 여건을 갖춘다. 《PD수첩》 과 《시사매거진 2580》 등이 속해 있던 시사교양국을 편성본부로 옮겨 시사교양국만이 가지고 있던 특질을 없애버린다. 그리고 자신의 측근들을 주변에 배치해 보다 본격적인 '작업'에 들어간다.

MBC는 2011년 2월 25일 보도제작국장, 시사교양국장 등 보직 간부들을 임명하고 28일 주주총회에서 안모 부사장, 전모 보도본부장, 백모 편성제작본부장, 차모 기획조정본부장 등 이사진을 선임한다. 선임 배경은 각 인물의 발자취에 고스란히 묻어 있다. 안모 부사장은 편성본부장 시절, 시사 프로그램 《후플러스》, 《W》를 폐지하고 《PD수첩》 '4대강, 수심 6미터의 비밀' 편을 불방시킨 장본인이었다. 전모 보도본부장은 2009년 보도국장 취임 직후 신경민 당시 《뉴스데스크》 앵커를 해임한 인물이다. 무엇보다 윤모 국장은 김재철 사장의 고등학교(대광고등학교), 대학교(고려대학교) 후배로, 지연과 학연에 믿음과 정치성향이 서로의 의지를 단단히 옭아매고 있었다. 의심과 배신이 새어나올 수 없는 단연 최고의 팀이었다.

일일이 검사를 당하다

#1. 부장실

(기획안을 부장에게 건네는 PD, 건성건성 살펴보는 부장)

부장 제주 7대 경관 선정에 구린 구석이 있다? 남의 잔칫상에 재 뿌리려고? 제주도 사람들이 MBC로 다 몰려오겠다.

PD 그런 의도가 아니라는 거 아시잖습니까.

부장 시끄러워! 그리고 이딴 게 시청률이 나오겠어? 생각을 좀 해, 생각을!

(부장, PD의 기획안을 모두가 보는 앞에서 찢어 휴지통에 버린다)

#2. 사무실

(PD와 작가가 일을 하다가 PD가 자리에서 일어난다)

작가 어디 나가세요?

PD 잠깐 커피 마시러.

작가 제가 말씀드렸죠? 책상 꼭 잠그고 나가세요.

PD 에이, 잠깐인데 뭐. 금방 올게.

(PD, 밖으로 나온다. 담배를 입에 무는데 휴대전화가 울린다)

PD 어, 왜?

작가 제가 뭐랬어요? 지금 팀장님이 책상 뒤지고 있어요.

#3. 회의실

(심각한 표정으로 부장을 설득하는 PD)

PD 4대강 사업이 불도저식으로 진행되면서 노동자들이 재해로 죽어가고 있습니다. 관련된 희생자가 18명이나 됩니다.

부장 18명 죽은 게 뭐 대수야? 다 그 일하는 사람들이 부주의해서 그런 거지. 그건 문제 자체가 안 되는 거야.

이 일화들은 모두 MBC 내부에서 PD들이 실제로 직접 겪었던 일로, 대한민국 최고의 시사프로그램이라 불리던 《PD수첩》의 2011년 당시 상황이었다. PD들이 제시한 아이템을 검열하거나 일방적으로 무시하고 그것도 모자라 책상을 뒤지는 일까지 벌어지면서 PD들의 권한은 땅으로 추락한다.

이쯤 되면 독자들은 궁금해질 것이다. 대체 시사프로그램의 아이템이란 어떤 구조와 방식으로 결정되기에 국장의 한마디에 모든 것이 막혀버릴 수 있는지. 보통 시사프로그램의 아이템은 PD가 사전조사를 통해 선정한 후, CP와 국장과 협의를 거쳐 최종적으로 결정해왔다. 이러한 'PD 주도, CP 및 국장 협의'라는 틀은 MBC 방송 제작 가이드라인에도 명료하게 규정되어 있다. 그러나 2011년 동안 PD들은 아이템 선정을 전혀 주도할 수 없었다. 국장과 CP는 집요하게 PD들이 가지고 오는 아이템에 대해 거듭 거부를 하며, PD의 제작 자율성을 빼앗고 사실상 정상적인 업무를 할 수 없게 만들었다. 편집권은 분명 소유물이 아닌데도, 그들은 마치 사유재산처럼 사용했다. 편집권의 방향은 이미 방송법, MBC 방송강령, MBC 윤리강령 등에 명확하게 표현되어 있었다. 권력을 감시하고 시민에게 봉사하고 소외된 사람들을 먼저 배려하도록 행사되어야 하는 것이 공중파 방송의 편집권일 텐데, 그들에게 이런 방향은 중요한 것이 아니었다. 편집권이라는 미명으로 그들은 검열과 통제를 했다.

가장 과격한 방식으로 '검열'을 당한 아이템 중 하나는 제주도 세계 7대 자연경관 선정에 관한 건이다. 세계 7대 자연경관 중 한 곳으로 한국의 제주도가 뽑혔지만, 세계 7대 자연경관을 선정한 단체인 뉴세븐원더스 재단은 국제사회로부터 그러한 타이틀을 수여할 만한 자격을 갖추지 못한 재단으로 평가받고 있었다. 투표 선정 방식이 불투명하며 KT는 거액의 국제전화비 수익을 챙긴다는 의혹

을 받았다. 이 아이템을 추진하려던 이중각 PD는 《PD수첩》으로
발령받은 그 순간부터 느낌이 좋지 않았다고 회고한다.

"당시 《PD수첩》은 기존의 명망 있던 PD들을 외부로 내보내고 부장이나 국장이
컨트롤할 수 있는 PD들만 모아놓은 곳이라는 평판이 자자했어요. 그런 곳에 가
게 되면 저 역시 윤모 국장과 김모 CP 체제하에서 순치된 PD 중 한 명으로 엮
일까 걱정이 됐죠."

_이중각 PD

　이중각 PD는 이미 2년간 《PD수첩》을 경험한 상태였다. 아무리
세상이 변했어도 정부와 지자체 주도로 벌어지는 거대한 행사가 뭔
가 부정한 세력에 의해 속임을 당하는 것이라면 당연히 취재를 할
수 있으리라 믿었다. KT에게 엄청난 이익을 가져다주는 전화투표
방식도 문제였고, 도무지 실체를 알 수 없는 주최단체와 불투명한
선정 방식, 대규모 공무원 동원의 후진성, 공무원들이 전화투표에
동원되어 하루 종일 업무도 못 보고 ARS 투표만 했다는 증언 등
갖가지 의문이 제기되는 상황이었다. 게다가 다른 언론매체에서 이
이슈에 대해 전혀 다루지 않는다는 점이 오히려 특종으로서의 가
치가 더 있다는 생각이 들었다. 속으로는 '그래, 이명박 정부를 정
면으로 비판하는 것도 아니고, 지자체나 정부가 정체불명의 외국
단체에 속는다는 것은 재미도 있을 테니까 이 정도는 괜찮겠지'라

고 생각한 측면도 있었다. 그러나 이중각 PD의 기대는 물거품이 되었다.

아이템 승인에 대한 최초 권한을 가지고 있던 배모 PD(그 역시 《PD수첩》을 단 한 번도 제작한 적이 없는 비《PD수첩》 출신 PD다)는 '말이 안 되는 의혹이고 나는 관심이 없다'는 이유로 기획안을 반려하며 서류를 찢어버린다.

> "제가 담당 부장으로부터 들은 얘기는 일단 '남의 잔칫상에 재 뿌리냐. 제주도 사람들이 MBC로 다 몰려온다'였어요. 그다음에 시청률이 안 나온다고 말했습니다. 그러더니 기획안을 찢어서 제가 보는 앞에서 휴지통에 버렸어요."
>
> _이중각 PD

이중각 PD는 이런 모욕 속에서도 이 아이템에 대한 설득을 시도했다. 하지만 간부들의 반응은 한결같았다. 제주도 사람들이 다 몰려온다는 것이었다. 그리고 시청률도 안 나올 아이템이라며 토론조차 피했다. 도저히 이해가 되지 않았던 이PD는 그제야 심한 자괴감과 화를 느끼고 휴지통을 차며 분노를 표현했고, 그런 행동으로 바로 경위서 제출을 요구받았다. 익숙하지만 슬픈 풍경이었다.

이후 KBS 《100분 토론》은 바로 제주 7대 자연경관 선정 과정을 파헤쳐 적잖은 사회적 반향을 불러일으키며 한국PD연합회에서 '이달의 PD상'까지 수상하게 된다. 반면 자사 홈페이지에 배너를 띄우고 화면 상단에 ARS 번호까지 노출시켜 투표를 독려했던 MBC는 제주도가 세계 7대 자연경관에 선정되자 대규모 축하행사를 열었고, 그 자리에 김재철 사장과 특별한 관계였던 무용가 J씨가 거액을 받고 출연하기도 했다(MBC 노조는 김재철 사장이 울산 MBC 사장 때부터 재일동포 여성 무용인 J씨에게 지급한 특혜성 자금이 지난 7년간 20억 원이 넘는다는 점을 폭로, 김사장의 J씨 밀어주기가 '업무상 배임'에 해당함을 꾸준히 주장해왔으며, 이를 입증할 만한 증거들이 속속들이 밝혀진 상황이다. 김사장은 J씨와는 "단순한 지인"이라며 특수 관계를 부인해왔다).

제주도와 관련된 아이템은 하나 더 있었다. 강정마을 제주해군기지와 관련된 건이었다. 강정마을에 대한 《PD수첩》의 취재는 여러 면에서 반드시 필요한 사안이었다. PD들의 판단은 기지의 필요성은 차치하더라도 그 과정의 비민주성이 문제라는 것이었다. 《PD수첩》은 참여정부 시절에서부터 낙하산 인사, 한미 FTA, 비정규직 문제 등에 있어서 정부 정책을 심층적으로 비판해왔다. 그리고 그 기준은 무엇보다 민주주의 절차의 문제였다. 강정마을 제주해군기지의 아이템도 이러한 일련의 연장선 위에 있었다.

그러나 《PD수첩》의 파급력을 믿고 언론과 방송을 믿었던 강정마을 사람들의 기대는, 이 사안에 대해 '사람들이 관심 없기 때문에, 민감하기 때문에, 그리고 재미없기 때문에'라며 결사적으로 아이템을 막는 윤모-김모 라인에 의해 좌절될 수밖에 없었다. 《PD수첩》이 예전의 《PD수첩》이 아니라는 것은 MBC가 더 이상 예전의

MBC가 아니라는 것이고, 언론과 방송이 예전의 그것이 아니라는 지표였다.

"저는 아주 기대가 많았습니다. 《PD수첩》 하면 전국적으로 아주 많이 보는 프로잖아요. 그야말로 우리나라 언론의 대표적인 방송인데, 그때 만일 《PD수첩》에서 심층적으로 이 문제를 다뤄줬으면 지금 상황은 아주 많이 달라졌을 거라 생각합니다."

_강정마을 이장

언론은 바뀌었지만 이장님의 기대는 바뀔 수 없었다. 비극은 언제나 기대와 현실, 그 사이에서 나왔다. 강정마을 아이템을 꼭 방송으로 만들고 싶었다는 이미영 PD는 강정마을 아이템을 가로막았던 간부들의 논리는 오직 '취향'밖에 없었다고 꼬집는다.

"늘 어떤 아이템이 안 된다고 얘기할 때면 논리적인 설명이 따라오질 않았어요. 그냥 재미없다, 개인적으로 관심 없다, 민감하다고 하고 끝이에요. 이거는 어떤 한 사람의 취향이지, 사리에 맞는 설명이 아니잖아요. 하지만 그 취향을 빌미로 마지막까지 허락을 안 해주면 방송을 내야 하는 PD 입장에서는 불안하고 궁지에 몰리게 되는 거고, 그래서 그냥 다른 아이템을 선택하게 되죠."

_이미영 PD

아이템을 선정하지 못해 방송이 제대로 나오지 못하는 상황이 오면 결국 그 책임은 PD가 져야 하는 것이기에, 아이템을 걸고 벌어지는 시간 싸움에서 PD들은 늘 불리했다. 상대는 이런저런 핑계로 버티기만 하면 된다. 초조하고 조급해진 PD는 결국 간부들이 거부하는 아이템을 포기하고 그들이 용인하는 범위 내에서 아이템을 선택해서 방송을 하게 된다. 공정방송을 가로막는 대상으로 점찍어 피케팅을 하고 성명서를 쓰다가도, 또한 그들과 아이템에 대해 토론해야 하는 현실을 접하면서 《PD수첩》 PD들의 정신은 병들어갔다.

이외에도 비슷한 과정을 거쳐 방송으로 만들어지지 못한 아이템은 일일이 나열하기 힘들 정도다. 《PD수첩》의 작가들조차 아이템들이 '리젝트reject'를 당하는 데에는 '뻔히 예측되는 공식'이 있었다고 말한다. 삼성 노동자 백혈병 사망 아이템의 경우 판결나기 전에는 '아직 판결이 나지 않았기 때문에' 승인할 수 없고, 판결이 난 후에는 '판결이 났는데 왜 또 다루냐'는 식이었다. 한명숙 전 총리 뇌물수수의혹 사건의 경우는 1심 선고 때는 1심 결과를 기다려보자며, 2심까지 무죄가 나니 그때는 대법원 판결을 기다려보자며, 대법원 판결이 난 뒤에는 '다 끝난 거 뭐하러 하려고 하냐'며 아이템을 사장시켰다. 그들은 《PD수첩》을 통제하는 것을 넘어, 《PD수첩》을 망하게 하고 있었다.

PD수첩 아이템은 어디로 새고 있는 것일까

팀장이 PD의 책상을 뒤지는 일도 그때쯤 벌어졌다. 당시 김모 CP에 의해 책상에 있던 기획안을 도둑맞은 경험을 한 임채원 PD는 그때의 분위기를 황우석 사태와 비교했다.

> "황우석 사태가 벌어졌을 때 해당 PD에게 너무 많은 압박이 들어오니까 회사 차원에서 보호를 해주고 그랬는데, 김재철 체제의 MBC에서 그런 건 전혀 없었던 것 같아요. 모든 것들을 온전히 PD의 책임으로만 돌리고, 회사에서는 어떻게든 면피하려 한다는 인상을 받았죠. PD를 어떤 정치적인 목적의 희생양으로 삼아 그 사람을 제물로 갖다 바치는 모양새였어요."
>
> _임채원 PD

김재철 사장이 들어온 이후 《PD수첩》에는 아이템을 검열하는 것을 넘어 PD들에게 촬영 큐시트를 요구하는 전례 없는 일이 벌어진다. 어떻게 촬영을 할 것인지 정리되어 있는 큐시트를 보면서 회사가 원치 않는 인물을 만나는 등의 일을 재빠르게 막기 위한 조치였다. 이에 임채원 PD가 불응하자 김모 CP는 직접 그의 책상을 뒤져 자신이 원하는 서류를 가져간 것이다. 당시 사무실 안에 있던 모든 PD와 작가들은 이런 식의 아이템 사찰을 피할 수 없었다. CCTV에 김모 CP가 PD 자리로 가서 책상 위에 놓은 문건을 집어드는 모습이 포착됐는데, 그는 책상 위에 자료가 너무 많아 흘러내릴 정도여서 정리해주고 청소해준 것이라고 모 주간지를 통해 해명했다.

임채원 PD에게는 황당한 일이 계속해서 벌어진다. KT가 노동자들을 억압하고, 편법적으로 인력운용을 한다는 의혹을 취재하고 있었다. KT 쪽으로는 그 어떤 요청도 하지 않았는데, 어떻게 된 일인지 KT가 그 사실을 미리 알고는 MBC를 방문해, 담당 PD는 배제한 채 국장과 CP를 만나서 밀담을 나눈 것이다. 롯데가 운영하는 점포에 입점해 있는 자영업자들이 롯데와의 불공정 계약 때문에 고통을 당하는 현장을 취재하자 '롯데는 우리 회사와 비즈니스 파트너니까 살살 하라'는 식의 지시까지 받는 등, 취재 정보가 상시로 노출될 수 있다는 의심이 드는 일이 반복적으로 발생했다.

"팀장이 아이템을 워낙 통제하니까 PD들이 어떤 아이템을 할지 팀장에게 터놓고 이야기하지 못하잖아요. 그랬더니 부장이 저희 구성원들의 책상을 뒤지는 일까지 벌어지더라고요. 그럴 때 굉장한 자괴감이 들었죠."

_임채원 PD

2011년 9월 이후 《PD수첩》에는 아이템 기획안에 어떤 사람을 만나서 어떻게 취재할 것인지, 언제 어디서 무엇을 촬영하는지에 관한 일정을 스케줄표로 정리해서 CP에게 보고하고 나가라는 지시가 떨어진다. 현장을 직접 발로 뛰는 PD 입장에서 이것은 불가능에 가까운 요구다. 나가보면 상황이 다르거나 담당자가 전혀 생뚱

히는 김모 팀장에게 이젠 예전의 부끄러움도 없었다. 《PD수첩》의 입은 막혔고, 한상대 검찰총장의 인사는 착착 진행됐다.

> "검찰하고 청와대에서 다른 언론은 전혀 걱정하지 않았어요. 오직 《PD수첩》이 이(검찰총장 인사) 청문회에 대해서 다루느냐 안 다루느냐만 관심이 있었습니다. 일요일에 대검에서 직원들이 다 출근했고요. 여의도로 다 파견되어 있었고 청와대에서도 여의도로 다 나와서 근무를 하고 있었습니다.
> (어떤 이유로?) 《PD수첩》이 (검찰총장) 인사청문회를 취재한다는 그 사건 때문에."
> _주진우 기자

한상대 검찰총장이 대통령과 고려대학교 동문이라는 사실 외에도 장인과 이상득, 이명박 형제와의 특별한 인연, '한상대 서울지검장이 검찰총장이 될 것'이라는 이국철 SLS 회장의 증언, 그리고 그 자체가 위장 전입과 부동산 투기의 전형을 보여준다는 점에서 한상대 검찰총장의 한계는 명확해 보였고, 지금 그것을 증명하고 있다. 권력형 비리가 터질 때마다 한상대 검찰총장에 대한 불신은 쌓이고 있고, 검찰과 권력의 유착이라는 해묵은 화두가 2012년 한국 검찰의 최대 과제로 부각되고 있다.

그 아줌마는 크레인 위에 올라가 시위하는 게 직업이다

2011년 11월 어느 날, 김영혜 PD는 너무 기뻐 비명을 지를 뻔했다. 수많은 PD들이 몇 달 동안 얘기해도 한진중공업 아이템을 가지고 방송 만드는 걸 허락해주지 않던 《PD수첩》에서 새로 온 PD가 김진숙 위원에 초점을 맞춘 취재를 승낙한 것이다. 방금 전까지 거듭되는 아이템 승인 거부에 지쳐 눈물을 흘리던 그녀였지만, 팀장의 승낙을 받자마자 고대하던 아이템으로 방송을 만들 수 있다는 환희에 휩싸였다. 당장 부산에 내려갈 비행기 표를 구하고 현장에서 취재를 시작할 준비를 했다. 그런데 승낙이 떨어진 지 단 10분만에 다시 국장 방에서 나온 PD가 입을 열었다.

"중지해."

이유는 없었다. 나중에 알고 보니 새로 온 PD가 분위기 파악을 못하고 덜컥 허락을 해준 것이었다. 사실 상식적으로 한진중공업 아이템은 이미 노사문제를 떠나 사회문제가 되고 있는 상황이었다. 과연 어떤 이유로 그들은 이 아이템을 거절했을까.

"'김진숙이라는 사람의 직업이 원래 그런 것이다. 그 사람은 진정성이라는 건 없고, 그냥 크레인 올라가서 시위하는 게 직업이다. 그리고 정치적으로 민감한 사안이기 때문에 이걸 방송하면 곤란한 상황이 생길 수도 있다.' 이런 말을 들었습니다."

_임경식 PD

"'아줌마 하나 크레인에 올라갔다 내려갔다 하는 거 아무도 신경 안 쓴다. 시청률도 안 나올뿐더러 사회적으로 아무런 반향도 없다. 아무 소용 없다. 그리고 내가 OK를 해도 윗선에서 안 되게 할 것이다.' 라는 얘기를 들었죠."

_임채원 PD

한진중공업 비정규직 문제, 한진중공업의 해외진출에 따른 부작용 문제 등은 이미 두 차례나 《PD수첩》 메인 아이템으로 다룬 바 있었다. 그만큼 《PD수첩》 내에 자료가 많았고, 그림도 많이 확보되어 있었다. 게다가 당시 이 문제는 정치 공세로 덮을 수 있는 사안이 아니었다. 우리 사회 구성원들의 생존 문제로 대두되고 있었다.

대체 그들이 말하는 더 중요한 사안이라는 것은 무엇인가. 또 그들이 말하는 곤란한 상황이란 대체 무엇일까. 그리고 그것이 누구에게 얼마나 곤란한 상황이기에 이토록 철저하게 무시하는가를 PD들은 거듭 생각했으나 이해할 수 없었다. 이것은 명백한 MBC 방송강령 위반이다. 방송강령에는 "사회적으로 소외된 계층을 대변하며…"라고 적시되어 있으며, 방송강령 준칙에도 이런 문제를 공정하고 심층적으로 다루라는 조항이 삽입되어 있다.

이런 분위기 속에서 PD들은 자연스럽게 아이템을 제출하기 전에 자기검열을 거치게 된다. 현 정권이 추진하고 있는 것들을 조명해보거나, 진보진영 쪽에서 내세우는 주제는 아예 검토할 수 없었다. 방송용 아이템을 '알아서' 조절하거나 나중에는 아예 CP의 지시를 받아 방송을 만들어야 했다. 수뇌부는 경영진의 방향과 어긋나는 아이템을 가져오는 것을 PD의 능력 미달로 해석하며 자존심에 상처를 입혔다. 한 PD는 아이템 선정에서 오는 스트레스와 스스로를 속이는 일을 견디다 못해 눈물을 흘렸다.

"가장 많은 사람들이 가장 시급하게 알아야 하고 풀어가야 할 문제들이 있잖아요. 그런데 그것들은 외면하면서 방송 한 번, 한 번을 채우기 위해서 취재를 해야 한다는 게 부끄러웠어요. 11월 초에 김진숙 지도위원 취재하는 걸 그만두고 부장이 제안해준 아이템이 있었어요. 수능 시점이었거든요. 김진숙 위원이 내려올 때가 수능일 전후였어요. 아니 내일 수능 날이고 보니까 대학을 거부하고 입시를 거부하는 아이들도 있던데 시의성 있게 수능 관련된 아이템을 해봐라, 라고 던져주는 거예요.

그때가 제일 많이 싸우고 제일 많이 울고 제일 많이 자괴감을 느끼던 때였거든요. 너무 많이 싸우면 서로 감정이 많이 상해 있고 예민해져 있다보니까 나중에는 어떤 아이템을 갖다 들이대도 시무룩했어요. 계속 대학 아이템 하라고 제안하니까 자포자기한 마음으로 시키는 거 받아서 했었어요. 수치심이 강했죠. 울어서 다음 날 눈이 퉁퉁 부어 어쩔 줄 몰라 했던 생각이 나요."

_김영혜 PD

사측의 현 정부의 역점 사업에 대한 태도는 확실했다. 한미 FTA에 취재를 결사적으로 막던 김모 CP는 다음과 같은 발언을 한다.

"문제 있다고 봐요. 이걸(한미 FTA) 정치 쟁점화한 부분도 문제가 있고. 왜냐하면 우리가 야당 편향적으로 민주노동당 입장을 대변하면서 그런 게(반대하는 게) 오로지 선이고 옳은 거고 무오류라는 식으로 하는 게 맞지 않다고 보는 거죠."

_김모 CP

한미 FTA는 고故 노무현 대통령의 역점사업이었다. 2006년 1월 갑작스레 추진된 한미 FTA는 참여정부 정책 가운데 지지자들로부터 가장 많은 비판을 받은 정책이기도 하다. 《PD수첩》은 2006년 7월 한미 간 협상이 막 시작된 시기에 두 번에 걸쳐 '참여정부와 론

스타의 동상이몽'이라는 제목의 프로그램을 방영한다. 이 프로그램은 당시 논란이 되고 있던 이른바 한미 간 4대 선결조건(미국산 쇠고기 수입 등 한미 FTA 협상을 추진하기 위해서는 먼저 한국 정부가 해결하라고 미국 정부가 요구한 사안)이 실재함을 밝혔고, 한미 FTA의 효과가 과장되었을 수도 있다고 경고함으로써 큰 반향을 일으킨다.

또한 당시 이른바 '먹튀' 논쟁이 있던 론스타가 한미 FTA에서 논의될 국가-투자자 직접소송ISD를 이용해 제소를 할 수도 있는 매우 위험한 제도임을 고발했다. 참여정부는 일간지에 전면광고를 내세워 《PD수첩》의 방송이 허위 과장이라고 강력하게 항의한다. 당시 청와대에서는 노대통령이 이 프로그램을 제작한 PD들과 직접 토론을 하고 싶다고 알려올 정도였다. 한미 FTA 프로그램의 경우 그것이 여야 간 쟁점이기 때문에 되지 않는다는 이유로 방영이 불가한 것은 방송법, 방송강령, 선거 방송강령을 모두 어기는 것이다. 이들 조항에 의하면 선거 쟁점이면 더 철저하게 국민과 시청자에게 공정하게 알려야 할 의무가 방송사에는 존재한다.

그러나 한미 FTA로 서민들의 삶이 어떻게 달라지는지 주목하겠다고 설득해 허락받은 김영호 PD는 조합원 신분이 아니었기에 2012년 1월에 시작된 파업에 참여하지 않은 채 캐나다와 멕시코의 FTA 현장을 조사하고 있었다. 멕시코 현지에서 그는 취재 중단 지시를 받는다. 이에 윤모 국장에 이어 취임한 김모 국장은 한미 FTA가 총선과 대선의 핵심 이슈로 떠올라 선거에 영향을 줄 것을 우려

무너진 경쟁력

《PD수첩》 PD들이 제기하고도 방송을 할 수 없게 막혀버린 아이템들은 굵직한 것만으로도 스무 개 가까이 된다. 이 '금지 리스트'를 정리해보면, 대략 '정권, 재벌, 노동, 남북관계, 소수자' 등의 범주로 분류할 수 있다. 반대로 2011년에 '방송된' 아이템을 분석해보면 검열의 결과를 역산할 수 있다.

2011년 《PD수첩》과 KBS 《100분 토론》 주요 아이템 비교

	MBC 《PD수첩》	KBS 《100분 토론》
3월	전세금 사기, 서울 음대 교수 제자 폭행, 전세 대란, 일본 지진	저축은행 뱅크런, 일본 지진, 신공항 논란, 글로벌 청년 리더 사업 실태

었다. 김모 CP는 시청률을 높이기 위해서라며 PD들에게 '성추행', '살인' 같은 지극히 선정적인 아이템을 찾아보라고 종종 권고했다. 이를테면 《PD수첩》에 '폭력'과 '섹스'를 주문한 셈이다.

그렇다면 사측이 요구하는 대로 프로그램을 만들었을 때, 그들이 그토록 강조한 시청률은 올라갔을까. 2011년에 윤모 국장은 다음과 같은 말을 했다. "《PD수첩》 시청률이 문제다. PD들이 시청률 안 나오는 아이템을 가지고 온다. (조합이 보면 모를 수도 있겠지만) 우리가 보면 시청률이 나올 아이템인지 아닌지 단번에 판단할 수 있다." 참으로 자신감 넘치는 말이었다.

물론 《PD수첩》이 시청률을 절대적 기준으로 삼아 판단할 수 있는 프로그램은 아니다. 그러나 시사교양국 수뇌부가 그렇게 강조한 시청률만을 놓고 봤을 때에도 2011년은 《PD수첩》의 최대 수난기였음이 증명된다. 《PD수첩》 시청률은 윤국장 취임 직후부터 급속하게 하락하기 시작한다. 윤모 국장 취임 직후인 2011년 3월부터 7월까지 약 5개월간의 시청률은 전해 대비 30% 이상 감소하게 된다. 윤국장의 취임 전 《PD수첩》은 '검사와 스폰서', '이 정부는 왜 나를 사찰했나', '4대강 수심 6미터의 비밀', '천안함 사건' 등 성역 없는 취재로 시청률에서 약진을 보이고 있었다.

시청률 하락은 물론 복합적으로 해석해야겠지만 가장 직접적인 원인은 지금까지 말한 '잘못된 아이템'에서 찾아야 할 것이다. 이는 아이템과 시청률의 상관관계를 비교해보면 어느 정도 증명할 수 있다. 2010년 방송된 《PD수첩》 중에서 시청률이 높게 나온 방송 아이템들을 보면 검찰, 4대강, 국정원 등 매우 민감한 주제를 다루었음을 알 수 있다. 2011년 방송 중에 그나마 상대적으로 시청률이 높았던 아이템들은 '심형래', '도가니', '순복음교회' 등이다. 모두 방송 시점에 이미 사회적으로 상당히 화제가 되었던 주제들이다. 다시 말해 거대 권력, 종교 등 매우 민감한 영역을 정면으로 다루거나, 그렇지 않더라도 방송 시점에 시청자들의 관심이 대단히 집중된 이슈를 다룰 때 시청률도 높았음을 알 수 있다. 성추행이나 살인 같은 '말초적인' 주제가 아니라 사회적으로 '첨예한' 주제를 다룰 때 시청자들의 반응도 좋았다는 것이다. "시청자들이 알고 싶어 하는 이야기를 하지 않으니 시청률이 잘 나올 리 없다"는 모 PD의 말처럼, 민감한 주제를 철저히 회피한 결과가 시청률 하락의 원인으로로 작용했음을 알 수 있다.

윤모 국장은 프로그램의 세부적인 구성까지 손을 대 경쟁력을 더욱 떨어뜨렸다. 원래 《PD수첩》은 프로그램을 소개하는 MC와 방송의 내용을 설명하는 내레이터가 따로 존재하는 형태였다. 앵커를 두고 취재물이 나갈 때, PD 본인이 직접 내레이션을 하지 않고 전문가 아나운서의 목소리로 읽어나가는 스타일은 단시간 내에 결정된 것이 아니고 20년에 걸쳐 점점 발전해온 《PD수첩》 고유의 방식이다. 그런데 윤국장은 이것을 한꺼번에 바꾼다. 앵커를 없애버리고 아나운서, 전문가가 하던 내레이션을 현장 PD들이 직접 하게 만들었다.

이는 결과적으로 《PD수첩》의 메시지 전달력을 떨어뜨리게 했다. 앵커는 하나의 이야기를 전달해나가는 중심인물이다. 앵커가 매주 바뀌는 게 아니라 적어도 1년 이상 계속 가기 때문에 시청자는 앵커의 진행에 익숙해지기 마련이다. 앵커가 어떤 말을 하면 시청자들은 들을 준비를 하게 되는 것이다. 그래서 앵커가 "4대강 사업에 문제가 많다"라고 이야기했다면 시청자들은 앵커가 없을 때보다 훨씬 강하게 4대강 사업의 문제점을 느낀다.

그렇기 때문에 앵커가 있어야 메시지 전달력이 극대화가 된다. 그런데 바뀐 방식에서는 매주 PD가 바뀌기 때문에 시청자들은 익숙하지가 않다. 또 PD들은 훈련되어 있지 않았기 때문에 거친 인상을 받는다. 그러면서 결과적으로 방송에 몰입하기 어려운 상황이 된다. 취재를 잘했다 하더라도 전달과정이 거칠고 삐걱거릴 때 그 메시지는 정확히 전달이 되지 않는다. 따라서 과거 앵커가 있을 때에 비해 전달력이 약해져, 방송을 했을 때 시청자들이 느끼는 문제의식 정도가 떨어지게 된다. 그러면 그만큼 반향이 덜 일어나게 되고, 그 프로그램에서 지적했던 문제를 해결하기가 어렵게 된다.

PD들은 자신들이 이러한 명백한 사실에 직접 내레이션을 해야 하는 고충을 얻어 끊임없이 문제제기를 했으나 받아들여지지 않았다. 방송을 충분히 경험하고 잘 알고 있는 국장과 CP는 왜 PD들의 말을 알아듣지 못했을까. 메시지 전달력을 떨어뜨리고 PD들의 어깨를 더욱 무겁게 만들 의도가 아니었다면, 그 말을 이해하지 못했을 이유가 없다.

PD 인사 역시 경쟁력과 연관해 짚어봐야 할 부분이다. 《PD수첩》은 이미 제목에서 직접적으로 드러나듯, PD가 가장 전면에 드러나는 프로그램 중 하나이다. 《PD수첩》은 담당 PD만 10명 정도 되는 큰 규모의 프로그램이다. 이런 비중의 프로그램이라면 새롭게 배치되는 PD와 경험 많은 PD를 적절히 섞어서 프로그램의 질도 유지하고 노하우도 전수되도록 하는 것이 바람직한 인사 정책일 것이다. 그런데 당시 《PD수첩》 팀에는 이렇게 경험과 노하우가 있는 PD가 별로 없었다.

인재가 없는 것이 아니라 《PD수첩》을 상징하는, 신뢰도와 취재력, 제작 노하우 등을 갖춘 인력이 시사교양국에 모자라지 않게 존재함에도 불구하고, 수뇌부는 철저히 그들을 배제했다. 프로그램의 경쟁력을 생각하는 인사권자라면 결코 이런 인사 조치를 할 수 없었을 것이다. 이 모든 선택을 《PD수첩》 죽이기의 일환이 아니라고 볼 수가 있을까.

상처받은 PD수첩,
절망하는 PD들

'인사권을 내 얼굴에 침을 뱉듯이 행사했다.'

이우환 PD는 국장과 CP의 의사를 벗어나 후배를 '선동'했다는 이유로 인사 발령을 받고, MBC가 발령낼 수 있는 가장 먼 일자리인 용인 드라마 세트 제작센터로 가는 시골길에서 느꼈던 감정을 회고하며 이렇게 말한다.

"그때는 진짜 충격이 상당히 컸죠. 정말 나쁜 사람들이구나 하는 생각이 들었습니다. 웬만하면 그냥 심의실로 보낸다거나 아니면 외주 파트에 보낸다든지 해서 PD로서 일할 수 있는 곳으로 보내도 충분히 자기들이 원하는 교양국 밖으로의 방출이라는 소득을 올릴 수 있음에도 불구하고 이렇게 보낸 건, 한마디로 엿 먹으라는 거죠. 잠이 안 왔습니다. 새벽 두세 시까지 땀이 줄줄 나고 입에서 욕이 저절로 나왔어요."

_이우환 PD

사필귀정事必歸正. 용인으로 귀양 가듯 인사 조치를 당했던 이우환 PD는 약 3개월 후 노동조합에서 낸 인사 조치 가처분신청에서 승소해 여의도로 돌아온다. 자신과 함께 인사 조치되어 경인지사로 발령받은 한학수 PD와 함께. 법원이 인정한 잘못인데도 윤모 국장의 제대로 된 사과는 받기 어려웠다. 이우환 PD는 여의도 사무실에는 자리가 없으니 일산 MBC에서 《PD수첩》 장기기획을 하라는 지시를 받는다. 한학수 PD 역시 시사교양국으로 돌아온 후 아침방송 외주관리팀으로 또다시 발령을 받아 은퇴 직전에나 하는 업무를 맡아보며 또 한 번 모멸감을 느껴야 했다. 노동조합은 이러한 조치에 대해 김재철 사장에게 다시 한 번 항의했고, 이우환 PD는 용인과 일산을 거쳐 반년 만에 시사교양국으로 돌아올 수 있었다. 물론 돌아와서 본 《PD수첩》의 상황은 떠나기 전과 크게 다를 것이 없었다.

남들은 다들 힘들어하는 《PD수첩》의 PD 자리에서 사명감 하나로 즐겁게 일해온 이들이, 1년이나 자기가 하고자 하는 일을 하지 못하고, 논리가 아닌 강압으로 원치 않는 방송을 만들어야 했을 때, 그 상처는 컸다. 같은 기간 경인지사로 발령받아 원치 않는 일을 해야 했던 한학수 PD의 심경도 이와 다르지 않았다.

"예를 들면 수원의 갈비집 사장님들을 만나서 '왕갈비 축제'를 어떻게 만들고 홍보할 것인가 하는 게 그곳에서 제 일 중에 하나였습니다. 해보지 않은 일이라 적응 하기도 힘들었고, 적응 자체를 떠나서 인간에 대한 모욕감이 들었어요. 저는 다큐멘터리나 르포 같은 방송 프로그램을 하려고 회사에 들어왔는데 저의 의지와는 무관하게 직종을 변경해버렸기 때문에 모욕감을 느꼈죠. 그 일이 천하다는 게 아니고, 자기가 하려고 하는 프로그램과 전혀 무관한 일이 주어졌기 때문이죠."

_한학수 PD

남북경협 아이템과 관련해 인사위원회에 나가야 했던 김동희 PD의 상처는 아직도 깊다.

"해고노동자들의 고통스러운 삶이라든가 부조리함을 고발하는 것이 가치 없다고 말하는 그 순간에 분노했는데도, 그것으로 저를 판단하고 제 PD로서의 자질과 가치를 폄훼했기 때문에 다음에 제가 다른 아이템들을 결정하고 순위를 정할 때, 스스로 칙칙하다는 생각을 하게 만들더라고요. 치욕스럽지만 그렇게 영향을 받더라고요. 그때 견딜 수 없었어요."

_김동희 PD

그는 업무에 대한 감당할 수 없는 자괴감과 스트레스로 정신과를 찾는다. 반드시 자신에게 상처를 준 대상을 찾아가 그 감정을 이야기할 수 있어야 무너지지 않는다는 의사의 처방에 따라 김모 CP를 찾아간다. 부당한 징계 위협에 대해 용기를 내어 항의했으나 돌아온 건 '나는 잘못한 게 없고 너에게 상처를 줬는지도 모르겠다, 나는 너와 할 얘기가 없다'는 식의 무시뿐이었다. 김동희 PD는 참지 못하고 '당신이 너무 싫다, 야구방망이로 당신 뒤통수를 후려갈기는 꿈을 꿨다'라며 하고 싶은 말을 다 하고 나서야 후련한 마음을 느꼈다고 한다.

2011년 당시 이미영 PD의 휴대전화에는 늘 이런 메시지가 날아왔다.

'오늘 누가 국을 쫓겨나게 생겼다. 총회를 하자'
'누구는 인사 발령이 났고 누구는 경위서 요구를 받았다'
'무슨 아이템이 까였다'
'팀장이 ○○ 건에 대해 PD들 긴급 소집'
'내일 항의성 피케팅 11:00에 진행'
'아이템 잡았어? 통과됐어?'

팀장이 바뀐 후 이전까지는 호의적으로 성의를 다해 취재에 협조하던 취재원들의 태도가 변했다. 이미영 PD는 그들에게 '요즘 MBC

가 왜 그러냐, 《PD수첩》도 왜 그러냐, 이렇게 취재해가도 위에서 팀장이 못하게 하면 못하는 거 아니냐'라는 걱정을 끊임없이 들어야 했다. 시청자 게시판에는 변절한 《PD수첩》을 조롱하는 글들이 올라왔다. 고발을 하기 위해 취재를 하는 사람이 문제를 캐러 다니는 와중에 그 문제보다 더한 짓을 자신이 속한 회사가 하고 있다는 이야기를 듣고, 그 현실을 마주하는 일은 고통스러웠다.

이 모든 일들이 가져다준 스트레스는 기억상실증이나 난독증 같은 증상으로 이어졌다.

"그때 겪었던 일들이 잘 기억이 안 나요. 작년 일인데도. 기억하기 싫어서 기억이 안 나는 건지, 아니면 파업을 하면서 사무실하고 멀어져서 그런지 모르겠는데 기억이 잘 안 나고요. 또 하나 느낌은 이런 일이 너무 반복되어 지금은 별로 느낌이 없는 상태인 것 같기도 해요.

그리고 사람들이 말을 하면 내용이 들어와야 되잖아요. 그런데 어느 순간부터인가 집중이 잘 안 되더라고요. 글도 잘 안 읽혔어요. 어려운 기사를 읽어서 그런가 싶어 연예 기사 아무거나 컴퓨터로 보려는데 잘 안 들어오더라고요. 당황해서 여기저기 소개받아 상담을 받아보니까 극도의 스트레스를 받으면 순간적으로 뇌의 둔화 같은 게 올 수 있다고 하더라고요."

_이미영 PD

김영혜 PD는 지금도 당시 취재를 나가서 느꼈던 외면의 눈초리들을 잊지 못한다. 그래서 자신이 속해 있는 프로그램의 이름조차 떳떳이 이야기하기 어려웠던 기억이 었다.

> "예전에는 《PD수첩》에서 왔다고 하면 다른 매체는 인터뷰 안 해줘도 《PD수첩》
> 은 해 주고 그랬었거든요. 그때는 《PD수첩》에서 왔다고 하니까, 오히려 《PD수
> 첩》이니까 취재에 응해주지 않는다는 얘기를 들었을 때 '《PD수첩》이라고 괜히
> 이야기했다, 《금요와이드》라고 할걸' 하고 후회한 적도 있어요."
>
> _김영혜 PD

서정문 PD는 '남은 자들의 슬픔'을 이야기했다.

> "팀장과 갈등 끝에 인사 조치를 당한 《PD수첩》 PD들이 생기면서 외부에서 바
> 라보기엔 남아 있는 PD들은 《PD수첩》의 비핵심 인력들이고 사측의 입장에 고
> 분고분한 사람들이었겠죠. 하지만 남아 있는 사람은 여전히 원하는 아이템을 가
> 지고 방송할 수 없다는 막막함에 힘들어하고 있었어요. 핵심 인력이라 할 수 있
> 는 사람들은 어쨌든 쫓겨난 상황인 거고 그렇다면 남은 사람들은 나는 왜 여기
> 《PD수첩》에 남아 있는 걸까 하며 외로워했죠."
>
> _서정문 PD

2011년 서정문 PD의 일상은 이러했다. 회사에 오면 아침에 '《PD
수첩》 정상화해라', '윤모 국장 나가라' 는 내용의 피케팅을 회사 1층

이나 3층 시사교양국장 방 앞, 복도 등에서 하고, 오후에는 아이템 골라놓은 것을 팀장에게 들고 가서 거절당하고, 작가와 스태프들, PD 선후배들을 만나 힘들다고 호소하고 그리고 그다음 날 아침에 또 피케팅을 하는 단순함의 연속인 힘든 나날이었다.

팀장의 이유 없는 거절이 계속되자 서정문 PD에게는 이상한 증상이 생겼다고 한다.

> "제가 정신적으로 문제가 있다는 생각이 들었던 게 언제냐면, 샤워를 하는데 내일은 팀장한테 가서 무슨 얘기를 해야 할지 생각하고 있었던 거예요. 시뮬레이션을 하고 있는 거죠. 팀장은 이런 얘길 하면서 이 아이템을 못하게 하겠지. 그럼 나는 뭐라고 얘기를 하지? 그러니까 이 아이템을 어떻게 잘 가공할지 고민하는 게 아니라 오로지 그 팀장, 팀장을 넘을 생각만 하고 있는 거죠."
>
> _서정문 PD

이런 압박을 견뎌온 서정문 PD지만, 그는 결국 '남아 있는 자'조차 되지 못했다. 그는 인사권을 쥔 권력 앞에 자존심이 무너졌던 과거를 돌이키며 눈물을 흘렸다. 윤모 국장이 자신을 좋지 않게 보고 있으며 예능국이나 외주 제작국으로 보내버리면 된다는 얘기를 하고 있다는 사실을 알고 쫓겨나고 싶지 않다는 생각에 저항할 마음을 먹지 못했던 그. 누구인들 그러지 않을 수 있겠는가. 게다가 화제작을 같이 연출하며 자신이 기댈 수 있는 선배라고 생각한 사람의 입에서 갈등의 중재가 아닌 '다른 곳에서 일해보는 것도 괜찮다'는 말을 들었을 때 오로지 시사교양국 PD가 되고 싶어 입사한 서정문 PD는 절망할 수밖에 없었다.

김재철 체제가 오기 전까지 《PD수첩》의 책임PD들은 가슴속에 늘 사표를 갖고 다니면서 '내가 외압을 막아주겠으니 소신껏 프로그램을 만들어라. 대신 PD나 작가들은 프로그램 질을 높여라'고 독촉하던 그런 사람들이었다. 《PD수첩》을 직접 제작하는 것이 얼마나 큰 부담 속에서 이루어지는지를 똑똑히 알았기 때문이다. 권력층을 감시하기 위해서는 압력과 소송, 때로는 대중과의 갈등도 마다하지 않아야 했다. 김재철 체제의 《PD수첩》에서 PD들은 그런 울타리 같은 간부들이 아니라 오히려 자신들의 상처를 더 끄집어내는 적敵들과 공존해야 했다. 그들에게는 보이지 않은 적과 싸우며 지난 1년간 심하게 할퀴어지고 망가진 상처를 쓰다듬어줄 집단치료가 필요한 것이 아닐까.

"과연 우리는 누구와 싸우는 것인가. 바로 눈앞에 있는 팀장과 싸우는 것인가, 아니면 국장과 싸우는 것인가, 더 나아가 MBC 사장과 싸우는 것인가, 아니면 더 큰 존재와 싸우는 것인가를 알 수 없게 되어버리니까. 정말 그 상황이 너무 힘든 거죠."

_임경식 PD

할 말을 하는 것,
PD수첩의 존재 이유

MBC의 보복성 인사는 지금도 끝나지 않았다. MBC는 2012년 7월 25일, 《PD수첩》의 작가 전원을 해고하겠다는 뜻을 밝혔다. 《PD수첩》 작가들의 아이템 선별 능력과 소구력에 문제가 있다는 것이 이유였다.

타 방송사의 후배 작가에게서 전화가 왔다. "선배, 누가 《PD수첩》 그만뒀어요? 작가 구한다는 얘기 들었는데요." 그제야 비로소 《PD수첩》 작가 6명은 자신들이 잘렸다는 사실을 알았다. 뒤늦게 전해 들은 해고 사유는 '분위기 쇄신'이었다. 분위기 전환을 위해 집 안의 커튼을 갈아 끼우듯 그들은 작가 전원을 갈아치우기로 한 것이다.

그들은 많은 돈을 받는 것도 아니고 화려한 조명을 받은 적도 없었지만, 《PD수첩》 작가들은 그동안 탐사보도 프로그램 작가 본연의 임무를 묵묵히 수행해왔다. 단지 그것뿐인데 아무 이유도 없이 일방적인 해고 통보를 받았다. 결국 《PD수첩》의 작가와 PD들은 회사 안이 아닌, 해고에 항의하는 천막농성장에서 만날 수밖에 없었다.

이에 그치지 않고 MBC는 2012년 9월 7일자로 대기발령 기간이 끝난 인사와 업무 평가에서 최저인 R등급을 받은 인사를 대상으로 상암동 MBC 아카데미에서 교육을 받을 것을 지시했다. 이 교육에는 브런치 만들기, 요가 배우기 등 방송국 제작진이 하는 일과는 전혀 관련 없는 내용이 포함되어 있다. 언론에서는 '유치한 보복성 조치'라는 말을 아끼지 않았다. 이 명단에는 김재철 체제에서 《PD수첩》을 했던 이우환, 임경식, 김동희, 서정문, 임채원 등 무려 5명의 PD가 포함되어 있다.

우여곡절 끝에 파업은 끝이 났지만 《PD수첩》은 아직도 시청자들에게 돌아오지 못한 채 2012년 10월 현재 9개월째 결방 중이다. 억압과 통제가 지속되는 가운데에도, PD들은 여전히 《PD수첩》이라는 이름 안에서 희망을 찾는다.

"《PD수첩》에는 《PD수첩》만이 가지고 있는 지난 10년간의 노하우가 축적되어 있기 때문에 어떤 시사교양국의 PD가 온다고 하더라도 동료 PD들이 교차하면서 리뷰해주고 체크해주면서 아주 건전한 의미의 데스킹이 다시 활성화된다면, 우리 프로그램은 충분히 시청자들이 원하는 성역 없는 방송을 할 수 있다고 봐요. 그 부분에 있어서는 하등의 의심이 없을 거라 생각합니다."

_이우환 PD

《PD수첩》은 '미국산 쇠고기' 관련 방송 이후 PD와 작가가 체포되는 혹독한 시련을 겪는다. 그러나 정부로부터 고소당하고 검찰에 체포된 '미국산 쇠고기' 편 제작진은 3년에 걸친 소송 끝에 2011년 대법원으로부터 무죄 판결을 받는다. 많은 사람들이 당연한 결과에 대해 축하하고 기뻐했다. 그리고 이 무죄 판결을 계기로 정부의 언론 장악 기도를 비판하고 검찰 개혁을 요구하는 여론이 형성되었다.

"대법원에서 무죄 판결을 내리면서, 판결문에 '공익보도에 있어서 명예훼손은 굉장히 폭넓게 봐야 된다. 그리고 이것은 국민의 건강권과 알 권리를 위한 프로그램이었기 때문에 이 《PD수첩》에 대해서 명예훼손을 전혀 물을 수 없다'는 게 대법원 판결의 취지였습니다."

_이춘근 PD

그러나 무죄 판결 당시 단 한마디의 축하 표시도 없었던 MBC 경영진은 무죄를 받은 제작진을 회사에 대한 명예훼손을 이유로 인사위원회에 회부한다. 인사위원회 위원장은 안모 부사장이었다. 그는 2012년 파업 이후에는 100여 명 이상의 징계와 해고를 주도한 인물이다. 편성국과 교양국을 오가며 PD를 하던 안모 부사장은 참여정부 시절 최문순 사장 아래에서 편성국장을 장기간 역임했다.

최문순 사장 시절 승승장구하던 그는 김재철 체제 아래에서 2010년 편성본부장으로 영전, 2011년 부사장의 자리에 오른다. 그리고 부사장으로 220명에게 징계와 해고를 주도하는 무자비함을 보인다.

그들에게 내려진 인사위원회의 징계 내용은 제작진 5명의 정직과 감봉이었다(조능희·김보슬 정직 3개월, 송일준·이춘근 감봉 6개월, 정호식 감봉 3개월). 대법원의 최종 판결을 의심케 하는 중징계였다. 회사에서 제작하는 프로그램이 밖에서 무죄를 받아왔는데 회사 자체적으로 인사위원회를 열어 제작진들을 징계한 어처구니없는 사례이기도 했다. 그러나 이것은 MBC 구성원들을 하나로 모으는 기폭제가 되었다. 지난 2월 MBC 노동조합은 공정방송을 쟁취하기 위한 파업을 시작했다.

"외압에 굴복하지 않고 타협하지 않는다는 건 그만큼 시청자만을 믿고 가는 것입니다. 그 길 속에는 아름다운 꽃길만 있는 것이 아니라 가시밭길을 걸어가야 하는 일이 많죠. 많은 사람들이 우리를 부정하고 우리에 대해 비판적인 이야기를 한다 하더라도 우리가 취재한 것이 사실이라는 확신이 있다면, 그 비판과 비난을 몸에 받으면서 끝까지 가야 되는 게 《PD수첩》 PD의 운명입니다. 우리는 정말 국민들 속에서 나오는 하나하나의 요청, 그리고 정말 어려운 상황에서 마지막 희망을 걸고 찾아오는 제보자들의 목소리를 들으면서 그것을 시청자들한테 전달해주는 위치에 있습니다.

그러기에 그런 엄혹한 상황에서도 굴복하지 않고 계속 싸웠다는 게 중요하죠. 모두 한마음이 되어서 싸워 이길 수 있다는 그런 스스로에 대한 확신. 이런 부분들이 내면화되는 과정이 아니었나 생각합니다. 그래서 앞으로 파업에서 만약 우리가 이겨서 프로그램으로 다시 돌아간다면, 다시는 이런 무식한 일들, 무지막지한 일들이 일어나지 못하도록 할 것이다, 다시는 이런 일은 있을 수가 없을 것이라고 다짐했습니다."

_최승호 PD

"2009년에 서초 경찰서에 구금되어 있으면서 이런 다짐을 했어요. 내가 여기에서 이 싸움은 지고 갈 수가 없는 싸움이라고요. 내가 만약에 유죄 판결을 받게 된다면 대한민국에서 언론이 존재할 수 있는 공간이 없어진다고 생각했습니다. 잘못된 권력과 싸우는 싸움이라면 내가 주인공이 되어 차라리 영광이고, 끝까지 싸워 이겨서 대한민국에 다시는 이런 일이 일어나지 않도록 선례를 만들어야겠다고 전투심을 일으켜 세웠습니다. 지금 파업 현장에 있는 마음도 비슷합니다."

_이춘근 PD

"돈 못 받는 것은 견딜 수 있어요. 1년 정도 돈 못 벌면 어떻습니까. 다른 일 제의가 들어와도 갈 수가 없는 것은 이 문제만은 꼭 해결해야 한다고 생각했습니다. 방송작가를 이렇게 내쳐도 된다고 선례가 남겨지면 남은 작가들은 권력의 입맛에 맞게 원고를 쓸 수밖에 없지 않습니까. 방송작가 직업군에 대한 위신이 걸려 있는 첫 해고 싸움입니다. 반드시 작가 6명과 해고된 저까지 함께 손을 잡고 《PD수첩》으로 들어가겠습니다."

_정재홍 작가

"저는 지금은 망가졌지만 다시 돌아갈 거라고 생각해요. 여기 있는 사람들이 변하지 않았다면 어떤 체제에서, 어떤 포맷이든 간에 그 안에 들어가야 할 핵심적인 것들은 가치와 콘텐츠잖아요. 그런 것들은 변하지 않는다고 생각해요.
이 시스템이 정상적으로 돌아왔을 때는 어디보다 가장 큰 특종을 내고 거악들에 대한 폭로를 할 수 있는, 용감하게 폭로를 할 수 있는 곳이라 생각하거든요. 지금 이 와중에서도 뭔가 해보겠다고 난리치는 곳이 여기기 때문에 여기가 가장 시끄럽다는 것을 시청자들이 아마 모르시는 것 같아요. 뭔가 해보려고 여기가 이렇게 시끄러운 거거든요. 그런데 왜 쟤네들은 파업이야, 맨날 데모야 이렇게 오해하고 계시는 것 같아요. 뭔가를 못하게 하는 것을 계속 하려고 하기 때문에, 뭐라고 말하지 못하게 하는 것들을 말하려고 하기 때문에 시끄럽다는 것을 알아주신다면 괜찮지 않을까 싶어요."

_김동희 PD

"사실 《PD수첩》이라는 프로그램 자체가 사라지진 않았다는 것이 큰 위안이고 다행이죠. 물론 지금의 《PD수첩》은 제가 생각하는 《PD수첩》은 아니에요. 그럼에도 불구하고 《PD수첩》에 남아서 모든 고통을 겪어가면서까지 그 환경, 분위기를 지키려고 지금도 애쓰고 있는 사람들을 보면 대단하고 참 다행이라는 생각을 하죠."

_서정문 PD

"대한민국 사회에서 할 말을 하는 게 《PD수첩》의 존재 이유니까, 그게 《PD수첩》이니까, 그 《PD수첩》을 다시 만들기 위해 여기 이렇게 있는 거죠."

_이미영 PD

MBC 파업 이야기가 들리기 시작한 지도 오랜 시간이 흘렀다. 파업의 시작과 긴 쟁의, 종료 이후의 후폭풍은 결국 《PD수첩》을 중단시켰다. 《PD수첩》과 같은 탐사보도 프로그램이 우리 방송에 자리 잡은 것은, 따져보면 20여 년이 되지 않는다. 《PD수첩》은 99퍼센트의 국민, 그리고 시청자들의 재산이었다. 그것이 우리들의 재산이라는 사실을 망각했지만. 리모컨만 누르면 그게 무엇이든 방송이 나오지 않는가. 그게 무엇이든 '보도'가 되고 있지 않는가. 그런 현실 속에서 우리가 봐야 할 현실은 사라지고 재연된 연극만이 TV 속에 재현된다.

이 기록은 진실을 꺼낸 대가를 혹독하게 치렀고, 지금도 치르고 있는 국민의 재산에 대한 이야기이다. 우리가 사는 세계의 진실이란, 계단을 오르고 벽을 넘는다고 해서 단번에 보이는 것이 아니다. 우리는 끊임없이 진실을 속삭이는 누군가가 되길 원했다. 하지만 우리는 지금 손발이 묶인 채, 입을 다물고 외로이 서 있다.

Part 2

PD수첩이 말하는
우리시대의 자화상

이 사건의 진실이 밝혀지는 데에는 그다지 오랜 시간이 걸리지 않았다.
아무리 역사의 시계를 되돌리려 해도 조금씩 앞으로 나아간다.
그리고 그것은 《PD수첩》과 같이 아무것도 두려워하지 않고
오직 시청자와 시민들만 두려워하는 언론이 있기에 가능하다.

왜, 지금, 이 순간에, 내가

2008년 여름, 베이징 올림픽 야구 결승전!

9회말 수비, 스코어는 3:2 한 점 차에 주자 만루,

절체절명의 위기 상황.

마운드에는 교체된 투수 정대현이 서 있었다.

온 국민이 손에 땀을 쥐고 숨죽여 그 순간을 간절히 바라보고

있었다.

그때 투수 정대현의 심정은 어땠을까?

김환균 PD가 《PD수첩》 CP로 발령을 받던 2008년 여름, 그때

모든 사람의 시선을 받으며 마운드에 홀로 선 투수 정대현의 심정

이 그와 비슷했을까. 그는 외롭고 두려웠다. 과연 정대현처럼 멋지고 당당하게 마무리할 수 있을지 그는 확신할 수 없었다.

거창한 환영회는 없었다. 사무실의 분위기는 어두웠다. 정권이 바뀐 후 상황은 급속히 나쁘게 변했다. 방송국으로 내려오는 조치 중에는 이유 없는 것들이 늘어갔다. 엄기영 사장은 이명박 정부의 압력에 못 이겨 '긴급취재, 미국산 쇠고기는 광우병으로부터 안전한가' 편의 CP였던 조능희 PD를 경질했다. 그 빈자리를 채우러 온 사람이 김환균 PD였다. PD들은 그를 반길 수 없었다. 그는 섭섭하지 않았다. 단지 그는 그들이 애매한 얼굴로 입을 다물고 있는 걸 원하지 않았다.

> "이 인사를 이해할 수 없다면, 당신들이 방송에서 해왔던 것처럼 강하게 항의해라. 되돌릴 수는 없을 것이다. 그러나 같은 일이 또 일어나는 건 막을 수 있다."
>
> _김환균 PD

그는 방송국을 둘러싼 불편한 공기를 보며, 좋지 않은 일이 여기서 끝나지 않을 것임을 직감했다. 격렬한 항의는 없었고, 불길한 예감은 어김없이 적중해 얼마 후에는 국장이 자리를 잃었다. 2009년 8월에는 MBC의 사장을 선임할 권리를 가진 방송문화진흥회(이하 방문진)의 이사진이 바뀌었다. 9명의 이사진 가운데 6명의 이사진이 한나라당과 청와대 몫이 되었다.

예상했던 일들이 하나씩 벌어졌다. 예전이라면 상상도 할 수 없는 요구들이 내려오기 시작했다. 김환균 PD가 받은 첫 번째 요구는 《PD수첩》 초기부터 지금까지의 방송 목록과 내용을 제출하라는 것이었다. 대략 20년 동안의 방송 분량이다. 이후로도 6개월에 걸쳐 갖가지 요구들이 내려왔고, 그는 《PD수첩》이 이제껏 해온 일에 관한 각종 자료와 보고서를 만드는 데에 적지 않은 시간을 들여야 했다.

이 새삼스러운 요구들은 대체 무엇이었을까. 그는 당시에는 몰랐지만 지금은 안다. 방문진 이사들은 《PD수첩》이 이제까지 북한과 관련된 문제, 주한미군, 대정부 비판 등을 어떤 식으로 방송해왔는가가 궁금했던 모양이다. 《PD수첩》은 어떤 정권이 들어섰는지에 상관없이 꾸준히 정권의 잘못을 들추어냈고, 그 시대가 요구하는 이슈들을 포착하여 방송으로 만들어왔다. 그 이슈들에 북한 문제나 주한미군 문제도 당연히 포함된다. 그러나 방문진은 《PD수첩》이 애초에 '불순한' 시각을 가지고 이 모든 아이템을 방영해왔다는 결론을 내리고 싶어 했다. 그 맥락 속에 '긴급취재, 미국산 쇠고기 광우병으로부터 안전한가'라는 프로그램이 나왔다는 걸 증명하고 싶어 했다.

미국산 쇠고기 사태와 촛불에 대한 그들의 트라우마는 《PD수첩》에 대한 증오로 나타났다. 결국 이 문제에 검찰까지 등장해 《PD수첩》의 보도 방향을 검증하기에 이르렀다. PD와 작가의 이메일을 뒤지고, 《PD수첩》 제작진을 정치적·도덕적으로 매도하는 데 권력기관이 동원되는 비극이 벌어졌다.

인간의 기본적인 도리를
저버릴 수 없다

그해 겨울. 강추위가 몰려오던 어느 날, 김환균《PD수첩》 책임프로듀서는 방송통신심의위원회(방통위)에서 심의위원들의 집요한 질문에 답하고 있었다.

"여기 방송에 보면, PD가 할머니 집에 찾아가서 방바닥을 만져보면서 바닥이 차다고 말하는 장면이 나와요. 맞죠?"

벌써 몇 번째 반복되는 비슷한 질문이었다. 여당 추천의 심의위원은《PD수첩》에서 2009년 12월 방영된 방송이 이명박 정부를 공격하기 위해 편향된 관점으로 만들어졌다는 강한 선입견을 가지고 질문을 계속했다.

"네, 그렇습니다."

"굳이 그 장면을 넣은 이유가 뭡니까. 그 할머니 한 분 집에 방바닥이 차가운 것이, 4대강 사업에 예산이 많이 들어가 서민들이 살기 힘들어진 것과 직접적으로 연결된다고 볼 이유가 있습니까. 이건 과장이고 왜곡 아닙니까."

4대강 사업 예산을 만들기 위해 소외계층에게 돌아가는 복지예산이 줄어들었다는 여론이 팽배한 시기였다. 실제로 줄어든 민생예산, 복지예산이 있었고, 그 줄어든 예산들이 모여 4대강 사업에 투입된 것이 사실이었다. 줄어든 복지예산 때문에 힘들어하는 독거노인을 찾아가 인터뷰를 요청하는 장면을 문제 삼았던 것이다. 유치한 질문과 유치한 답변을 주고받는 것에 조금씩 지쳐가고 있었다.

"우리 조상님들 옛 가르침에 어르신 안위를 살피며 이부자리가 차가운지 짚어보는 게 어르신을 모시는 도리라고 했습니다. 그 방송을 찍은 박근식 PD가 교육을 잘 받아서 어르신을 찾아뵙고 방바닥부터 짚어본 것이라 생각합니다."

_김환균 PD

그 대답을 듣고 위원들은 우스운지 웃음을 터뜨렸다. 김환균 PD는 웃지 않았다. 더 이상 그 장면에 대한 질문은 나오지 않았다.

4대강 사업에 대한 방송을 아이템으로 승인하면서 김환균 PD는 이런 자리가 만들어질 것임을 짐작하고 있었다. 그리고 모든 자료를 준비해서 모든 질문에 대답했다. 그렇지만 담당 PD가 살림살이가 어려워진 노인의 집에 들어가 방바닥이 차다며 손 짚어본 것을 두고 '과장과 왜곡'이라는 말까지 할 줄은 몰랐다. 꼬투리를 잡아도 상식이라는 게 있지 않은가.

위원들은 4대강 사업으로 예산이 부족해진 정부가 인천공항 등을 매각하는 방식을 고려했다는 정부의 움직임에 근거가 없었다거나, 4대강 사업의 공사를 맡은 사람들이 같은 출신 고등학교라는 점을 부풀려 얘기했다는 등의 의혹을 제기했다. 입수한 정부 문건과 보도자료를 보여주며 그들의 질문에 빠짐없이 대답을 했다. 어떤 허위도, 어떤 부풀림도 그 자리에는 존재하지 않았다. 그러나 심의가 끝난 후 '4대강과 민생예산'을 방영한 《PD수첩》은 방송 권고 조치를 받았다.

심의 후에는 《PD수첩》에 대해 높은 자리에 앉은 많은 사람들이 점점 더 신경을 쓰고 있다는 느낌을 받았다. 김환균 PD는 어느 틈엔가 PD들에게 '꼬투리 잡히지 않아야 한다'는 말을 습관처럼 하는 부장이 되어 있었다. 그러나 꼬투리 잡힐 것을 알면서도 취재해야 하는 일들은 계속해서 벌어졌다. 쌍용자동차 사태가 그랬다. 모든 것을 집어치우고, 그곳에서 사람이 죽어가고 있지 않은가. 그 사건에 대한 외면은, 인간의 기본적인 도리를 저버리는 일과 다르지 않다. 게다가 언론이라면 더더욱 등 돌릴 수 없고, 안간힘을 써 크게 소리쳐야 할 일이었다. 김환균 PD는 쌍용자동차 공장이 제2의 용산이 될 수도 있다는 생각에 무슨 방법을 써서라도 노동자들을 구해야 한다는 절박함에 휩싸였다.

몇몇 사람들의 우려에도 불구하고 당시 《PD수첩》이 '쌍용자동차 진압 사태'를 현장성 있게 다루고, 경찰의 무분별한 진압 과정에 대해 비판적으로 다룬 이유가 여기에 있다.

그러나 김환균 PD는 방송이 나간 후 윗선으로부터 뜻밖의 연락을 받았다. 방송 중에 나온 평택시장 인터뷰에 의도적인 왜곡이 있는 것으로 판단되니 인터뷰 영상 전체를 제출하라는 지시였다. 김환균 PD는 인터뷰를 다시 한 번 확인했다. 평택시장의 입장은 일관되었다. 그는 그 인터뷰에서 자신이 처한 입장과 인간적인 기준에 기대 지극히 상식적인 이야기를 했다. 쌍용자동차 공장은 평택 지역 경제에서 중요한 비중을 차지하고 있기에 원만한 합의를 통해 공장이 정상화되어야 하고, 그렇기에 공장으로 통하는 전기와 수도를 끊어 농성 중인 노동자들의 생명을 위협해서는 안 된다는 말이었다. 그것이 전부였다. 하지만 위에서 보기에는 평택시장이 그런 취지의 말을 하지 않았는데 《PD수첩》이 마치 그가 노동자 편을 든 것처럼 방송을 했다는 것이다. 그리고 그런 의도를 가지고 잠입취재를 한《PD수첩》제작진이 빨갱이나 다름없다고 몰아가는 눈치였다. 그게 도대체 사리에 맞는 판단인가.

주변의 누구는 떳떳하니까 영상을 줘버리면 그만 아니냐고 말했다. 그건 쉬운 방법이지만 순진한 생각이다. 권력자들은 자신들이 통제하지 못하는 사람들에 대한 정보를 끊임없이 원한다. 그 인터뷰 영상에는《PD수첩》에 협조하는 취재원의 신원정보를 포함해 우리가 던지는 질문과 접근방식 등이 고스란히 노출되어 있다. 김환균 PD는 영상을 넘겨주는 것에 절대 동의할 수 없었다. 본부장을 찾아가 결백을 밝히고 본부장에게 영상을 보여주며 이것이 절대 회사 밖으로 나가서는 안 된다는 점을 강조했다. 그렇게 김환균 PD는 겨우 영상을 지켜낼 수 있었다.

그런 분위기 속에서《PD수첩》을 향한 낯선 목소리들이 들려왔다. 그 목소리들 속에《PD수첩》PD들은 오만하고 자기중심적인 사람들이 되어 있었다. PD 마음대로 방송을 만들어 어떤 통제도 없이 방송을 해버린다는 오해에 그는 가슴이 답답했다.

《PD수첩》이 얼마나 치열하게 만들어졌던가. 기획 단계에서 부장과 PD는 밭다리를 걸고 안다리를 잡아채며 부딪친다. 기획 의도를 명확하게 벼리는 작업이 프로그램 전체의 명암을 좌우하기에 누구도 녹록하게 넘어가지 못한다. 이 과정에서 PD들은 몇 번씩 기획안을 고쳐 쓰기도 한다. 우여곡절 끝에 취재가 시작되어도 끝이 아니다. 애초에 서로 약속한 기획과 진행 방향이 달라졌다면 보고를 하고 다시 머리를 맞대 고민을 한다. 구성을 마친 후에는 국장하고 함께 만나 다시 한 번 논의를 하고, 편집이 끝나면 끝났다고 PD들이 전부 모여 시사회를 열고 의견을 나눈다. 싸우고 충돌하고 고민에 고민을, 또 고민하여 만든다. 외부에 알려지지 않았을 뿐, PD들조차도 이 과정이 가끔은 과하게 복잡하고 번거로운 것이 아닌가 싶을 정도다. 재벌, 정치권력, 종교 등으로부터, 궁극에는 방송을 만드는 그 자신마저도 벗어나는 완벽한 독립. 그 엄격함을 힘들어한 PD들도 있었지만 대체로 김환균 PD의 뜻을 이해하고 크게 반발하지 않았다.

통제 속에서도
탐사보도는 계속되다

미국산 쇠고기 사태의 원흉으로 《PD수첩》을 지적하는 집권세력의 탄압은 검찰의 제작진에 대한 소환조사, 집요한 언론플레이, 그리고 엄기영 사장을 직접 압박하는 형태로 계속되었다. 2008년에서 2010년 사이의 《PD수첩》은 이 압박 속에서도 더욱 엄밀하고, 치열한 고민 속에서 오히려 탐사보도의 기본을 다지는 형태로 다시 태어났다. 김환균 PD는 PD들이 방송을 만드는 모든 과정을 기록으로 남기기 시작했다. 검증에 대비한 체크리스트도 만들어 매 순간마다 공격을 견뎌낼 만한 내구성을 갖췄는지 확인했다. 완벽한 객관화만이 얼토당토않은 발목 잡기로부터 벗어날 수 있는 유일한 길이었다. 이른바 CAR(컴퓨터 통계분석 기법을 이용해 새로운 사실들을 발견해내는 탐사보도의 한 형태) 기법을 도입하면서 전문리서처를 고용하고, 때로는 한 팀이 석 달 이상의 시간을 두며 제대로 된 탐사보도를 할 수 있는 환경도 만들었다. 그러면서도 아이템에 대한 자기검열은 철저하게 배제한다.

용산 참사에 대한 특종보도

2009년 1월 용산 남일당 일대는 전쟁터였다. 경찰의 무리한 진입, 화재, 그리고 참사가 일어났다. 새해 벽두부터 철거민 5명, 경찰 특공대 1명이 사망한 대규모 참사였기에 정부는 긴장했다. 당연하게 《PD수첩》은 용산 참사에 대한 프로그램을 긴급 편성한다. 《PD수첩》에서 방송을 준비한다는 소식은 곧 정부의 귀에 들어가게 되고, 한승수 당시 국무총리는 방송 당일인 2월 3일 국무회의에서 "지난해 한 방송의 잘못된 보도로 촛불집회가 촉발됐고 그로 인해 국정운영에 큰 차질이 생겼다. 용산화재 사고가 제2의 촛불집회 등 새로운 사회 불안요인으로 발전하지 않도록 관련 부처가 기민하게 대처하라"고 말했다. 명백하게 《PD수첩》을 겨냥한 발언을 하며 압박했다.

《PD수첩》에 대한 압박은 그뿐이 아니었다. 당시 박선규 청와대 언론비서관(前 청와대 대변인 및 문화체육관광부 제2차관)은 일면식도 없던 시사교양국장에게 전화를 걸어 "(용산 참사 문제를) 모두 지적해달라. 하지만 다른 편에 있는 전국철거민연합회(전철연) 문제나 철거민 문제도 다뤄달라. 그래야 정부 정책을 잘 마련할 수 있다"고 요구했다. 청와대 언론비서관이 개별 프로그램을 두고 제작진에게 직접 전화하는 것은 무척 이례적인 일이었다.

방송 일주일 전인 1월 27일 연쇄살인범 강호순이 검거됐다. 그리고 청와대 국민소통비서관실 소속 이모 행정관이 "용산 참사 사건이 촛불로 번지지 않도록 강호순 사건을 적극 활용하라"는 보도지침 성격의 이메일을 경찰청 홍보 담당관에게 발송한 것이 밝혀졌다. 이모 행정관이 '개인적으로 벌인 잘못'이라며 사직서를 제출하는 것으로 논란은 일단락되었지만, 공교롭게도 메일이 발송된 시기에 실제로 경찰청에서 《PD수첩》 제작진을 접촉해왔다.

1월 30일, 방송을 나흘 앞둔 저녁, 경찰청 대변인실 홍보담당관을 포함한 2명의 경찰이 《PD수첩》 사무실을 방문했다. 이미 수차례 《PD수첩》의 인터뷰 요청을 거절해왔던 경찰 측에서 갑자기 방침을 바꾸어 인터뷰에 적극 대응하기로 했다는 것이다. 다음 날로 급히 일정이 잡힌 용산 참사 방송 관련 인터뷰를 이야기하던 중 갑자기 경찰 측에서 강호순 사건을 언급하기 시작했다. 당시 실제 대화 내용의 일부다.

《PD수첩》 제작진: 뉴스(팀)하고는 안 만나셨어요?

경찰: 뉴스는 저희 출입기자가 있으니까요. 출입기자하고 저희들이 충분히 이야기하고요. 아울러 이제 군포 사건(강호순 사건)이 커져버려서 군포 사건도 좀 협조해드릴 게 있으면 저희들이 협조도 또 해드리고 저희들이 애로 사항이 있으면 또 협조도 부탁드리고 이렇게 하려고요.

《PD수첩》 제작진: 용산은 뉴스가 많이 밀렸잖아요.

경찰: 네. 그래서 군포 쪽을 좀 불리시고 용산 건을 좀 약하게 하시면 안 될까요?

《PD수첩》 제작진: 죄송합니다.

경찰: 경찰 입장이….

《PD수첩》 제작진: 제가 안 들은 걸로 하겠습니다.

이런 어수선한 과정에서도 《PD수첩》은 '용산 참사, 그들은 왜 망루에 올랐을까?'를 방영했다. 철거민과 경찰특공대의 안전을 충분히 고려하지 않은 무리한 진압작전 계획, 철거용역들이 사제 경찰방패를 들고 다니고 철거민들을 향해 물대포를 쏘는 장면 등이 방송되었다. 충격이었다. 참사가 일어나기 한참 전부터 철거민들은 철거용역들에게 상시적으로 협박을 당했으나 누구에게도 보호받지 못했다. 용역들은 자신들이 공권력인 양 행동했고 경찰은 방조했다. 용산 참사의 본질이 무엇인가가 만천하에 드러났다. 대한민국의 수많은 기자들이 다루지 않았던 것을 《PD수첩》 제작진만이 짚어낸 특종이었다. 수사를 조기에 끝내려던 검찰은 방송 다음 날 《PD수첩》의 보도 내용은 검찰이 파악하지 못한 것이라며 6일로 예정되어 있던 수사결과 발표를 9일로 연기했다. 《PD수첩》의 성가가 다시 한 번 높아졌다. '미국산 쇠고기' 제작진이 검찰에 붙잡혀가고 원본 테이프에 대한 압수수색 이야기가 흘러나올 때였다. 오직 팩트의 힘으로 《PD수첩》은 위기를 돌파하고 있었다.

그 아이템은 칙칙해

'칙칙하다.' 옷감을 고르다가 나올 법한 말이지만 《PD수첩》의
PD들이 김재철 체제에서 가장 많이 들었던 말 중 하나였다. 어찌
보면 귀에 걸면 귀걸이, 코에 걸면 코걸이 같은 말이다. 입은 옷이
칙칙하다면 대충 알아들을 수 있다. 그런데 방송이 칙칙하다면, 칙
칙한 방송이 무엇인지 감이 오지 않는다. 그 막연함이 질문을 자르
고 모든 이유를 덮는다. '이 아이템은 왜 안 되는가?' 물으면 '칙칙하
다'라는 답이 돌아온다. 칙칙하다니, 할 말이 없다.

2010년 3월에 CP에서 물러난 지 꼭 1년 만인 2011년, 《PD수첩》
의 평PD로 돌아온 김환균 PD 또한 많이 들었던 이야기가 바로 '칙

칙하다'라는 말이었다. 귀를 의심했다. 2011년에 김환균 PD가 돌아온 《PD수첩》의 상황은, 떠나기 전보다 더 좋지 않았다. 엄기영 전 사장은 끊임없는 압박 속에서도 적어도 저널리즘의 영역을 지킬 정도의 상식이 있었다. 그는 언론이 최소한 해야 하는 일에 관한 양심을 갖고 있었다. 그러나 김재철 사장과 그를 따라 등장한 윤모 국장은 그렇지 않았다. 정부 정책을 검증하고 개선을 위한 끊임없는 비판을 해야 하는 시사프로그램의 주요 업무와 사명이 그들에게는 중요하지 않았다.

2011년 3월에 후쿠시마에서 원전사고가 일어나자 국민들은 방사능이 주는 공포에 질렸다. 특히 원자력 발전소 주변에 사는 사람들의 불안은 이루 말할 수 없었다. 시청자들에게 정확한 현황과 정보를 전달할 수 있는 방송이 필요한 시점이었다. 김환균 PD 자신의 상황이 좋았다. 김환균 PD는 체르노빌 원전사고 10주년 다큐멘터리를 만든 경험이 있었고, 함께 일하는 임경식 PD 또한 국제시사프로그램 《W》에서 체르노빌 20주년 특집 방송을 만든 적이 있었다. 체르노빌 원전사고 25주년이 다가오는 시점에서 누구나 괜찮다고 생각할 만한 기획이었다.

결국 원자력 발전소 아이템은 채택되지 않았다. 칙칙하다는 게 이유였다. 시청률이 나오지 않을 거라는 말이 따라왔다. 이 기획 자체가 돋보인다는 걸 인정했지만 안 된다는 거였다. '돋보이고 시의에 걸맞지만 방송은 할 수 없다.' 이 이상한 명제를 이해하기 위해 김환균 PD는 이명박 정부의 입장을 고려해야 했다. 이 정부는 원자력 발전을 맹신하고 있었으니까. 후쿠시마 사태에도 불구하고 대통령은 원전에 대해 '우리는 다르다'고 강변하는 상황이었다. 후쿠시마 사태로 인한 한반도 방사능 오염 위험을 기상청에서 축소하는 경우도 있었다. 《PD수첩》을 통제하려는 그들은 자신들의 가치관을 대통령에게 맞추고 있었다.

체르노빌의 현재를 살펴보게 되었을 때 시청자들이 접할 정보들이 두려운 그들. 원자력 발전소 사고로 인한 방사능 유출은 결코 가벼이 볼 수 있는 것이 아니고, 단기간의 비극으로 끝나지도 않는 엄연한 현실. 독일에서는 체르노빌에서 한참 떨어진 베를린에서의 방사능 피해를 10년간에 걸쳐 모니터링했고, 다운증후군에 걸린 신생아가 급증했다는 등의 과학적 결론을 내려 심각성을 입증했다. 우리 역시 방사능 피해에 대한 지속적인 모니터링이 되고 있는지에 관한 검증에 당장 들어가야 했다. 당시 시청자들이 당연히 원하는 정보였다. 《PD수첩》은 결국 침묵을 강요당했고, 지금 우리나라는 마치 모든 일이 끝난 것처럼 조용하다.

2011년 5월에 미군이 부대에 고엽제를 파묻었다는 폭로가 나오자 언론은 이를 심각하고 비중 있게 다뤘다. 주한미군이 한국 영토에 불법적으로 독성물질인 고엽제를 폐기했다는 증언이 나왔음에도 불구하고 우리 정부는 이에 대해 해명하지 않았다. 덮어둘 문제가 아니기에 《PD수첩》은 움직였다. 새로운 사실을 더 발굴한다는 마음으로 미국 쪽으로도 취재선을 연결했다. 운 좋게도 그때까지 언론에 밝혀지지 않은 증언들을 확보했다. 고엽제를 묻을 때 우리 군인과 노동자들을 동원해 철모에 고엽제를 담아 맨손으로 뿌리게 했다는 증언까지 확보되었다. 이 정도면 상당한 충격파를 가진 아이템이라고 생각하고 건의했으나 승낙이 떨어진 지 하루 만에 보류되었다. 윤모 국장은 예전에 자신이 고엽제 아이템으로 방송을 만들어봤는데 굉장히 칙칙했다는 말을 했다.

당시 《PD수첩》 팀장과 김환균 PD와의 대화 내용은 다음과 같다.

> "김 PD, 고엽제 그걸로 방송하면 시청률 얼마나 나올 거 같아?"
> "글쎄요. 한 7%는 나오지 않을까 싶은데."
> "7%?"
> "네. 안 나올까요?"
> "그럼 말이야, 7%가 안 나오면 인사 조치를 감수할 자신 있어?"
> "⋯⋯네? 그게 무슨 말이죠?"
> "말 그대로야. 시청률 7% 안 나오면 인사 조치를 받아도 괜찮겠냐고."

김환균 PD는 부장과의 대화 아닌 대화를 끝내고 국장실로 들어갔다. 가슴 깊은 곳에서 올라오는 수치심을, 분노를 감추고 최대한 정중하게 그런 말을 적어도 《PD수첩》에서는 해서는 안 된다고 강변했다. 도대체 시청률을 가지고 인사 조치를 운운하며 협박을 한다면, 어떤 PD가 도전적이고 실험적으로 방송을 만들 수 있겠느냐며 항의했다. 국장은 대답하지 않았다.

PD수첩,
막 내려야 하나요

"이 산을 옮길 수만 있다면 옮겨주십시오."

그 말을 내뱉던 예수의 심정은 어떠했을까.

김환균 PD가 책임PD까지 맡았던 《PD수첩》에 한 명의 평PD로
돌아온 이유는 지극히 단순했다. 김환균 PD는 MBC에서 25년을
일했다. 이제 그가 나서서 빛나는 프로그램을 만들기보다는 후배
들이 일을 잘할 수 있도록 도와줘야 할 때다. 김환균 PD는 솔직히
《PD수첩》에 다시 가고 싶지 않았다. 《PD수첩》은 일이 고되다. 스
트레스도 많다. 《PD수첩》에 얽혀 있는 상황은 최악에 가까웠다.
그러나 가야 할 것 같았다. 다들 어려워하고, 다들 피하려고 하니

까 그가 가야 한다고 생각했다. 그래서 후배들이 힘들어할 때 다독여주고 간부들과 부딪치면 중재해주는 역할을 그가 할 수 있다고 믿었다. 그러나 마음처럼 되지 않았다. 여기저기 치이며 후배들이 끝없이 상처받을 때, 그는 그저 무력했다.

이우환 PD가 용인으로 쫓겨난 계기가 된 남북경협 이슈는 원래는 김환균 PD가 맡았던 아이템이었다. 옆자리에서 일하던 이우환 PD가 시기적으로 자신이 맡은 날짜가 더 시의적절한 것 같으니 자신이 하면 안 되겠냐고 해서 흔쾌히 자료를 넘겨주었다. 그런데 바로 그 아이템으로 인해 이우환 PD는 쫓겨나고 김동희 PD는 징계를 받을 뻔했던 모습을 그는 지켜볼 수밖에 없었다.

그런 일이 있은 지 며칠 후, 김환균 PD는 잠을 자다가 한밤중에 아무 이유도 없이 잠에서 깼다. 새벽 3시였다. 그는 평소 잠을 중간에 깨는 일이 별로 없었다. 요의 때문일까. 화장실에 다녀와서 자리에 누웠으나 잠이 오지 않았다. 무서웠다. 무서운데 무엇이 무서운지 알 수가 없었다. 그러자 그는 불안해졌다. 어디선가 들었던 우울증 초기 증상이 떠올랐다. 아마 다른 PD들도 나처럼, 한밤중에 벌떡 일어나 뜬눈으로 밤을 새우는 건 아닐까. 《PD수첩》은 거대한 정신병동이 되는 건 아닐까. 걱정이 되어 그는 그 주에 PD들을 모아 점심 식사를 같이했다. 혼자 앓지 말고, 미치지 말자. 미치지 않기 위해 일기를 쓰자고 했다. 일기를 써서 우리에게 벌어진 일을 기록하고, 이 기록을 보고 우리가 느낀 공포를 끌어안을 누군가를 기다리며 견디자고 했다.

그 후로 파업이 벌어지고 《PD수첩》은 중단되었다. 작가들이 무더기로 해고되었다. 김재철 사장은 여전히 자리를 지키는 중이다. 파업은 끝났지만 파업 전에 준비해놓았던 것들은 어떤 것도 방송되지 않았다. 이유를 묻자 파업 전에 찍은 건 다 폐기처분해야 한다는 답변이 돌아왔다.

이 모든 사태는 언제 끝이 날까. 처음 김환균 PD가 2008년 '미국산 쇠고기' 사태 한가운데에서 《PD수첩》의 CP로 왔을 때, PD들과 이런저런 얘기를 나누다가 그는 이렇게 말했다. 지금의 국면은 대한민국 언론사에 중요한 시점인데, 불행히도 언론의 자유는 20년 전으로 후퇴할지도 모른다고. 그러니까 다들 마음 단단히 먹자고. 신임 부장이 분위기 쇄신차원에서 할 법한, 그런 종류의 말이었다. 그런데 그 말을 듣고 있던 이중각 PD가 깊이 한숨을 내쉬며 말했다.

| **"그럼 《PD수첩》, 막 내려야 하는 건가요?"**

순간 김환균 PD는 생각했다. 나는 무슨 말을 해버린 걸까. 20년 전, 20년 전이면 군사정권의 잔재가 남아 있던, 언론을 언론이라고 말하기도 부끄럽던 야만의 시대가 아닌가. 1987년에 방송국에 입

사한 그는 그때의 분위기를 어렴풋이 기억하고 있다. 아, 나는, PD들 앞에서 20년을 운운한 나 자신은 그 과거를 다시 만나는 걸 감당할 준비가 되어 있는가. 그 질문이 무겁게 다가오기 전에, 그는 성급히 고개를 흔들었다. 이것은 PD들 정신 바짝 차리라고 아무 생각 없이 내뱉은, 신임 부장의 책임질 수 없는 겁주기다. 그런 것이다.

그러나 지금 이 순간, 그가 내뱉은 예언은 안타깝게도 현실이 되었다. 언론은 20년 후로 후퇴하는 것도 부족해 유신 체제와 5공 시절을 뒤로 하는 암흑기를 향해 전력으로 역주행 중이다. 이 퇴행 속에 그는 어떤 말조차 머뭇거려진다. 무너지지 않기 위해, 그는 그날 풀 죽은 이중각 PD에게 건넸던 말을 되뇐다.

> "이봐, 20년 전으로 후퇴했어도 설마 회복하는 데 또 20년이 걸리겠냐고. 우리는 금방 다시 돌아갈 수 있다고. 그렇기에, 《PD수첩》은 막 내릴 수 없다고."

4대강, 수심 6미터의
비밀을 찾아서

_최승호 PD

단군 이래 최대의 거짓말

"모든 정부는 거짓말을 한다All governments lie." 미국의 독립 저널리스트 이지 스톤I. Stone이 한 유명한 말이다. 정부의 거짓말은 다양한 층위에서 이루어진다. 말단 공무원부터 대통령까지 각각 여러가지 동기에서 거짓말을 하곤 한다. 언론인의 사명은 정부의 거짓말을 밝히고 바로잡는 것이다. 정부 조직의 하부 단위에서 시작된 거짓말은 비교적 밝혀내기가 쉽다. 보도된 뒤 후속 조치도 이뤄진다. 해당 정부 조직이나 감사원, 검찰 같은 기관이 조사해서 밝힌다. 그러나 만약 거짓말이 대통령으로부터 시작된 것이라면? 그때는 그 정부가 존속하는 한 무슨 수를 쓰더라도 거짓말을 숨기려 할

것이다. 모든 정부 기관들이 총동원돼서 대통령을 보호한다. 거의
모든 전문가와 상당수 국민들이 이미 거짓말을 알아차리고 있는데
도 대통령은 태연히 거짓말을 계속한다. 때론 대통령은 자신이 하
는 말이 거짓말이라는 사실을 모를 수도 있다. 정부의 자료와 통계
를 관리하는 부하들이 "옳습니다"라고 말하기 때문이다. "아닙니
다"라고 말할 수 있는 공무원들은 이미 내쳐진 지 오래다. 상관의
불편한 심기를 본능적으로 알아차리고 그를 위해 무엇이든 할 준비
가 된 공무원들이 대통령을 에워싸고 있다. 그들은 대통령이 거짓
말을 할 때마다 이를 뒷받침하기 위해 또다른 거짓말을 만들어낸
다. 정부 전체가 거짓말쟁이가 돼버리는 것이다. 그들은 거짓말을
밝혀내려는 언론인을 향해 모든 수단을 동원한다. 수사기관, 광고
주, 그리고 그들이 언론사에 심어놓은 경영진과 간부들을 이용하
면 못할 것이 없다.

단군 이래 최대의 국책 사업이라는 4대강 사업은 훗날 '단군 이
래 최대의 거짓말'이라는 규정을 받게 될지 모른다. 4대강 사업은
이명박 대통령에 의하면 22조 원이라는 싼 값에 우리나라의 물 부
족, 홍수 문제를 해결하고, 강의 생태계까지 '근본적으로' 좋아지게
하는 획기적인 프로젝트다. 2009년 7월 4대강 사업을 처음 취재하
기 시작했을 때 나는 대통령의 말에 일말의 진실성은 있을 거라고
생각했다. "그래, 강을 송두리째 바꿔놓는 사업을 5년짜리 대통령

이 성급하게 하는 건 잘못이지. 그러나 '뭐든 좋아지는 게 있으니 그러는 거 아니겠어? 한 번 차분히 들여다보고 장단점을 따져보지 뭐.'

당시는 《PD수첩》이 아직 광우병 파동의 충격에서 완전히 벗어나기 전이었다. 조능희 부장, 김보슬 PD 등 '미국산 쇠고기' 제작진이 《PD수첩》을 떠난 뒤였지만 《PD수첩》은 살얼음판을 딛듯 조심스럽게 방송해야 했다. 행여 삐끗해 조그만 실수라도 하면 이번에는 아예 《PD수첩》을 없애버릴 기세였기 때문이다. 그래서 4대강 문제를 다루겠다고 내가 제안했을 때 당시 책임간부들은 '공정한' 방송을 거듭 주문했다. 당연한 일이었다. 나도 가급적 정부의 입장을 충실히 전달하겠다고 약속했다.

그런데 막상 취재에 들어가자 점점 심각한 수렁 속으로 들어가는 느낌을 받았다. 생태계가 좋아진다는 주장은 처음부터 말이 안 된다고 생각했지만 물 부족 해소나 홍수 예방마저 정부 논리에 상당한 문제가 드러나는 것이었다. 정부는 4대강 사업을 통해 한국의 물 부족 문제를 근본적으로 해결하겠다고 대대적으로 선전했다. 나는 댐을 만들어 물을 가두었다가 공급하듯이 보에서 가둔 물은 어딘가에 쓸 수 있을 것으로 생각했다. "아마도 폭염으로 물 부족이 심해지면 4대강의 물을 정수해 가뭄 지역에 보낼 수 있는 거겠지. 그러니까 물 부족을 해소한다고 하는 것 아니겠나?" 그러나 그것은 오판이었다. 4대강 사업 어디에도 물을 가뭄 지역에 공급할

계획이 없었다. 4대강에 관을 연결해서 가뭄 지역으로 보내려면 이에 따른 계획과 예산이 있어야 할 텐데 아무리 찾아봐도 없었다. 나는 4대강 사업을 비판해온 박창근 관동대 교수, 박재현 인제대 교수 등 전문가들에게 어떻게 된 일인지 물었다. 그들의 답변은 간단했다. 4대강의 물을 가뭄 지역에 보내려면 천문학적인 예산이 들어 불가능하다는 것이다. 가뭄 지역은 강으로부터 먼 산간 지역이나 도서 지역이다. 여기까지 관을 연결하려면 돈이 너무 많이 들기 때문에 차라리 가뭄 지역에서 지하수를 개발하는 것이 훨씬 효율적이라는 것이다. 그러고 보니 이해가 되었다. 저지대인 4대강 본류에서 물을 빨아들여 고지대인 가뭄 지역으로 보내려면 동력을 써야 하고 돈이 많이 들 수밖에 없을 것이다. 그러니 물 공급계획을 아예 만들지 않은 것이리라. 올여름 그 엄청난 폭염에 농작물이 말라죽어도 4대강에 가득 차 있는 물이 무용지물이었던 것은 이런 배경이 있었던 것이다. 그런데도 정부는 4대강 사업을 홍보하면서 모든 가뭄이 해결될 것처럼 떠들어댔다. 나중에 나는 홍보 동영상들을 검토하면서 이중 상당수가 거짓말 홍보라는 것을 밝혀냈다. 4대강 사업으로 아무런 혜택을 받지 못하는 지역의 가뭄 장면을 집어넣어 마치 모든 가뭄이 해결될 것처럼 착각하게 만든 것이다. 그야말로 큰 거짓말이 작은 거짓말을 연쇄적으로 만들어내는 양상이었다.

그렇다면 도대체 4대강에 가득 채운 물은 어디에 쓰겠다는 것인가? 나는 여기서 거대한 벽에 부닥쳤다. 저 거짓말의 성벽을 넘어가면 무엇이 있을 것인가. 등골이 찌르르 하는 것이 느껴졌다. 황우석 제보를 처음 받았을 때도 그런 느낌이었다. 그때는 《PD수첩》이 튼튼할 때였다. 정권도 극단적인 수단을 쓸 가능성은 적었고, 경영진도 설득할 수 있다고 생각했다. 그래서 그 전대미문의 사건을 정면으로 뚫고 들어갔다. 그러나 지금은? 위험하다. 아직 우리는 체력이 충분하지 못하다. 일단 피해가자. 그래, 홍수 문제는 뭔가 있겠지.

이명박 대통령은 4대강 사업이 우리나라 홍수 문제를 근본적으로 해결할 것이라고 여러 차례 공언했다. 나는 4대강 추진본부의 간부들에게 4대강 사업이 끝나면 전체 수해 중에서 몇 %가 해결되느냐고 물었다. 근본적으로 해결된다면 앞으로 수해는 걱정하지 않아도 된다는 것이어야 했다. 좀 과장했더라도 50~60%는 줄일 수 있지 않을까? 그러나 공무원들은 제대로 답하지 못했다. 수해가 얼마나 줄어들지 계산해보지 않았다고 했다. 그런 계산도 해보지 않고 '근본적으로 해결한다'고 하는가? 우리는 직접 이전 정부가 내놓은 통계를 찾아보았다. 홍수 피해는 4대강 사업을 하고 있는 곳에서는 거의 일어나지 않고 있었다. 홍수 피해는 지방하천에서 55%, 소하천에서 40%가 발생해 전체의 95%가 집중됐다. 4대강 본류가 포함된 국가하천에서의 피해는 3.6%에 불과했다. 그렇다면 4대강 사업이 완공되더라도 홍수피해의 95%는 그대로 일어난다는 말이 된다. 그나마 보를 설치해 강의 흐름에 부담을 주기 때문에 홍수 위험이 더 커진다고 전문가들은 말하고 있었다. 말이 안 된다. 이게 도대체 뭔가.

전문가들의 고백, 4대강은 운하 사업이다

취재를 하면 할수록 의문은 눈덩이처럼 커져갔다. 그러던 중 수자원 전문가들이 회의를 한다는 소식을 듣고 찾아갔다. 4대강 사업 발표 후 전문가들은 입을 닫고 있었다. 일부 비판하는 극소수 교수들만 나서고 있었고, 대부분의 전문가들은 애매모호한 입장을 취하고 있었다. 나는 그들이 내 의문을 풀어줄 수 있지 않을까 기대했다. 자기들끼리 모이는 학문적인 토론 자리였기 때문이다. 수자원학회 심포지엄이 벌어지는 가운데 한쪽에서 학회 원로들이 토론을 시작했다. 그 자리에 모인 원로들은 역대 수자원학회 회장들이었다. 그야말로 대한민국 수자원 개발을 주도하고, 이론적 근거를 제공해왔던 사람들이었다. 이들 중에는 정부 출연 연구기관인 건설기술연구원 원장이나 수자원공사 부사장 등 고위직을 역임한 분들이 많았다. 아니나 다를까 4대강 사업에 대한 비판이 터져나왔다.

사회를 맡은 이희승 전 수자원공사 부사장이 이렇게 말을 시작했다.

"지금 지나가는 차에 손 흔든다고 설 그런 상황 같지도 않고, 그렇다고 잘 가라,

마음대로 가봐라 내버려두자니 너무 말이 안 되는 소리 같고 전문가의 역할이 무엇이겠습니까. 버스는 지나가고 기사가 안 세워준다 하더라도 그래도 할 이야기는 하고."

먼저 당시 수자원학회 회장이던 영남대학교 지홍기 교수가 포문을 열었다.

"준설에 의해서 수량을 확보하는 것이 홍수 조절에서도 결코 도움이 되지 않고, 이수(물 이용) 목적으로도 결코 도움이 되지 않는다고 저는 그렇게 봅니다."

정부가 내세운 홍수 예방과 가뭄 해결 논리를 정면으로 부정하는 발언이었다. 토론은 심상치 않은 방향으로 흘러갔다. 건설기술연구원장을 역임한 윤용남 박사가 핵심을 찌르고 들어갔다.

"문제가 되는 것이 뭐냐면, 지금 낙동강의 경우에 4억 4천만 톤의 대규모 준설과 8개의 보 설치, 그것의 숨은 뜻을 지금 모르는 입장에서 줄여라 소리를 못하거든요. 그게 문제의 핵심입니다."

다른 강보다 낙동강을 깊이 파고, 대형 보를 8개나 설치하려는 것에 어떤 숨은 뜻이 있을 것이라는 말이다. 전문가 입장에서는 그렇게 깊이 파고 보를 많이 설치할 필요가 없으니 줄이라고 하고 싶지만 숨은 뜻을 모르니 말하기 어렵다는 것이었다. 사회자인 이희승 전 수자원공사 부사장이 말을 받았다.

"왜 숨은 뜻을 모르겠어요. 수심을 유지하고자 그러는 것 아니겠습니까?"

낙동강을 필요도 없이 깊이 파는 것이 수심을 유지하기 위해서라는 것이다. 그렇다면 왜 수심을 유지하려는 것일까? 충북대학교 심순보 명예교수가 결론을 내렸다.

"차라리 낙동강의 보 8개는 앞으로 낙동강 주운하다 대운하다 이런 소리할 필요 없고, 낙동강 주운하를 전제로 한 것이고, 따라서 이것이 이렇게 이렇게 필요하다, 그리고 홍수 조절이다 이런 것은 부차적이다, 이렇게 하면 납득하기가 쉽다 이것입니다. 그래야만 뭔가 계산이 나와요. 그렇지 않으면, 그것을 숨겨놓고 계속 가면 결국 헛바퀴만 돌고 말 것이다, 그런 이야기입니다."

심교수의 주장은 낙동강에 8개 보를 설치하는 것이 운하를 위한 것이라는 점을 밝혀야 한다는 것이다. 대운하라고 할 필요까지는 없지만 운하를 위한 것임을 숨기면 계산이 안 나온다. 논리적으로 계속 헛바퀴만 돌고 만다는 것이었다. 운하라는 것을 인정한 뒤 홍수 조절 같은 문제는 부차적인 목적이라고 명확히 하자는 것이다. 심교수는 대운하를 찬성하는 입장이었다. 그런 그의 눈에는 정부가 하는 일이 솔직하지 못한 꼼수로 보였던 것이다. 결국 역대 정부 수자원 정책을 주도한 원로들의 결론은 4대강 사업이 운하를 목표로 하고 있다는 것이었다. 나는 그동안 비판적인 학자들이 4대강 사업을 대운하와 연관시키는 것을 자주 들어왔다. 그러나 그런 학자들은 극소수였고, 대다수 주류 학자들은 이 문제에 대해 침묵했다. 그런데 이날 학계의 태두들이 비판 학자들과 같이 대운하론을 주장하는 데 적지 않게 놀랐다.

4대강 사업이 대운하를 위한 것이라면? 그렇다면 그동안 취재 과정에서 발견한 모순이 다 해결된다. 왜 가뭄 해결에 도움이 되지 않는 낙동강에 그렇게 많은 물을 채워두려 하는 것인지, 이미 제방이 완벽하게 정비되어 홍수도 나지 않는 낙동강을 그렇게 깊이 파려고 하는 것인지. 그러나 지금 곧바로 대운하 의혹을 강하게 제기하는 것은 여전히 위험했다. 부정하기 힘들 정도의 강력한 증거를 들이댈 수 없으면 청와대의 반발만 부를 것이다. 우리는 대운하 의혹을 전면에 내세우지는 않은 채 문제점을 정리해 방송하기로 했다. 수자원학회 원로들의 회의 장면은 그대로 전달했지만 그것이 대운하를 의미하는 것이라고 방점을 찍지는 않았다. '착공 한 달 전, 기로에 선 4대강'은 2009년 9월 8일 방송됐다.

방송 후 내외부 평가는 괜찮았다. 외부에서는 그동안 방송에서 잘 다루지 않던 4대강 사업을 전면적으로 해부했다는 평이었고, 내부에서는 안도감이 느껴졌다. 《PD수첩》이, 더구나 최승호 PD가

4대강을 방송한다고 알려지자 MBC 안에서는 또 청와대와 정면대결을 하는 것이 아닌지 걱정하는 목소리가 많았다. 그러나 방송 내용에 정부 관계자들의 인터뷰가 균형 있게 들어가 그런 걱정이 잦아들었다. 반면 4대강 추진본부는 내상을 입은 기색이었다. 청와대가 추진본부를 많이 깼다는 이야기도 들렸다. 실무 국장들이 대거 나가서 인터뷰를 했는데 제대로 방어를 못했다는 평가였던 모양이다.

나는 마음이 편치 않았다. 핵심을 비켜갔다는 생각을 떨치기 어려웠다. 이제 막 거짓말의 성채의 문고리를 잡았는데 놓고 말았다는 느낌. 생각 같아서는 곧바로 4대강 취재를 계속하고 싶었지만 그럴 수는 없었다. 4대강 방송을 하기 한 달 전 MBC의 역학구도는 근본적으로 바뀌었다. 김우룡 이사장을 비롯한 뉴라이트 성향 여권 이사들이 대주주인 방문진을 차지한 것이다. 이들은 엄기영 사장에게 나가든지, 자신들에 순응해 MBC의 체질을 바꾸든지 선택하라고 압박하고 있었다. 매주 엄사장을 불러내 업무보고를 받고 그 과정에서 《PD수첩》을 비롯한 MBC의 비판적인 시사프로그램을 질타했다. 김모 이사는 아예 《PD수첩》 등 시사프로그램을 통폐합하라고까지 요구했다. 이런 상황에서 이들이 보호하려고 눈에 불을 켜고 달려드는 대통령의 정책을 또다시 정면으로 비판하는 것은 조직에 너무 큰 부담을 줄 것 같았다.

마침 현역 해군 소령 김영수 씨가 계룡대근무지원단의 납품비리

를 제보해왔다. 나는 '4대강' 편을 집필한 정재홍 작가와 함께 그의
제보 내용을 검토하고 곧바로 취재에 들어갔다. '한 해군장교의 양
심선언—나는 고발한다'는 2009년 10월 13일에 방송됐다. 다행히 반
응이 폭발적이었다. 현역 장교가 군복을 입고 카메라 앞에서 국민에
게 증언한 것이 큰 감동을 주었다. 청와대도 국방비리에 대해서는
신경을 쓰고 있었기 때문에 곧바로 국방부가 특별조사단을 꾸려 수
사에 들어갔다. 4대강 같은 정부 핵심 정책에 대해 보도하면 보수와
진보가 엇갈린 반응을 보이지만 부패문제에 대해서는 대체로 비슷
한 반응을 보인다. 《PD수첩》이 폭넓은 시청자의 지지를 받고 있을
때는 권력이 함부로 하기 어려워진다. 이 방송으로 나는 4대강을 한
번 더 다룰 수 있는 조직 내 에너지를 얻었다고 생각했다.

MBC, 그렇게 뒤통수 칠 수 있나

기회는 곧 왔다. 12월 초부터 여야 간에 줄다리기가 계속될 2010년
예산안 심의에 맞춰 정부 예산 문제를 다뤄보자는 기획이 승인됐
다. '해군장교의 양심선언'을 함께 만들었던 박건식 PD와 공동취재
를 하기로 했다. 제목은 '4대강과 민생예산'. 당시 4대강 사업에 막대
한 예산이 할당돼 복지와 관련된 민생예산은 타격을 받을 수밖에
없는 상황이었다. 그러니 4대강 사업에 들어가는 22조 원이 과연 돈
값을 하는지 알아보고, 복지를 희생하면서까지 할 만한 가치가 있

는지 따져보자는 취지였다. 다만 4대강 문제는 '예산'이라는 큰 카테고리 내에서 다뤄야 하기 때문에 한 부분으로 들어갈 수밖에 없었다. 대운하 문제를 파고드는 데는 한계가 있었다.

막상 취재를 시작하니 4대강 추진본부에서 뜻밖의 반응을 보였다. 인터뷰를 할 수 없다는 것이었다. 홍보 관계자는 지난번 '착공한 달 전, 기로에 선 4대강' 방송에서 인터뷰를 한 국장들이 방송 후 매우 힘들었다는 사정을 전했다. 아무리 그렇더라도 국가 공무원이 정부의 최대 사업에 대해 검증하는 것을 거부하는 것은 이해가 가지 않았다. 국장급이 아니라도 좋으니 인터뷰를 하자고 해도 막무가내였다. 국회에 출석한 심명필 4대강 추진본부장을 만나 인터뷰를 부탁했는데도 감감무소식이었다. 물론 정부 측이 인터뷰를 거부한다고 방송하지 못할 바는 아니지만 균형이 맞지 않는다는 이유로 트집 잡힐 것이 걱정스러웠다. 할 수 없이 정부 반론은 자료화면으로 대체하고 방송을 내야겠다고 결심했는데 마침 뜻밖의 일이 생겼다.

방송을 일주일 정도 남겨둔 상황에서 이명박 대통령이 MBC에서 주최한 '대통령과의 대화'에 출연했다. 대통령이 직접 출연해 국민을 대표한 패널들의 질문에 답하는 형식의 '대통령과의 대화'는 김대중, 노무현 정부에서도 있었던 것이었다. 보통 정부 출범 후 KBS가 먼저 주최하고 다음에 MBC, SBS 순서로 방송하는데, 이명박 정부는 KBS 다음에 SBS에서 주최하도록 하고 MBC는 2년이다 되도록 기회를 주지 않았다. MBC 내부에서는 촛불시위와 광우병 보도에 대한 응어리 때문일 거라고 짐작하고 있었다. 그런데 마침내 이명박 대통령이 MBC에 온다는 것이다. 사내에서는 이 소식을 다행으로 받아들였다. 김우룡 방문진이 경영진을 거세게 압박하는 상황에서 대통령이 화해의 제스처를 보인다면 국면이 좀 부드러워질 것으로 판단한 것이다. '대통령과의 대화' 다음 날 신문들은 방송이 끝난 뒤 이명박 대통령이 MBC 경영진 및 출연자들과 막걸리 파티를 가졌다고 보도했다. 사내에는 이때 대통령이 엄기영 사장에게 "MBC에 좋은 일이 있을 것"이라고 말했다는 이야기가 돌았다. 이 이야기는 김우룡 이사장에게서 퇴진 압박을 받고 있는 엄 사장의 임기를 지켜주겠다는 뜻이 아니겠냐는 추측을 낳았다.

그러나 나는 새로운 고민에 빠졌다. 4대강 사업의 최고 책임자인 대통령이 다른 곳도 아닌 MBC에 와서 오랜 시간 4대강 사업에 대한 입장을 밝혔기 때문이다. 4대강 사업 실무담당자들이 인터뷰를 거부하는 상황에서 대통령의 입장 표명은 방송에 반드시 반영해야할 요소였다. 설사 정부 관계자와 인터뷰를 했다 해도 대통령의 새로운 언급이 있다면 뉴스 가치로 볼 때 대통령의 말을 반영하는 것이 옳다. 문제는 이날 대통령의 말 중에 사실과 다른 것이 너무 많았다는 것이다. 대통령의 말을 검증 없이 반영하는 것은 언론의 기본적 가치에 어긋나고, 그렇다고 시시콜콜 검증하자니 대통령을 정면으로 공박하는 모양새가 돼서 감정을 상하게 할 우려가 있었다.

생각 끝에 프로그램의 초점이 예산이니만큼 '4대강 사업에 22조를 들이는 것은 수지맞는 장사'라는 취지의 발언 등 일부 언급만 검증하기로 했다.

"수해를 당할 때 4조씩 매년 넣는 예산을 생각하실 필요가 있습니다. 평소에 4조가 들어갑니다. 강에서, 그러면 그 4조에 매년 한 1~2조만 더 보태서 공사를 해서 한 3년 후에는 앞으로 매년 들어가던 4조가 훨씬 줄어들 것입니다."

_대통령과의 대화 중에서

대통령의 말에 의하면 매년 수해 피해 복구에 4조씩 예산을 들이는데, 4대강 사업을 하고 나면 수해가 훨씬 줄어들기 때문에 예산 투입이 훨씬 줄어든다는 것이었다. 이 발언은 근본적으로 문제가 있다. 우선 매년 4조라는 수해 복구 예산은 4대강에서 발생하는 피해에 대한 것이 아니고, 우리나라 전체에서 발생하는 재해에 대한 복구비용이다. 게다가 공사를 하는 4대강 본류에서 일어나는 피해는 극히 적다. 우리는 2009년 여름 4대강에서 얼마나 수해가 났는지 조사했다. 방재청 자료를 받아 해당 지자체에 일일이 확인해보니 4대강 구간에서 일어난 피해는 0.5%에 불과했다. 나머지 99.5%는 다른 곳에서 일어난 피해였다. 결국 4대강 사업이 완공돼도 99.5%의 피해는 계속될 수밖에 없는 것이다. 그러니 4대강 공사로 예산이 훨씬 줄어든다는 대통령의 말은 아무리 느슨한 잣대를 들이대도 거짓이라고 할 수밖에 없다.

우리는 대통령의 여러 발언 중 극히 일부만 검증했다. 로봇 물고기로 수질을 감시할 계획이라거나 한강처럼 만들면 낙동강 수질이 2급수가 될 거라는 발언 등 문제성 언급은 더 있었다. 이처럼 최소한의 검증만 했는데도 방송 뒤 반응은 예상을 뛰어넘었다. 대통령의 발언을 직접 따져보는 형식이 시청자들에게는 놀라웠던 모양이었다. 청와대가 언론을 속속들이 장악한 상태에서 지극히 상식적이고, 오히려 어떤 면에서는 부실한 검증조차 환영을 받는 상황이었다. 《PD수첩》 시청자 게시판에는 제작진의 안위를 걱정하는 글들이 여럿 올라왔다.

청와대에서 "MBC, 그렇게 뒤통수칠 수 있나"라는 반응을 보이고 있다는 정보가 입수됐다. 책임론도 나오고 있다고 했다. 이동관 홍보수석의 명을 받아 《PD수첩》 취재 총괄 대책을 맡았던 국정홍보 비서관이 눈총을 받고 있다는 것이다. 그가 "어떠한 취재에도 응하지 말고, 어떤 말에도 대답하지 말고 함구하라"는 지침을 내렸는데, 《PD수첩》 방송 뒤 다른 비서관실에서 "오히려 그게 《PD수첩》 자극한 거 아니냐, 지혜롭게 대응했어야지"라며 질책하는 분위기라는 것이었다. 그러나 청와대든 국토해양부든 정부 차원에서 직접적인 공식 반응은 없었다. 공격은 다른 곳에서 들어왔다.

공정언론시민연대라는 뉴라이트 시민단체가 《PD수첩》을 방통위에 제소했다. 그들은 《PD수첩》이 '4대강' 편에서 찬성 반대 입장을 공정하게 다루지 않았다면서 인터뷰 숫자를 비교해가며 비난했다. 방통위는 이들의 주장을 고스란히 받아들이며 제작진에 출석하라고 요구했다. 제작진에 출석을 요구하는 것은 심의위가 이 사안을 중대하게 본다는 뜻이다. 제작진이 출석할 경우에는 법정제재가 떨어지는 경우가 다반사였다. 법정제재를 받으면 점수가 깎여 방송사 재허가 심사에서 불리하다. 그 경우 앞으로 경영진이 4대강 방송을 막는 명분으로 작용할 수도 있었다. 나는 심의위에 출석해 강력하게 반박했다. 탐사보도 프로그램을 찬성 반대 인터뷰 숫자로 재단한다면 앞으로 대한민국에서 정부를 견제하는 비판보도는 설자리가 없게 될 것이다. 게다가 정부가 인터뷰에 응하지 않은 상황에서 균형을 맞추라고 요구하는 것은 어불성설이라고 진술했다. 심의위는 결국 애초의 공정성 관련 제재는 포기하고, 다른 사소한 문제를 들어 '권고' 결정을 내렸다. '권고'는 법정제재가 아니었기 때문에 예상보다는 훨씬 약한 결과였다.

《PD수첩》 방송 일주일 후 김우룡 방문진은 엄기영 사장을 압박해 경영진의 사표를 받았다. 그들은 엄기영 사장은 놔두고 보도·제작본부장 등 4명의 사표를 수리해버렸다. 김우룡 이사장은 엄사장에게 자신이 찍은 황희만·윤혁 두 사람을 보도본부장과 제작본부장으로 받으라고 겁박했다. 이사장이 방송사의 핵심 경영진인 보도·제작본부장을 결정하는 것은 엄사장에게 김우룡 이사장의 허수아비가 되라는 것이나 마찬가지였다. 엄기영 사장은 2010년 2월 사표를 던졌다.

엄기영 사장이 사퇴한 뒤 김재철 사장이 MBC에 등장했다. 김재철 사장은 《PD수첩》을 관할하는 시사교양국장과 《PD수첩》 팀장을 교체했다. 그러나 당시 노조의 낙하산 사장 퇴진 투쟁이 격렬한 상황에서 김재철 사장은 자기 마음대로 권력의 입맛에 맞출 인선을 하지는 못했다. 시사교양국장에 임명된 이주갑 선배는 보수적이라는 평도 있었지만 《PD수첩》의 권력 감시기능을 보장해야 한다는 합리적 인식을 갖고 있었다. 김태현 《PD수첩》 팀장은 강골이었다. 그는 팀장직을 수락하기 전에 《PD수첩》 팀이 자율적으로 아이템을 결정할 수 있도록 보장해달라고 국장에 요청했다. 그동안은 팀장과 PD가 1대 1로 아이템을 논의하고 팀장이 결정하는 시스템이었지만, 외압을 막기 위해 팀 전체가 아이템을 논의하는 시스템으로 전환했다. 팀장에게 가해지는 압력을 최대한 사전에 막아보고자 하는 의도였다. 이러한 노력으로 이 시기 《PD수첩》은 제2의 전성기를 맞은 양 여러 가지 특종을 터뜨렸다.

4대강 비밀 추진팀에 대한 제보가 들어오다

2010년 6월, 내가 세 번째로 4대강 사업을 취재하겠다고 했을 때 《PD수첩》 김태현 팀장은 적극적으로 나서서 밀어주었고, 시사교양국장도 반대하지 않았다. 당시 회사 분위기를 감안하면 국장이 나름대로 원칙을 지킨 것이다. 나는 4대강 사업의 배경에 무슨 의도가 있는지를 이번에는 밝혀내겠다고 다짐했다. 앞의 두 번 취재에서 끝내 밝히지 못한 것이었기 때문에 난관이 예상됐다. 그러나 진인사대천명, 결국 매우 중요한 제보를 받을 수 있었다.

2008년 10월 4대강 살리기 계획 수립을 위한 태스크포스가 비밀리에 운영되었다는 것이다. 이 TF에는 국토해양부 하천 관련 공무원들과 국책연구기관 관계자가 들어갔는데 청와대에서 두 명의 행정관을 파견해 지속적으로 의견을 제시했다는 것이다. 청와대의 입장은 낙동강 구간에 수심 6미터를 유지하라는 것이었다고 한다. 수심 6미터는 대운하 계획 당시 낙동강에 유지하려 했던 최소 수심이다.

> "청와대 사람들은 낙동강 등 일부 구간은 수심 6미터를 유지해야 한다고 강하게 밀어붙였습니다. 만약 6미터 수심을 유지한다면 또 대운하를 하려 한다는 여론의 반발이 분명했습니다. 청와대 측으로서도 끝까지 관철시키기에는 부담이 있는 상황이었습니다. 따라서 당시는 일단 소규모 정비계획으로 가고 6미터는 나중에 하기로 결정했습니다."
>
> _제보자

결국 청와대가 수심 6미터를 주장했지만 여론의 부담 때문에 일단 소규모 계획을 발표하고 나중에 대운하 계획과 유사한 대규모 정비계획을 발표하자는 결론을 냈다는 것이다. 실제로 이 TF에서는 2008년 12월 '4대강 살리기 프로젝트'라는 이름의 보고서를 만들어 대통령에게 보고했다. 4대강 살리기 사업의 방향을 제시한 기본구상이었다.

만약 이대로 4대강 살리기가 추진됐다면 대운하라는 의심을 살 이유가 없는 안이었다. 준설의 규모는 현재 4대강 사업의 2분의 1 수준으로 깊은 수심을 유지하지 않는 안이었다. 보는 낙동강에 2개를 비롯해 모두 4개에 불과했다. 보 높이도 1, 2미터로 자연형의 소형보였다. 대신 천변저류지 20개를 만드는 등 친환경적인 사업에 중점을 둔 보고서였다. 이 안은 '4대강 정비계획'으로 불리며 언론에 홍보됐다. 정부는 이 안을 구체화한 마스터플랜 수립 작업을 건설기술연구원에 의뢰했다.

그러나 4개월 뒤 발표된 마스터플랜에서 애초의 안은 흔적도 없이 사라졌다. 소형보 4개는 사실상 댐이라고 불러야 할 대형 보 16개로 둔갑해 있었다. 낙동강의 수심은 60% 구간에서 최소 6미터를 유지하게 되어 있었다. 어떻게 마스터플랜이 기본계획을 완전히 무시하고 만들어질 수 있는가. 도대체 어떤 힘이 작용해 송두리째 계획이 바뀌었는가. 그것은 마스터플랜 발표 후 지속적으로 제기된 의문이었다. 그런데 그 의문의 실체에 다가설 수 있는 정보를 입수하게 된 것이다. 이 TF에 대해서는 2008년 12월 한겨레신문이 보도한 적이 있었다. 당시 한겨레에서는 이 TF의 구성원이 대운하 추진단에서 활동했던 사람들이라는 것, 청와대가 지속적으로 보고를 받았다는 것을 보도했다. 그러나 당시 국토해양부는 팀의 존재 사실만 인정하고 청와대 개입 부분은 부인했다. 그런데 이번에는 이 팀에 개입한 청와대 관계자들의 이름과 직책뿐 아니라 그들이 수심 6미터를 주문했다는 사실까지 제보된 것이다. 나는 이 정보가 상당히 신빙성이 높다고 생각했다.

나는 이 팀에 소속됐던 사람들을 추적하기 시작했다. 팀장이었던 국토해양부 유모 본부장은 국토부에서 나와 건설협회 부회장직에 있었다. 그러나 그는 인터뷰를 고사했다. 자신이 말할 입장이 아니라고 했다.

> 팀장: (그 당시에 TF팀의 팀장이셨다고 그렇게 들었거든요?) 지금은 제가 여기서 확인해줄 수가 없습니다.
> (팀 자체에 대해서는 부정하시진 않는 것 같네요, 제가 듣기에는?) 제가 말할 입장이 아니라는 것이죠. 국토해양부에서 이야기할 사항입니다.
>
> _《PD수첩》 '4대강, 수심 6미터의 비밀' 중에서

그러나 그의 반응은 팀의 존재 사실과 자신이 팀장이었다는 것을 사실상 인정하는 것이었다. 더 중요한 것은 그 팀에 파견돼 수심 6미터 유지를 주장했던 청와대 관계자들에게 사실을 확인하는 것이었다. 팀의 부팀장을 맡았다는 청와대 소속 김형렬 행정관은 당

시 국토해양부로 돌아가 있었다. 원래 김형렬 씨는 국토해양부 하천 관리팀장이었고, 대통령과 같은 포항 출신이었다. 정권 출범 후 김 씨는 청와대로 파견 나가 대운하추진단에 있다가 4대강 TF에 부팀 장으로 갔다는 것이 제보자의 설명이었다. 김씨는 대통령직 인수위 원회 한반도 대운하 TF에 참여한 운하 전문가였다. 운하 전문가인 김씨를 국토해양부 소속 TF에 파견해 부팀장을 맡도록 했다는 것 은 청와대의 의도를 더욱 의문스럽게 하는 것이었다. 그러나 그는 처음부터 끝까지 부인으로 일관했다.

> 최승호 PD: 김과장님께서 청와대 대표로 그 팀의 부팀장을 맡으셨고 김철문 국
> 장님께서 그 당시에 청와대에서 가끔씩 나오시고, 그게 아니란 말입니까?
> 김형렬 전 행정관: 저는 잘 모르겠는데요, 그 사실을.
> 최승호 PD: 다 부정하시네요?
> 김형렬 전 행정관: 네.
> 최승호 PD: 김과장님께서 그 당시 청와대 소속이셨고.
> 김형렬 전 행정관: 청와대 소속인데 이렇게 할 수가 없죠. 저는 잘 모르는 내용
> 인데요.

이렇게 처음부터 끝까지 부인해버리면 당사자는 깨끗하게 부인했 으니 무슨 단서를 잡겠냐고 생각할지 모르지만 취재진 입장에서는 편한 점이 많다. 그 말이 거짓이라는 것을 입증하면 나머지 진술도

신빙성이 없어져버리기 때문이다. 나는 가장 중요한 인물, TF에서 지속적으로 수심 6미터를 주장했다는 김철문 전 청와대 행정관을 접촉했다. 김씨는 당시 청와대에서 유일한 동지상고 출신, 대통령과 동창이었다. 취재 당시는 영일, 포항 출신 공무원 모임인 영포회가 국정을 농단하고 있다는 비판이 높던 시점이었는데 김철문 전 행정관도 영포회 소속이었다. 김 전 행정관은 정권 출범 전인 2007년에만 해도 건설교통부 감사팀의 일개 사무관이었지만 정권 출범 후 청와대로 직행했다. 김씨가 대통령과 동창이었기 때문에 당시 김씨의 말은 TF 내에서 무게 있게 받아들여졌다. 그래서 김행정관이 낙동강에 수심 6미터를 유지하라고 요구하자 다른 팀원들은 이를 이명박 대통령의 뜻으로 생각했다는 것이다. TF가 해체된 뒤 김씨는 4대강 살리기 추진본부로 가서 사업본부장을 맡고 있었다. 실질적으로 4대강 사업을 밀어붙이는 직책이었다.

김철문 전 청와대 행정관: 아마 4대강을 연구하고 했을 때는 관련성 있는 부분에 대해서는 우리가 어차피 추진 현황을 점검해야 되기 때문에 당시 회의에 참석한 적이 있습니다.

최승호 PD: 참석은 어느 정도나 하셨나요?

김철문 전 청와대 행정관: 2차에 걸쳐 (두 번에 걸쳐서) 참석했습니다.

최승호 PD: 김모 행정관이 상시적으로 거기에 계셨다는 것은 모르십니까?

김철문 전 청와대 행정관: 상시적으로 있지는 않았습니다. 마찬가지로 아마 김행정관도 한 번씩 참석했을 것입니다.

최승호 PD: 그래서 그냥 챙기는 정도고 부팀장이나 이런 것은 아니고요?

김철문 전 청와대 행정관: 아닌 것으로 알고 있습니다.

최승호 PD: 아닌 것으로요? 그것을 정확하게 모르세요?

김철문 전 청와대 행정관: 그것은 잘 모르겠습니다.

김형렬 전 행정관은 아예 자신의 참석을 부인했는데 김철문 전 행정관 자신은 물론 김형렬 행정관의 참석 사실도 인정했다. 김형렬 전 행정관이 사실과 다르게 말한 것이다. 그러나 김철문 전 행정관은 수심 6미터를 주문한 사실은 부정했다.

"수심 문제는 부족한 수자원을 확보하기 위해서 전문가 그룹에서 검토를 해서 하는 것이지, 수심을 얼마 하라 이런 것은 청와대에서 입장을 전달한 적은 없습니다."

물론 수심 6미터를 주문했다는 엄청난 사실을 입증하기는 쉬운 일이 아니었다. 그러나 김 전 행정관이 부정했다고 해서 의혹이 사라지는 것은 아니었다. 제보자의 이야기는 하나하나 사실로 드러나고 있지 않은가. 나는 어떤 과정에서 소규모 친환경 정비계획안이 대운하를 닮은 안으로 바뀌었는지 취재하기 시작했다. 마스터플랜 수립과정을 감독한 4대강 추진본부 홍형표 기획국장은 전문가들의 판단으로 바뀌게 됐다고 주장했다.

"2008년 12월에 균형개발위원회에 보고된 안은 그때 국토해양부에서 처음 검토한 구상안이었습니다. 이것을 근거로 해서 건설기술연구원 주관으로 마스터플랜 수립 용역을 시행하게 되었습니다. 마스터플랜 수립 용역 과정에서 기후변화 등에 대비해서 가뭄과 홍수에 대비한 그런 능력을 좀 더 키우는 것이 좋겠다 이렇게 전문가 의견이 검토되어서 이에 따라서 보의 개수나 준설 등 물량이 늘어나게 되었습니다."

_홍형표 기획국장

이 설명은 믿기 힘든 것이었다. 마스터플랜을 만든 건설기술연구원은 국토해양부의 주문을 받는 용역수행기관에 불과하다. 그런데 그 용역기관이 애초의 계획을 뒤엎고 14조에서 22조로 예산이 엄청나게 증가하게 되는 안으로 바꾸었다는 것은 상식적으로 이해할 수 없는 일이기 때문이다. 나는 분명히 뭔가가 있다고 생각했다. 오랜 추적 끝에 마스터플랜을 수립한 총괄책임자였던 김창완 박사(전 건설기술연구원)와 연락이 되었다.

김창완 박사: 저는 들은 바가 없어요, 그런 내용은. 제가 그런 위원회에 참석한 적도 없고 그런 회의가 있었다고 저한테 무슨 지침이 내려온 적은 전혀 없습니다.
최승호 PD: 원래 4대 정비 때는 소형 보 4개였지 않습니까?
김창완 박사: 아니요. 왜 자꾸 그런, 알지도, 저는 듣지도 못한 이야기가 자꾸 나오는 것인지 이해가 안 갑니다.

최승호 PD: 그럼 완전히 원점에서 검토를 하신 건가요? 전혀 그런 기본 구상이 없이?

김창완 박사: 네, 그럼요.

이 증언은 매우 중요한 것이다. 마스터플랜 수립은 정부의 기본 계획을 구체화해 사업의 청사진을 만드는 과정이다. 당연히 국토해양부의 기본 구상이었던 '4대강 살리기 프로젝트' 보고서가 마스터플랜을 수립하는 김창완 박사 팀에 전달되었어야 한다. 그런데 무슨 이유로 국토해양부가 TF까지 만들어 수립한 기본계획이 아예 전달되지도 않은 것이다. 이것은 결국 애초의 기본계획대로 사업을 할 의사가 없었다는 것을 의미하는 것이 아닐까? 만약 제보자의 주장대로 일단 국민의 눈을 속일 소규모 안을 발표한 뒤 실제로는 2단계로 수심 6미터를 유지하는 안으로 가겠다고 결정했다면 굳이 기본계획을 전달할 필요는 없었을 것이다.

실제로 마스터플랜 수립 과정이 처음부터 수심을 맞추는 것에 초점을 두었다는 의혹은 더 있었다. 김창완 박사가 마스터플랜 수립 직후 한 토론회에서 '확보할 물의 양을 계산한 뒤 그에 따라 준설과 보 설치를 결정한 게 아니라 보를 세우다보니까 채워지는 물의 양이 10억 톤이 되더라'고 설명한 것이다.

"말도 안 되게 낙동강에 모자라는 물이 1억 4천만 톤인데 10억 톤 이상 확보했다 이것은 결과입니다. 결과. 그래서 왜 그것이 결과인지를 제가 말씀드릴게요. 이렇게 (보를) 세우다보니까 찬 구간의 양을 계산해봤습니다. 그게 낙동강에 약 10억 톤 정도의 양이 나오는 것입니다. 저희가 확보하기 위해서 보를 인위적으로 집어넣은 것이 아닙니다."

_김창완 박사, 국회토론회에서

우리나라 수자원 분야의 최상위계획인 수자원장기종합계획은 2016년경 낙동강에 1억 4천만 톤의 물 부족 현상이 있을 것이라고 계산해놓고 있다. 그런데 4대강 사업은 낙동강에 무려 10억 톤을 새로 확보하겠다는 것이다. 필요도 없이 과도한 양을 확보하겠다는 계획이다. 만약 마스터플랜이 정상적으로 작성됐다면 물 부족 양에 따라 그 물을 확보할 물그릇을 만들 준설 및 보 설치를 결정하는 것이 상식이다. 그런데 그 과정이 거꾸로 된 것이다. 얼마가 필요한지 감안하지 않고 일단 '준설을 하고 보를 설치하고 보니 10억 톤의 물이 생기더라'는 것. 결과적으로 준설과 보 설치로 일정한 수심, 즉 수심 6미터를 확보하는 것이 우선 목표였지 물 부족을 해소할 정확한 계획을 만드는 것은 관심사가 아니었다는 해석이 가능하다. 김창완 박사는 우리의 의문에 답하지 않았다.

최승호 PD: 처음부터 10억 톤 계획이 아니라 준설하고 보니 10억 톤이더라고 하신 적이 있는데.

김창완 박사: 떠난 지 오래돼서 기억이 나지 않을뿐더러 그 자체에 대해서 확인 해줄 수가 없습니다.

4대강 전도사의 돌발 증언

김창완 박사는 왜 정상적인 과정이었다면 충분히 할 수 있는 설명을 거절했을까? 어쨌든 우리의 추적은 거기서 더 이상 앞으로 나가지 못했다. 그러던 중 놀라운 정보가 입수됐다. 4대강 사업의 강력한 옹호론자인 박재광 미국 위스콘신대 교수가 방송에 나와 중요한 증언을 했다는 것이다. 그 프로그램을 알아보니 tvN《백지연의 시사토론》이었다. 박재광 교수는 '이명박 대통령이 4대강 사업의 규모를 대폭 키우라는 지시를 내렸다'고 했다.

> "지금 김의원님께서 계속 수심을 가지고 갑자기 어떻게 바뀌었느냐 그랬는데 그것은 이명박 대통령께서 정책적으로 마음을 바꾸신 것입니다. 왜냐하면 지금 100년 빈도의 강우에 대비해서 원래 4대강 사업을 계획했는데, 대통령께서 보고를 받으시고 우리 이것 200년 빈도로 하자, 그렇게 해서 양을 하다보니까 그 양이 (수심) 7미터가 되는 것입니다."
>
> _박재광 교수

토론에서는 더 이상 추가적인 질문이 나오지 않았다. 우리가 물어봐야 했다. 나는 위스콘신에 있는 박재광 교수에게 밤늦게 전화를 걸었다. 예상 외로 박교수는 선선히 인터뷰에 응했다.

최승호 PD: 대통령께서 그때 당시에 200년 빈도를 해야 한다, 이런 말씀을 하셨다고 하는데 구체적으로 수심을 얼마 정도 확보하는 게 필요하겠다?

박재광 교수: 아니요, 그런 말씀은 하시질 못하죠. 그런 말씀, 그러니까 100년이다 200년이다 이제 그런 거를 하시면 나머지는 밑에서 한 거죠.

최승호 PD: 혹시 대통령의 200년 빈도에 대해 말씀하신 부분은 ○○○ 교수님한테 들으신 건가요?

박재광 교수: 아니요, 그것은 그쪽이 아니고 다른 분한테 들었어요.

최승호 PD: 청와대 안에 계시는 분인가요?

박재광 교수: 아니요, 청와대도 아니고 더. 하여튼 굉장히 높으신 분들이에요.

최승호 PD: 그래요? 대통령님을 가까이 자주 뵐 수 있는 그런 분들이군요?

박재광 교수: 네, 그래서 만나셔 가지고 이야기를 하는 과정에서 과거 청계천을 할 때 내가 어떻게 했고 지금 이 사업도 내가 보고한 것을 어떻게 어떻게 바꿨다, 지시내렸다 이런 식으로 말씀하시는 것을 제가 듣고 상황을 제가 정확하게 구현을 해서 표현을 한 것입니다.

최승호 PD: 대통령이 누군가에게 말씀하시는 것을 직접 들으신 거네요?

박재광 교수: 그렇죠.

나는 박교수에게 이 인터뷰 내용을 방송해도 괜찮겠냐고 물었다.

대통령에 관한 사항이라 박교수가 그 내용에 대해 어느 정도 확신하고 있는지 확인하고 싶었기 때문이다. 박교수는 선선히 수락했다. 자신은 대통령의 결단이 좀 더 많이 알려져야 한다고 생각한다는 것이다. 4대강 계획이 보고될 당시 대운하 포기 선언을 한 지 얼마 안 되었기 때문에 청와대 수석들은 6미터 수심을 유지하는 안으로 가는 것을 곤란해했는데, 대통령의 결단으로 6미터 안이 채택됐다고 했다. 그는 수석들이 비겁했다고 생각한다고 말했다. 박교수가 대통령의 결단이 알려지기 원하는 것은 충분히 이해할 수 있었다. 박교수는 철저한 대운하론자였기 때문이다. 그는 일찍부터 이명박 대통령의 대운하 계획을 지지하는 전도사 역할을 하다가 대운하 포기 선언이 나오자 『나의 조국이여, 대운하를 왜 버리려 합니까?』라는 책을 썼다. 4대강 사업을 반대하는 교수들을 비난했다가 명예훼손으로 서울지법에서 2억 원의 배상 판결을 받기도 했다.

사실 이명박 대통령이 대운하 계획에 대해 미련을 갖고 있다는 것은 대통령이나 그의 참모들 발언에서도 충분히 알 수 있는 것이다.

이명박 대통령은 대운하 포기 선언 1년 뒤인 2009년 6월 29일 라디오 연설에서 "대한민국의 미래를 위해 대운하가 필요하다는 제 믿음에는 지금도 변화가 없다. 사실 대운하의 핵심은 한강과 낙동강을 연결하는 것이다. 그러나 우리 정부에서는 그걸 연결할 계획도 갖고 있지 않고 임기 내에는 추진하지 않겠다"고 밝혔다. 이 말을 액면 그대로 해석하면 4대강 사업은 한강과 낙동강을 연결하는 추가 사업만 하면 대운하가 될 수 있다는 말이 된다.

이대통령의 핵심 참모인 박병원 청와대 경제수석은 2008년 12월 3일 한창 4대강 TF가 보고서를 준비하던 상황에 "4대강 수질 개선 사업은, 경북 북부에서 소백산맥을 넘어가는 게 이뤄지면 대운하가 되는 것"이라고 말했다. 박수석은 또 "수질개선 사업을 다 해놓고 대다수 사람들이 '돈 얼마 안 들이고 연결하자'고 하면, 하지 말자고 할 수는 없지 않나"고 여운을 남겼다.

더 전으로 가면 대운하 포기 선언 직후에 나온 신동아 기사가 있다. 대통령은 "대운하는 국민이 반대하면 추진하지 않겠습니다"라고 딱 한 문장으로 포기 의사를 밝혔다. 그런데 신동아 기자가 만난 장석효 한반도대운하연구회 대표(대통령직인수위원회 당시 한반도 대운하 TF 팀장)는 다음과 같이 말했다.

"그분(이대통령)은 모든 여건을 무시하고 다 접을 땐 어떤 조건을 붙이는 스타일이 아니다. 그렇게 짧게 한 줄로 이야기할 분도 아니다. 4대강과 경인운하는 한다. 다만 운하를 서로 연결하는 개념의 한반도 대운하만 국민이 찬성할 때까지라는 전제를 달아 후로 미뤘을 뿐이다. 대통령이 '국민이 반대하면 안 하겠다'고 한 것은 강의 연결 부분이다. 조령터널이나 4대강 운하와 경인운하를 서로 연결하는 개념 말이다. 1차로 4대강 운하와 경인운하를 하고 2차 연결은 국민이 원할 때 하겠다는 의미다."

_신동아 2008년 7월호

더 거슬러 올라가면 대운하 포기 선언이 나오기 전인 2008년 5월 13일 정두언 의원 등 측근이 이대통령에게 4대강 정비를 건의한 것이 나온다. 정의원은 이 회동에서 "한반도 대운하를 4대강 치수 관리 차원에서 우선 정비하고 연결 부분은 추후에 논의하자"는 의견을 제기하자 이대통령이 "그런 방안도 있겠다"는 긍정적 의견을 보였다고 말했다. 정의원은 이 모임의 논의에 대해 논란이 일자 긴급 해명자료를 통해 "한반도 대운하는 당초부터 네이밍(명칭)이 잘못되어서 많은 오해를 불러일으킨 것 같다"며 "대운하라고 하니까 마치 맨땅을 파서 물을 채워 배를 띄우는 것처럼 인식되고 있다"고 말했다. 이어 그는 "한마디로 4대강을 지금 한강처럼 만들자는데 반대할 사람이 누가 있겠는가. 그러니 연결부분은 계속 논의를 하되 4대강을 지금의 한강처럼 만드는 것은 언제라도 할 수 있는 것 아니냐는 요지"라고 덧붙였다.

결국 한강과 낙동강을 잇는 대운하 완성은 나중에 하더라도 우선 4대강을 한강처럼 만들자는 안을 건의했고, 대통령이 긍정적인 답변을 했다는 것이다. 촛불시위 이후 대운하를 포기하라는 압박을 받고 있던 여권에서 나름대로 내놓은 돌파구였을 수 있다. 그러나 대운하를 염두에 두고 그 전단계로 만든 계획이 4대강 살리기 사업이라면 이것은 결국 국민을 속이는 꼼수다.

박재광 교수의 증언은 이러한 속뜻이 있던 대통령이 소규모 강정비 계획으로 보고된 '4대강 살리기 프로젝트' 안을 대운하급의 대

형 계획으로 확대하는 최종 결정을 했다는 것을 말해준다. 물론 박
교수의 이 한마디로 대통령의 지시가 입증되는 것은 아니다. 그러
나 나는 이 증언이 충분히 신뢰할 만하다고 보았다. 대운하 포기 선
언 전후의 측근 발언, 대통령 자신의 발언들, 4대강 추진 비밀팀에
대한 제보 내용, 소규모 계획이 마스터플랜에 반영되지도 않고 폐
기되었다는 의혹, 박교수 본인이 방송해도 좋다고 자신하는 점 등
박교수의 증언을 뒷받침하는 근거들이 많았기 때문이다. 일단 방
송을 하면 청와대에서 발언 내용을 부인하든 시인하든 어떤 반응
이 있을 것으로 보았다.

국토해양부의 방송금지 가처분신청

나는 최종 편집을 하면서 이명박 대통령을 직접 지목하는 방송
내용에 대해 청와대가 과연 어떻게 나올지, 그에 따라 김재철 사장
이 어떻게 반응할지 걱정스러운 마음이었다. 얼마 전 공정방송노조
이상로 위원장이 사내 인트라넷에 올린 글도 걸렸다. 그는 《PD수
첩》이 4대강을 다룰 것인데 위험하니 심의를 잘 해야 한다고 촉구
했다. 8월 16일, 월요일 우리는 예정대로 다음 날 방송될 《PD수첩》
'4대강, 수심 6미터의 비밀' 보도자료를 발표했다. 언론의 반응은 뜨
거웠다. "4대강 사업 배후에 '청와대 비밀팀' 있었다", "영포회 비밀
팀, 4대강 정부 계획 바꿨다" 등 비밀팀에 초점을 맞춘 기사들이 많

이 나왔다.

국토해양부는 즉각 반응을 보였다. 방송 내용이 "명백한 허위사실"이라며 서울남부지법에 방송금지 가처분신청을 낸 것이다. 나는 국토부가 이런 반응을 보일지도 모르겠다고는 생각했지만 가능성이 낮다고 생각했었다. 가처분신청을 내더라도 법원이 받아들일 가능성이 거의 없다고 생각했기 때문이다. 방송금지 가처분신청은 흔히 종교단체나 삼성 등 재벌이 자신들에 불리한 방송을 막기 위해 내곤 했다. 그러나 정부가 방송금지를 요구하는 가처분신청을 하는 것은 보기 힘들다. 언론의 사명이 권력 감시인데 정책 비판 프로그램에 대해 방송을 금지하면 사실상 사전 검열의 효과를 갖게 된다. 따라서 법원 입장에서는 언론자유를 심각하게 침해할 방송금지 처분을 웬만해서는 내리기 어려울 수밖에 없다. 그런데도 국토해양부는 왜 무리하게 가처분신청을 했을까? 나는 청와대가 극도로 불편한 심기를 나타내자 국토부가 오버하는 것이라고 생각했다.

나는 정부의 가처분신청에 대해 별로 심각하게 생각하지 않았다. 기각될 것이 분명하다고 봤기 때문이다. 또 과거에 대형 교회로부터 가처분신청을 당해봐서 어떻게 대응하면 되는지도 알고 있었다.

다음 날은 방송 당일이었다. 방송 준비를 하면서 한편으로는 법원에 출두할 준비를 하고 있는데 이주갑 시사교양국장이 불렀다. 이날 오전 열린 이국장이 참여한 리뷰보드에서 김재철 사장이 사전 시사를 요구했다는 것이다. 이유는 '논란이 벌어지고 있는 민감한 소재'라는 것이었다. 담당 PD가 테이프를 가져와 직접 사장에게 설명하라고도 했다.

사장이 시사를 하겠다는 것은 단체협약 위반이었다. MBC 노사가 체결한 단체협약에는 국장책임제 조항이 있어서 사장을 포함한 경영진이 방송 내용이나 방송 여부에 영향을 미치지 못하도록 되어 있었다. 사장이 프로그램을 시사한 것은 황우석 사태 때 한 번뿐이었다. 그때는 우리 제작진이 사장의 요청을 수용했기 때문에 가능했다. 당시 많은 국민들이 MBC에 등을 돌리고 광고가 떨어져 나가는 총체적인 위기 상황에서 사장의 고민을 이해했기 때문에 대승적으로 수용했던 것이다. 그러나 이 방송은 국민이 반대하는 것도 아니고 법률 검토나 국장 시사까지 거쳐 정상적으로 진행되고 있는 중이었다. 정부가 가처분신청을 냈다고 해서 사장이 보겠다면 앞으로 얼마나 많은 간섭을 하겠다는 것인가. 김태현 팀장과 나는 절대 사장의 시사를 받아들일 수 없다고 단호하게 답했다.

"다른 것을 떠나 단체협약 위반입니다. 안 됩니다."

그러나 사장이 시사를 요구하는 상황에서 '비밀팀'이라는 표현을 바꾸는 것은 어떻겠냐는 의견도 나왔다. 국토부가 가장 예민하게 반응하는 것이 '비밀팀'이라는 표현인데 굳이 고수할 필요가 있느냐는 것이다. 사실 '비밀팀'이라는 표현이 그리 중요한 부분은 아니다.

국토해양부가 당시 만든 TF는 이름도 없고, 구성원에 대한 인사발령도 없이 청사 내부가 아닌 한강홍수통제소에서 비밀리에 운영했기 때문에 붙인 수식어일 뿐이다. 당시 비밀리에 작업을 하느라 예산도 없었고, 문서도 제대로 남기지 않았다는 것이 제보자의 설명이었다. 정상적으로 구성된 TF라면 인사발령 흔적이 있었어야 하는데, 우리가 찾아봐도 그런 흔적을 찾을 수 없었다. 그래서 비밀팀이라고 이름 붙인 것이다. 나는 설사 국토해양부가 방송 후 이 문제로 소송을 건다 해도 이길 자신이 있었다. 그러나 예상을 뛰어넘는 사장의 알레르기 반응에 김태현 《PD수첩》 팀장과 상의해 비밀팀이라는 표현을 TF로 바꿀 수도 있다고 입장을 정했다.

이날 오후 서울 남부지법에서 열린 방송금지 가처분신청 재판정에서 나는 수정된 입장을 전했다. 재판장은 비밀팀 문제 이외 다른 사항들에 대해서도 심리를 진행했다. 놀랍게도 재판장은 4대강 사업의 핵심적인 문제에 대해 강하게 지적했다. 재판장은 '홍수는 주로 지류에서 나는데 본류를 깊게 판다고 해서 지류 홍수가 예방될 수 있느냐. 과학적으로 타당한 것 같지 않다'고 말했다. 국토부 공무원들은 이 지적에 제대로 답변하지 못했다. 보수신문 출신인 국토해양부 공보관은 엉뚱하게 'PD저널리즘이라 위험하다'고 핵심과는 아무 상관 없는 논리를 들고 나와 빈축을 사기도 했다.

오후 늦게 재판부는 국토해양부의 신청을 기각했다. 국토해양부가 제출한 자료만으로는 《PD수첩》의 방송 내용이 진실이 아니거나, 공공의 이익을 위한 것이 아니거나, 방송이 나간다고 해서 정부에 중대하고 현저하게 회복할 수 없는 손해를 미친다고 볼 수 없다고 판시했다. 너무 당연한 판결이었다.

나는 이제 더 이상 김재철 사장이 시사를 요구할 명분은 없을 거라고 생각했다. 청와대에서 압박을 받고 있더라도 법원이 가처분 신청을 기각한 마당에 더 이상 고집을 부릴 이유는 없지 않겠는가. 그러나 김사장은 집요했다. 오후 6시쯤 스튜디오에서 홍상운 앵커와 녹화를 하고 있는데 김태현 팀장이 와서 "김사장이 6시 30분까지 테이프를 보여주지 않으면 중대한 결정을 내릴 수도 있다고 한다"는 말을 전했다. 나는 '이 사람이 드디어 낙하산 본색을 드러내고 있구나' 하고 느꼈다. 법원이 정부의 주장을 배척하고 가처분신청을 기각했는데 오히려 방송사의 사장이 막는 것이 무슨 짓이란 말인가. 나는 다시 한 번 '안 된다'는 의사를 밝혔다. 그런데 7시경 한창 녹화를 하던 중에 한겨레신문 국토해양부 출입기자가 전화를 해왔다. 그는 국토해양부 대변인이 기자들에게 '오늘 MBC에서 《PD수첩》 방송을 하지 않기로 결정했다'고 말했다면서 사실인지 물었다. 나로서는 금시초문이었다. "내가 아직 녹화를 하고 있는 상황인데, 그런 결정을 내릴 리가 있을까요?" 말은 그렇게 했지만 이때 청와대와 김재철 사장 사이에 모종의 합의가 이루어진 것이 아닌가 하는 의혹이 일었다. 아니나 다를까 8시 30분경 최종 종합편집 작업을 하는 중 비보가 전해졌다. '방금 임원회의에서 《PD수첩》

방송을 보류하기로 결정했다'는 것이었다. 나는 하던 작업을 마저 끝내고 테이프를 주조정실로 직접 가져갔다. 분노한 PD들이 속속 사무실로 돌아와 주조정실로 함께 갔다. 우리는 주조정실 MD에게 테이프를 인계하면서 '예정대로 방송해달라'고 요청했다. 그러나 사장이 불방을 결정한 상황에서 실무자일 뿐인 MD가 할 수 있는 일은 없었다. 후배 오행운 PD는 주조정실에 있는 내 모습을 찍어 즉시 트위터에 올렸다. "《PD수첩》 4대강 수심 6미터의 비밀' 편을 수개월 제작한 최승호 PD가 테이프를 넘기고 쓴웃음을 짓고 있습니다. 열정을 담아 국민의 알 권리를 위해 만든 프로그램을 지키지 못한 PD들이 가슴 먹먹해합니다." 삽시간에 《PD수첩》 불방 소식이 트위터에 퍼져나갔다. 알고 보니 오행운 PD가 《PD수첩》이 최종 불방 되기까지 여러 차례 트위터로 소식을 전하고 있었다. 트위터의 힘은 강력했다. 사무실로 돌아오는데 시사인 주진우 기자가 '시사인 기자들이 촛불 들러 간다'는 소식을 문자메시지로 보냈다. 곧이어 시민들이 MBC 정문 앞에 촛불을 들고 모여들기 시작했다. 노동조합 집행부와 시사교양 PD들은 주조정실로 가서 '정상 방송을 하라'고 요구하는 농성을 했다. 그러나 밤 11시 15분 《PD수첩》이 방송되어야 할 시각에 《VJ 특급 비하인드 스토리》라는 대체 프로그램이 방송됐다.

더 이상 내가 할 수 있는 일이 없었다. 걱정이 돼서 달려온 아내와 MBC를 빠져나갔다. 정문 앞에 100여 명은 됨직한 시민들이 모여 촛불을 들고 있었다. 고마운 마음이었지만 나설 수는 없었다. 내가 저 촛불시민들 앞에 서서 김재철 사장의 불방 조치를 비난하면 아마 그들은 내가 정치적이라고 공격하겠지. 그들 자신이야말로 가장 정치적인 존재들이면서. 나는 김재철 사장의 《PD수첩》 불방 조치가 MBC 저널리즘의 축을 무너뜨렸다고 느꼈다. MBC 구성원이 공정방송의 기치를 들고 싸운 지 20여 년, 우리가 피땀 흘려 구축한 공정방송 체제를 김재철 사장과 그 하수인들은 몇 달 만에 무너뜨렸다. 한 번은 어렵지만 두 번째, 세 번째는 쉽다. 앞으로 얼마나 많은 프로그램들이 저들의 칼날에 사라질 것인가.

다음 날 노조 특보는 임원회의에서 어떤 일이 있었는지 상세히 밝혔다. 조중현 제작본부장과 이주갑 시사교양국장이 반대를 했는데도 김재철 사장과 일부 임원들이 밀어붙인 것이었다.

조합: 도대체 프로그램 책임자인 시사교양국장은 회의에서 뭐라고 했나?

시사교양국장: 개인적으론 사장이 보자는 건 사장이 최종 권한, 책임이 있기 때문에 보는 게 맞다고 생각한다. 그러나 임원회의와 제작진 양측이 평행선을 달리기에 차선책으로 임원회의에서 "나에게 맡겨달라"고 했다. 그러나 받아들여지지 않았다.

조합: 법원도 '방송금지 가처분신청'을 기각했다. 그런데 회사가 왜 이러나?

제작본부장, 시사교양국장: ……

조합: 향후 논란이 될 소지가 있는 모든 프로그램을 사전에 본다는 게 이사회의

결정인가?

제작본부장, 시사교양국장: ······

조합: 제작본부장은 임원회의에서 가만히 있었나?

제작본부장: 담당 국장을 통해 수정을 지시했고, 심의도 거쳤기 때문에 방송을 보류할 경우 문제의 소지가 있을 수 있다고 얘기했다. 하지만 상법에 의거해 경영을 책임지는 이사들이 (사전에) 볼 수 있어야 한다는 주장이 받아들여졌다.

조합: 그렇다면 《PD수첩》 관련해 회사는 어떻게 하겠다는 것인가?

제작본부장: 이사회 시사 후 방송 여부를 최종 결정한다는 것이다.

조합: 그렇다면 임원진 시사 없이는 방송이 불가하다는 얘기인가?

제작본부장: 그렇다고 볼 수 있다.

나중에 황희만 부사장은 방문진 이사회에 출석해 "안광한 편성본부장이 불방 의견을 강하게 피력했다"고 말했다.

"저희들은 법률전문가는 아닙니다만, 상식적으로 생각했을 때 회사의 주요 사안은 이사회에서 결정할 수 있는 게 아니냐 하는 게 저희 생각이고, 또 그 이사회에서 편성본부장이 '나도 보지도 않은 건데 이건 보기 전에는 나가서는 곤란하다'는 얘기로 피력을 했기 때문에, 그렇다면 사장이 최종 결정을 하겠지만 이사회 임원들의 전체 의견은 본부장도 안 보고 그랬는데 편성 최고책임자가 편성본부장인데 이걸 계속해서 나갈 수 있는 것은 문제가 있는 것 아닌가 판단해서 그전까지는 일단 불방이 아니라 보류로 결정을 내렸습니다."

방송법상 편성책임자가 편성본부장이기 때문에 방송 전에 시사를 요구할 수 있다는 논리는 아마도 김재철 사장을 보호하기 위해 만들어낸 논리가 아닌가 생각된다. 물론 방송법에는 편성본부장이 편성책임자로 명시되어 있다. 그러나 편성책임자라는 표현이 곧 방송 내용과 방송여부 결정에 독단적으로 개입할 수 있다는 것을 허용하는 것은 아니다. 편성본부장을 포함해 경영진은 정치적인 외압에 휘둘리는 경우가 많기 때문에 MBC 노사가 단체협약에 국장 책임제를 명시한 것이다. 내 경험으로는 편성본부장은 사장이 의도하는 바에 따르는 경향이 높다. 《PD수첩》이 소속된 제작본부장은 피디들의 자율성을 존중하는 경향인 반면, 시청률 챙기기가 주된 관심사인 편성본부장의 경우 사장의 입김대로 움직이는 경우가 많았다. 따라서 편성본부장에게 방송 내용에 개입할 권한을 준다는 것은 매우 위험한 논리가 될 수 있다. 불방 결정은 시민사회의 격렬한 반발을 불러일으켰다. 불방 다음 날 전국의 시민사회단체들이 성명서를 쏟아냈다. 네티즌들은 《PD수첩》 '4대강의 비밀' 편 방송을 촉구하는 100만 명 서명운동에 즉각 돌입했다. 순식간에 3만 명에 달하는 네티즌들이 서명에 동참했다. 당시의 기세는 한 번 더 불방 결정이 내려진다면 촛불시위가 재점화될 수도 있을 정도였다. 김재철 사장 측에서도 부담스러운 상황이었을 것이다. 제작진 입장에서도 방송이 못 나가게 되면 이 사안이 방송 외적으로 원치 않게 커지는 부담이 있었다. 게다가 그렇게 될 때 김재철 사장이 시사교양국을 아예 해체해버릴지도 모른다는 걱정을 나는 하고 있었다. 경영진은 새로운 해법을 들고 나왔다.

8월 23일 월요일 오전 임원회의 뒤 이주갑 시사교양국장은 새로운 안을 제작진에 전했다. '5명의 임원, 간부들이 프로그램을 시사한 뒤 이들이 합의하는 수정 사항에 대해 시사교양국장이 수용 여부를 결정한다'는 것이었다. 즉, 수정 요구가 있더라도 최종 결정권은 시사교양국장에게 있다는 것이었다. 나는 이 안은 '김재철 사장이 사전 시사에서 완전히 빠졌고, 최종 결정을 시사교양국장이 한다는 점에서 국장책임제의 근간을 무너뜨리지는 않는 안'이라는 점에서 받아들일 만하다고 생각했다. 찜찜한 것은 5명 중에 안광한 편성본부장과 백종문 편성국장이 들어간다는 점이었다. 5명 중 조중현 제작본부장, 이주갑 국장, 김태현《PD수첩》팀장이야 제작진과 크게 다르지 않은 입장을 갖고 있었지만 안, 백 두 사람은 그렇지 않을 것이다.

이날 오전 11시부터 5명의 임원과 간부들이 모여《PD수첩》을 시사했다. 12시 30분경 김태현 팀장이 와서 시사 결과를 설명했다. 다섯 군데를 수정해 달라는 요구가 있었다고 했다. 제보 이메일 문구 중에 '비밀'이라고 된 부분을 모자이크 해달라는 등 대부분 사소한 것들이었다. 그러나 한 가지가 나를 격분시켰다. 대통령과 같은 동지상고를 나온 김철문 행정관이 수심 6미터를 주문했다고 설명하는 부분에서 아예 '동지상고 동창회 명부' 컷을 빼라는 요구를 한 것이다. 그렇게 되면 김행정관이 동지상고 출신이라는 것을 전할 수 없고, 그의 말이 TF팀 멤버들에게 사실상 대통령의 뜻으로 받아들여진 배경을 설명할 수 없었다. 나는 방송을 못하는 한이 있어도 이것은 받을 수 없다고 거부했다. 내가 격하게 반응하자 국장이 와서 "아예 빼라는 것은 아니다"고 말했다. 이국장은 '동창회 명부 컷을 빼라는 게 아니라 자막만 빼달라는 것'이라고 새로운 입장을 전했다. 자막이 빠진다면 의미가 약화되긴 하겠지만 크게 손상되는 정도는 아니었다. 나는 이국장의 입장을 수용했다.

나쁜 일이 있으면 좋은 일도 있는 것인가. 불방 이후 중요한 제보가 들어왔다. 그동안 한 번도 공개된 적이 없는 '대운하 계획의 평면도'가 입수된 것이다. 그동안 말로만 4대강 사업이 사실상 대운하 계획의 연장선이라고 주장해왔는데 실제로 어떤지 비교해볼 수 있는 기회가 생겼다. 우리는 낙동강 구간의 대운하 평면도와 4대강 사업 평면도를 비교해보았다. 그랬더니 상당수 구간에서 오히려 4대강 계획의 수로 폭이 더 넓은 것을 확인할 수 있었다. 물굽이도 거의 비슷했다. 대운하로 만들기 위해서는 약간의 추가 공사만 하면 된다는 것이 평면도 비교를 통해 시각적으로 입증되는 순간이었다. 우리는 새로운 부분을 넣어 다시 편집했다. 그러나 5인 회의 시사를 통해 방송 내용을 결정한 상황에서 새로운 내용을 방송하겠다는 주장은 적지 않은 반발에 부닥쳤다. 상식적인 입장에서 보면 말이 안 되는 상황이었다. 한 번도 방송된 바 없는 대운하 평면도를 입수하는 특종을 해놓고도 "왜 새로운 내용을 방송하려 하느냐"는 어처구니없는 소리를 들어야 하다니. 이 모든 것이 김재철 체제가 만들어 놓은 코미디였다. 어쨌든 국장과의 협상 아닌 협상 끝에 대운하 평면도 부분을 반영해 프로그램을 완성했다.

방송 당일 김재철 사장은 자기가 프로그램을 봐야겠다며 끝까지 고집을 부렸다. 어쨌든 마지막에 사장이 보고 방송을 승인했다는 형식이라도 취하겠다는 의도였다. 자막과 음악까지 모두 넣어 완제품을 만들고 나니 밤 8시 30분. 김태현 팀장이 테이프를 TV 주조정실에 입고함으로써 모든 제작 과정을 마쳤다. 그 뒤 우리가 입고한 테이프를 김재철 사장이 가져다 봤는지는 알지 못했다. 알고 싶지도 않았다. 방송 전에 사장이 테이프를 가져다 보겠다는 것이야 뭐라 하겠는가. 문제는 사장이 미리 보고 프로그램에 손을 대는 것이다. 우리는 그날 설사 김재철 사장이 테이프를 보고 무엇을 바꾸라고 한다 해도 따를 의사가 전혀 없었다. 거의 모든 《PD수첩》 제작진이 그때까지 함께 남아 제작을 도왔다. 《PD수첩》이 강한 것은 이처럼 위기에 맞서 뭉치기 때문이다. 우리는 모두 근처의 식당으로 가서 뒤풀이를 했다. 마침내 밤 11시, 《PD수첩》 '4대강, 수심 6미터의 비밀'이 방송됐다.

'4대강, 수심 6미터의 비밀'은 그동안 물밑으로 가라앉아 있던 대운하 문제를 다시 수면으로 끌어올렸다. 방송 이후 정부와 야당, 환경단체들은 대운하 문제를 두고 오랫동안 논란을 벌였다. 그러나 《PD수첩》 방송 이상의 임팩트 있는 새로운 사실들이 발굴되지는 못했다. 김재철 사장은 6개월 뒤 3년 임기의 사장으로 연임됐다. 연임 후 김사장은 5인 회의 멤버였던 안광한 편성본부장을 부사장으로, 백종문 편성국장을 편성제작본부장으로 승진시켰다. 《PD수첩》이 소속된 시사교양국은 백본부장 산하로 들어갔다. 나를 비롯한 6명의 피디들이 《PD수첩》에서 축출됐다. 《PD수첩》 피디들은 이후 여러 차례 4대강 사업에 대해 방송하고자 했지만 백종문 본부장, 윤모 국장, 김모 《PD수첩》 팀장이 철저하게 막았다. 그들이 내세운 가장 큰 이유는 그동안 《PD수첩》이 4대강 관련 방송을 너무 많이 했다는 것이었다. 《PD수첩》이 침묵하는 동안 여러 가지 새로운 사실들이 드러났지만, 그것들은 이명박 정부가 친 두터운 거짓말의 성을 무너뜨릴 만큼 강하지는 못했다. 그리고 4대강 사업은 지금까지 계속되고 있다. 우리는 언젠가 김재철 사장과 그 수하들에게 4대강 사업 등 여러 방송을 막은 자신들의 행위로 대한민국이 어떤 피해를 당했는지 통고하고, 그 대가를 치르도록 해야 한다.

이명박 정부의
민간인 불법사찰

저는 고발합니다. 이 정부를, 이 사회를 정말 고발합니다

2010년 6월, 서울의 한 아파트에 살고 있는 초로의 신사가 《PD수첩》 카메라 앞에 섰다. 《PD수첩》과 이 신사의 만남은 이후 2년간 한국사회를 뒤흔든 사건의 도화선이 되었다. 그의 이름은 '김종익'.

이명박 정부의 민간인 사찰의 피해자. 그가 2008년 9월 국무총리실 공직윤리지원관실 민간인 사찰로 자신의 재산과 자유를 강탈당한 후 고통의 세월을 보낸 후 1년 9개월 만에 《PD수첩》에 제보를 해온 것이다. 그의 증언은 충격적이었다. 믿을 수 없었다. 국가가, 위임된 권력은 그 권력을 '합법적으로 사용하라'는 것이 법치주의의 근간이라면, 이 정부는 법치주의를 스스로 어겼다. 검찰도,

경찰도 아닌 일개 공무원 조직이 강제력을 동원해서 한 개인을 완전히 망쳐놓았다. 그리고 그 기록은 김종익 씨가 헌법소원을 통해서 얻은 수사기록에 빠짐없이 적혀 있었다. 그는 카메라 앞에서 이렇게 외쳤다.

"정치권력에 아부하기 위해서 힘없는 국민의 밥줄까지 불법으로 끊어버리는 그 공권력을 저는 정말 고발합니다. 정말 고발합니다, 이런 대한민국을."

김종익 씨는 국민은행에서 퇴직한 사우를 중심으로 만든 인력개발회사 '㈜KB한마음'의 대표이사였다. 그는 70%의 주식을 소유하고 있었다. 퇴직한 사우들이 자신의 지식과 기술을 가지고 다시 국민은행과 같은 금융기관에서 계약직으로 일할 수 있게 도와주는 회사였다. 김종익 씨 자신이 국민은행에서 지점장을 끝으로 퇴직한 직후 아이디어를 내서 창업할 수 있었던 회사였고, 그만큼 열심히 운영했다. 김종익 씨는 평범한 은행원이었지만, 한학과 역사에 관심이 많은 '깨어 있는 시민'이었다. 평소에도 역사문제연구소 등에서 활발하게 활동했고, 그 사실은 은행에도 많이 알려져 있었다. 그는 초기 이명박 정부의 정책, 민영화, 쇠고기 수입, 4대강 사업 등에 대해 의구심을 가지고 있던 때 인터넷에서 흥미로운 영상물 하나를 발견했다. 이른바 '쥐코 동영상'. 이미 180만 명 이상이 본 이 동영상은 민영화나 대운하 사업 등 이명박 정부의 정책에 대해 통렬히 비난하고 있었다. 나중에 볼 요량으로 자신의 블로그, 20여 명 정도가 가끔씩 드나드는 블로그에 이 동영상을 갈무리한다. 이 작은 행위가 그의 인생을, 그리고 이명박 정부의 운명을 좌우하게 된다.

전화 한 통화, 그리고 멘탈의 붕괴

며칠 후 9월 8일. 국민은행 노무팀장으로 있던 후배에게 전화가 걸려온다. 국무총리실 공직윤리지원관실에서 일하고 있는 원충연 씨를 개인적으로 알고 있는데, 이상한 이야기를 했다는 것이다. "국무총리실에서 형을 계속 모니터링하고 있었는데, 형 블로그에 이상한 동영상이 있다며 문제가 많다라고 말했다"며 그의 후배는 전했다.

이상했다. '국무총리실에서 공직자도 아닌 사기업 CEO인 자기를 왜 모니터링한다는 것이며, 블로그에 올린 동영상이 왜 문제라는 건지…' 그의 머릿속은 복잡해졌지만, 고민 끝에 블로그를 내렸다. 무엇인가 계속 찜찜했다. 다음 날 걸려온 전화는 더욱 충격적이었다.

"내가 말을 전했다니 불같이 화를 내면서, 일단 형에게 그렇게 알려달랍니다. 빨리 KB한마음의 지분을 털고 대표이사직에서도 물러나라고 전하랍니다. 형님, 이렇게 된 이상 어쩔 수 없을 거 같습니다."

국무총리실의 압박은 전방위적이었다. 공직윤리지원관실의 원충연 조사관은 국민은행의 인사담당 부행장까지 만나 김종익 씨의 거취 문제를 논의했다. 국민은행은 KB한마음의 모기업이자 가장 큰 거래처. 김종익 씨의 선택에 여지는 없어 보였다.

독재의 기억이 다가오다

김종익 씨와 그의 가족은 그야말로 멘붕에 빠졌다. 대명천지에, 아무런 잘못도 하지 않았는데, 국무총리실 공직윤리지원관실이라는 무시무시한 기관에서 자신을 사찰하고, 그리고 대표이사직과 지분의 포기를 요구하고 있다는 사실 앞에 그는 무력했다. 김종익 씨 가족을 더욱 공포로 몰아간 것은 잊혔던 김종익 씨 동생에 대한 기억이었다. 평범한 은행원이었던 김종익 씨에게 아픔으로 남아 있던 전 전노련 간부였던 김종배 씨. 그는 학생운동을 거쳐 전노련에서 노동운동에 투신하다 불의의 사고로 1990년 세상을 떠났다. 당시 평범한 은행원이었던 형까지도 모질게 감시했던 독재의 공권력이 다시 되살아나는 듯했다. 집까지 무례하게 찾아와 행패를 부리던 기관원들이 떠올랐다. 김종익 씨의 집에는 고3 딸과 군대에 간 아들이 있었고, 당장 그들의 안전도 불안해졌다.

> "살고 싶다, 죽고 싶다, 벌벌 떨고 그랬습니다. 주위에 아무도 없는 것 같고 다 싫었습니다. 정말 사람도 다 싫었습니다."

부인 심영하 씨의 입술은 당시를 기억하느라 바짝바짝 타들어 갔다. 그는 결국 일본으로 도피했다. 회사에는 일단 KB한마음 대표이사직에서 사임한다는 이야기를 전한 후였다. 국무총리실에서 국민은행 후배를 거쳐 압력을 행사한 지 4일째 되는 날이었다. 김종익 씨에게 단 한 번도 얼굴을 보여주지 않았던 국무총리실 공직윤리지원관실은 다양한 경로로 물리적인 충격을 주고 있었다. 정말무서웠다.

"이 일이 불과 이틀, 사흘 만에 모든 게 끝나버렸습니다. 모든 게. 수요일 날 밤에 전화 받고 목요일 날 가서 정리하고 금요일 날 사표를 내고 이렇게 된 상황인데, 그중에서 제가 생각을 빨리 할 수 있었던 게 이 사람을 좀 분리를 해야겠다, 사람들하고 사이에서 분리해야 되겠다, 걱정이 되는 거예요. 이 사람이 정말 어떻게 해버리면 어떡하나."

행선지를 정하지 않은 채로 김종익 씨는 공항에서 교토를 선택한다. 역사문제연구소에서 역사학을 함께 공부하던 몇몇 지인이 있는 곳이었다. 짐도 변변치 않았다. "이게 무슨 일인가? 내게 왜 이런 일이 벌어지는가?" 끊임없이 질문이 이어졌지만, 그는 아무것도 알 수 없었다. 지인의 소개로 교토의 한 기숙사에 머무르게 된 김종익 씨는 교토대학 주변을 배회하며 하루하루를 보냈다. 때로는 뒤에서 누군가 미행하는 듯한 느낌이 섬뜩하게 들었다.

"이러다가 정말 증거인멸 이런 식으로 무슨 일을 당하는 게 아닌가 이런 두려움, 제가 일본에 와 있지만 소재 파악은 다 되기 때문에 누군가가 저를 뒤쫓고 있는 것 같은 생각이 어느 날 갑자기 들었어요."

한국에서 들려오는 소식은 더욱 끔찍했다. 9월 29일 명동에 있는 KB한마음의 사무실로 한 무리의 사내들이 들이닥친다. 그리고 비어 있는 대표이사의 사무실, 즉 김종익 씨의 사무실을 뒤진다. KB한마음의 직원들은 경찰도, 검찰도 아닌 국무총리실에서 영문도 모른 채 심문을 당해야 했다. 자신들이 지금까지 존경해오던 대표이사에 대한 각종 루머들에 대해 진위를 진술해야 했다. 법인카드 내역과 개인 컴퓨터가 낱낱이 조사되었다. 공무원도 아니고, 심지어 국책기관이나 정부투자기관의 직원도 아니었던 일개 기업인인 김종익 씨 삶은 그렇게 이명박 정부의 공직윤리지원관실에 의해 철저히 파괴되었다. 일본에 홀로 남아 있던 김종익 씨는 당시의 공포감을 이렇게 회상했다.

"여기서 확 뛰어내릴 것 같은 저와 제 가족들의 힘듦, 제가 사회적으로 이루었던 모든 것을 다 상실한 것에 대한 자책, 그런데 내가 뭘 할 수 있지 이런 무력감이 들었습니다."

공직윤리지원관실에서는 김종익 씨가 일본으로 도피를 하자 정말 큰 건을 했다는 식의 자만감에 빠져 더 강하게 불법사찰을 밀어붙였다. 하지만 그들이 조사를 하면 할수록 공직윤리지원관실의 공무원들은 난감함에 빠졌으리라.

그들은 2개월에 걸친 조사 결과를 토대로 '대통령에 대한 명예훼손, 그리고 공금횡령 혐의'로 이 사건을 동작경찰서로 이첩시켰다. 국무총리실의 이기영 감사관이 직접 동작경찰서로 서류와 자료를 가져왔다. 서류들의 분량은 방대했다. 김종익 씨가 KB한마음에서 썼던 3년치 법인카드 내역부터, 김종익 씨가 자신의 블로그에 담아 놓았던 동영상에 대한 분석 조사서까지. 마치 독재시대 중앙정보부나 보안사가 하듯이 그들은 한 개인을 완전히 털었던 것이다.

박원순 현 서울시장과 김종익 씨는 역사문제연구소 창설 초기부터 함께 활동했던 지인이었다. 박원순 시장 자신도 이명박 정부 들어와 공권력에 의해 부당한 사찰, 감시를 받았다고 폭로를 한 적이 있었다. 당시 김종익 씨 이야기를 들었을 때의 분노를 박원순 시장은 감추지 않았다.

"국민은행이 공기업도 아니고 김종익 씨 사업체가 공직과 아무 관계도 없고 개입을 한 거잖아요. 저는 도대체 어떻게 이런 일이 벌어질 수 있느냐는 거예요. 국무총리실의 일개 반이 어떻게 수사권을 행사할 수 있느냐 이거예요. 대한민국이 이렇게 될 수 있나요? 무법천지라는 거예요, 지금."

_박원순 시장

교토에서 은둔생활을 하던 김종익 씨는 결국 경찰 조사를 받아야 했다. 동작경찰서에 2009년 2월 출두한 그는, 그제야 왜 이 정부가 자신을 사찰했는지 어렴풋이 알게 된다. 국무총리실에서 작성된 자료들이 빼곡히 형사의 책상 위에 있었다. 때마침 담당 형사는 김종익 씨가 그 서류들을 알아서 보고 상황을 파악하라는 듯이 자리를 비켜주었다. 그가 슬쩍 본 서류에 왜 자신이 그토록 철저하게 사찰당했는지 알 수 있는 단어들이 나열되어 있었다.

"이광재와 동향, 노사모 핵심멤버, 촛불집회…" 경찰의 질문도 여기에 집중되었다.

"노사모 회원으로 촛불집회에 자금을 댄 적이 있습니까?", "이광재와 동향으로 정치자금을 댄 적이 있습니까?", "상품권 구입을 명목으로 자금을 만들어 정치자금을 만들지 않았습니까?"

김종익 씨는 노사모 회원이긴 했지만, 그것도 2000년에 노무현 전 대통령이 부산에서 억울하게 떨어져 바보 노무현이 화제가 되었을 당시 관심이 있어 이름만 올려놓았을 뿐 노사모 회원으로서 전혀 물리적 활동을 한 적이 없었다. 강원도 평창이 고향으로 출신 지역이 비슷하긴 했지만 이광재 전 강원도 지사를 알지도 못하는 사이였다. 설령 그가 노사모 열성 회원이고 이광재 지사의 정치자금을 대었던들, 그것이 불법이 아닌 바에 이렇게 삶이 철저히 짓밟히는 것은 있을 수 없는 일이었다.

경찰 역시 난감했다. 당시 수사를 맡았던 경찰은 국무총리실에서 받은 법인카드 자료까지 샅샅이 뒤져가며 공금횡령의 단서를 찾아보려 했지만, 속수무책이었다. 그 어떤 법인카드도 허투루 쓴 것이 없었기 때문이다. 법인카드를 이용해 상품권 등으로 정치자금을 만들어 촛불집회 혹은 참여정부의 옛 실세들에게 전달되었다는 공직윤리지원관실의 음모론은 소설에 불과했다. 첫 번째 수사를 맡았던 형사는 무혐의 처리한다. 당시 경찰 조서에는 이렇게 표현되어 있었다.

더 이상 피내사자의 혐의사실에 대해 내사할 단서가 없으며 혐의 없음이 명백하므로 내사종결하고자 합니다.

하지만 국무총리실은 경찰을 가만두지 않았다. 동작경찰서로 몇 번에 걸쳐 압박을 행했다. 당시 형사과장과 담당경찰관도 난감해졌고, 결국 보충 수사를 통해 '대통령에 대한 명예훼손 혐의'로 서울중앙지검에 사건을 송치한다. 블로그에 자신이 만들지도 않은 동영상, 180만 명이 이미 본 동영상을 올렸다는 이유였다. 쇼는 계속되었다.

PD수첩 카메라 앞에 서다

김종익 씨는 경찰 조사를 받았고, 사건이 검찰로 송치되자 출두했다. 수사 끝에 서울중앙지검은 김종익 씨의 '대통령에 대한 명예훼손 혐의'에 대해 기소유예 처분을 내린다. 즉 "죄는 있지만, 기소를 하지는 않겠다"는 뜻이었다. 검찰로서도 난감했을 것이다. 불기소할 수도 없고, 그렇다고 사건 같지도 않은 사건을 가지고 기소할 수도 없는 검찰이 할 수 있는 최선의 선택이 바로 '기소유예'였다. 하지만 검찰의 기소유예는 곧 민간인 사찰 사건의 자물쇠를 풀 첫 번째 열쇠를 김종익 씨에게 주었다.

김종익 씨는 우연한 기회에 명민한 최강욱 변호사를 만났다. 그리고 홀로 싸워왔던 그간의 일에 대해 최강욱 변호사에게 털어놓았다. 최강욱 변호사의 첫 번째 반응은 당혹감이었다.

"도대체 아무리 정부가 바뀌어서 뭐가 어쨌다 해도 국무총리실은 공무원들로 구성된 곳이고 공직자들이 있는 곳인데 '어디서 나왔던가요?' 했더니 공직윤리지원관실이라고 언급하시더라고요. '그래서 그 사람들은 사기업하고 아무 상관 없는 사람들인데 진짜로 그랬단 말입니까' 하고 물었는데 '진짜로 그랬기 때문에 내가 기가 막힌다'고 말씀하시더라고요. 김종익 사장이 절대 허튼소리 하실 분도 아니고, 없는 이야기를 있다고 하실 분이 아니라는 걸 알면서도 내용이 워낙 황당하니까 믿지를 않았다고요."

최강욱 변호사는 일단 헌법재판소에 기본권을 침해받은 불법 수사를 통한 기소유예에 대해 헌법소원을 냈고, 그 헌법소원의 절차에 따라 수사기록을 열람할 수 있었다. 그제야 이 사건의 진실을 확인한 최강욱 변호사는 경악했다. 그야말로 민주국가의 근간을 부정하는 사건이었다. 하지만 2010년만 해도 이명박 정부의 서슬은 살아 있었고, 헌법재판소도, 사법부도 100% 믿지 못하는 상황. 때마침 최강욱 변호사의 사무실을 찾은 당시 《PD수첩》의 박건식 PD에게 이 사건을 알려주었고, 그렇게 해서 김종익 씨는 《PD수첩》의 카메라 앞에 서게 되었다. MBC는 이미 김재철 사장 체제였지만, 《PD수첩》에 대한 직접 통제가 불가능했다. 이주갑 시사교양국장은 저널리즘의 일반 원칙을 지킨다면 어떤 아이템도 할 수 있다고 생각하는 사람이었고, 김태현 당시 《PD수첩》 팀장은 팀장 사직서를 항상 책상 속에 넣고 있으면서 부당한 압력 행세에 저항할 생각이었다. 민주공화국의 근간을 뒤흔드는 이 사건에 대해 막을 생각도 없었고, 오히려 이 아이템을 권장하는 쪽이었다.

　　카메라 앞에 서는 것은 덮어놓았던 고통과 마주하는 일이었다. 김종익 씨에게 쉽지 않은 일이었다. 《PD수첩》을 통해 방영이 되었을 때의 후폭풍도 두려웠다. 2010년 6월 29일로 방영일자가 결정되었다. 《PD수첩》의 김재영 PD는 사건을 치밀하게 뒤따라갔다. 국무총리실의 서류, 경찰의 수사기록을 토대로 김종익 씨의 진술과 객관적 사실들을 증명했다. 김종익 씨가 30년 넘게 다녔던 KB한마음의 국민은행이 입을 다물었다. 남모 부행장, 처음 사실을 알려준 국민은행 노무팀장 모두 카메라를 보고는 자취를 감추었다.

자취를 감추었다는 건 할 말이 없다는 것, 곧 불법사찰을 인정하는 것이었다. 동작경찰서의 수사관들은 국무총리실의 압력으로 수사를 진행했고, 그들이 중간 중간에 보고를 독촉했다는 사실 또한 인정했다.

마지막 단추는 비밀스럽게 운영이 되고 있는 국무총리실의 공직윤리지원관실 책임자를 만나는 것이었다. 국무총리실 홈페이지 상에는 공직윤리지원관실의 직제만 노출되어 있을 뿐, 직원들의 신상조차 찾기 어려웠다. 이인규 공직윤리지원관(1급)에 대한 몇 가지 정보만 있을 뿐이었다. 공문을 보내고, 전화를 했지만 그를 만나는 것은 불가능했다. 김재영 PD는 결단을 내렸다.

"6월 21일 임시국회가 열리는데 국무총리실 관할이 정무위원회더군요. 이공직윤리지원관이 그전에 정무위원회에 출석했던 적도 있고요. 결국 저희가 가지고 있는 특종이긴 했지만, 이 사실을 먼저 정무위원회의 국회의원들에게 알리고, 그날 이공직윤리지원관에 대해 앰부시(급습) 인터뷰를 해야겠다고 생각을 했죠."

_김재영 PD

보도가 많이 안 되었을 뿐 정무위원회에서는 국무총리실 공직윤리지원관실의 전횡에 대해 몇 번의 논란이 있었다. 하지만 이 사건처럼 그 불법성이 증명된 적은 없었다. 신건, 이성남 의원이 관심을 보였고, 서류를 넘겨주었다. 국회의원들이 질의를 준비했다. 국무총리실에서는 질의에 대해 이인규 지원관이 직접 답변할 것이라고 알려왔다. 후일 민간인 불법사찰의 증거인멸에 대해 양심선언을 한 공직윤리지원관실의 장진수 전 주무관은 당시 국무총리실의 분위기에 전혀 동요의 움직임은 없었다고 전했다. 그만큼 자신들의 업무에 대한 근거 없는 믿음을 가지고 있었던 것이다.

6월 21일이 되었다. 《PD수첩》에서는 국회 정무위원회에 카메라 2대를 비치했다. 만일에 대비해 회의장 바깥에도 조연출을 대기시켰다. 이인규 공직윤리지원관도 입장을 했다. 회의가 시작되고 카메라가 돌자 이인규 지원관이 카메라를 의식하기 시작했다. 2시에 시작이었는데, 이내 30분 만에 자리를 떴다. 의원들이 질의가 시작되기도 전이었다. 《PD수첩》 제작진은 급하게 이인규 지원관을 따라붙었다.

김재영 PD: 이인규 지원관님이시죠?

이인규 공직윤리지원관: 네.

○○○ 공직윤리지원관 비서: 지금 저희가 다른 일이 있어서….

김재영 PD: 오늘 여기 출석 안 하시나요?

○○○: 네.

김재영 PD: 오늘 제가 알기로는 공직자윤리지원관실에 대한 질의응답이 있는 걸로 아는데.

OOO: 질의 안 나왔습니다.

김재영 PD: 질의 나올 예정인데요, 이제?

그들은 국회의원의 질의 정도는 무시했다. 카메라가 사방에서 작동하고 있는 걸 보고는 자리를 뜬 것이다. 《PD수첩》 제작진은 김종익 씨 사건에 대해 물어봤다.

김재영 PD: 김종익 씨를 주민등록번호까지 해서 동작경찰서에 이첩시킨 서류예요. 이 사건 아시죠?

이인규 공직윤리지원관: 글쎄, 하도 오래되어서 기억이 잘 안 나는데요.

김재영 PD: 그럼 제가 자세히 보여드릴게요.

국회 복도에서 공문을 계속 들이밀며 질문했지만, 이인규 지원관은 공문은 보지 않은 채 계속 걷기만 했다.

이인규 공직윤리지원관: 글쎄, 잘 기억이 안 난다니까요. 하도 오래되어서.

김재영 PD: 이거 2년밖에 안 된 사건인데요.

이인규 공직윤리지원관: 그런데 기억이 잘 안 난다 말이야. 그런 게 어디 한두 건이겠습니까? 여기 일하는 게?

이인규 지원관은 기억이 나지 않는다며 취재에 응하지 않았고 그대로 국회 밖으로 나갔다.

15분 동안 김재영 PD는 집요하게 물었다. 하지만 그들은 대답하지 않았다. 당시 취재할 당시의 심정에 대해 김재영 PD는 이렇게 회상했다.

"두 달 가까이 김종익 사장의 지난 2년을 추적하면서 가슴 깊은 속에 이 무자비한 권력에 대한 분노가 있었나봅니다. 다만 흥분하거나 화를 내지는 말고, 정말 잘 물어보자. 이런 다짐을 그 전날부터 수도 없이 했죠."

_김재영 PD

"그럼 저희가 추측하고 주장하는 바를 그대로 방송에 써도 되겠습니까? 반론 안 하시겠어요? 반론 안 하실 겁니까?"

"왜 반론을 안 해요?"

"그럼 반론을 하시려면 날짜를 잡으시죠."

"아니, 됐어요."

"반론 언제 하실 겁니까? 이분 평창 출신이라고 해서 내사하신 거 아니에요? 그래서 수천 개의 블로그 중에 이분 블로그를 알 수 있었던 것 아닙니까? 도대체 그렇게 관리하는 블로그가 몇 개입니까? 공직윤리지원관실에서? 선생님, 몇 개나 관리하세요? 공직윤리지원관실에서 민간인 블로그를 몇 개나 관리하십니까?"

"전혀 관리 안 해요."

"전혀 관리 안 하시는데 김종익 씨 블로그는 어떻게 발견하셨습니까? 이분 공직자도 아닙니다. 그리고 공직자 블로그면 제가 이해하겠어요. 공직자 블로그도 아닌 김종익 씨 블로그, 이쪽에서 왜 관리하셨습니까?"

"우리가 관리 안 했다니까요."

"동작경찰서에서 공직윤리지원관실의 감사관으로부터 자료를 이첩받았다고 공문에 나와 있습니다. 그 공문은 어떻게 된 겁니까? 직접 와서 줬다고 하는데요. 공직윤리지원관실에서. 전혀 그런 사실 없으세요? 지원관님, 말씀해주셔야 합니다."

포항 지역 주변과 포항 출신 고위공직자 모임인 영포회 멤버로 알려져 있던 이인규 지원관은 관용차도 아닌 택시를 잡아타고 도망가다시피 했다. 그리고 그 시간 국회는 발칵 뒤집혔다. 신건, 이성남 의원은 민간인 김종익 씨가 국무총리실로부터 불법적으로 사찰을 받았다는 사실을 폭로했고, 담당자는 국회 질의 도중 어디론가 사라졌다는 뉴스가 국회 출입기자들 사이에 돌았다.

그 시각 국회의 한 회의실에서는 김종익 씨가 눈물을 흘리며 자신의 이야기가 국회에서 폭로되는 장면을 고통스럽게 바라보고 있었다. 그도 궁금했다. 왜 자신이 불법사찰을 받아야 했는지, 왜 자신이 만든 기업체에서 쫓겨나고 주식마저 뺏겨야 했는지, 정말 알고 싶었다. 그러나 그 어떤 답변도 듣지 못했다. 그는 무엇보다 자신을 그토록 괴롭힌 공직윤리지원관실의 책임자가 국회라는 국민의 대표기관마저 무시한 채 도망갔다는 것에 분개했다.

"정말 너무 뜻밖이었어요. 그 자리를 출석했다가 도망을 가버리는 것은 너무나 뜻밖이고 상상을 못했던 일이거든요. 너무 충격적이었습니다. 제가 불편하고 힘들지만 억지로 견디고 있는데 그러한, 정말 황당한 것을 보면서 도대체 대한민국은 어떤 나라인가? 이런 자괴감까지 드네요."

이명박 정부의 아킬레스건

2010년 6월 29일 '이 정부는 왜 나를 사찰했는가?'는 무사히 방영을 마칠 수 있었다. 당시 CP와 국장 주제하에 시사를 했는데, 큰 마찰은 없었다. 다만 처음 제목인 '이명박 정부는 왜 나를 사찰했는가?'에서 '이명박 정부' 대신 '이 정부'라는 제목으로 바뀌었을 뿐이다. 후폭풍은 거셌다. 국무총리실은 자체조사를 했고, 이후 검찰의 수사도 이루어졌다. 얼마나 부실수사였는지, 아니 수사가 아니라 사건을 덮으려 했었던 일종의 쇼였다는 것은 이후 전부 증명이 되었다. 불법사찰의 윗선이 이인규 지원관 정도의 수준이 아니라 이영호 청와대 고용노동비서관, 박영준 국무총리실 차장이라는 사실까지는 밝혀졌다. 사실 대통령이 직접 보고를 받았고, 여러 가지로 지시를 했을 가능성도 제기되는 마당이지만, 지금 검찰에게 그것을 바라는 것은 미망일 뿐이다. 이 사건의 주인공들이 벌인 알려지지 않은 인면수심人面獸心의 몇 가지 일화를 소개하고자 한다.

박영준 국무총리실 차장

민간인 불법사찰을 실제적으로 지휘 감독한 총책임자. 그런 그가 6월 21일 국회 정무위원회에서 뻔뻔하게 모른 척하며 국무총리실 차장으로 앉아 있었다. 신건, 이성남 의원의 질의에 대해 대답조차 하지 않았고, 이인규 지원관이 도망가는 것 또한 방조하고, 변명을 대신해주었다. 그는 장진수 주무관의 폭로 이후 당시 불법 증거 인멸에 동원된 청와대 대포폰으로 통화를 했다는 사실이 밝혀져 불법사찰의 책임자로 주목받았다. 마침 무소속으로 19대에 출마했던 그에게 불법사찰 관련성을 《뉴스타파》가 질문을 했는데, 그는 "자신은 절대로 관여하지 않았다. 자신의 알리바이는 완벽하다"고 주장했다. 지금 그는 불법사찰, 불법정치자금 수수 등의 혐의로 서울구치소에 있다.

이영호 전 청와대 고용노동비서관

민간인 불법사찰의 몸통이 자기라고 수도 없이 외쳐서 국민적 조롱의 대상이 된 인물. 그는 국무총리실 공직윤리지원관실로부터 항시 보고를 받으면서 민간인 불법사찰을 진두지휘한 것으로 알려져 있다. 그 윗선은 박영준과 MB라고 알려져 있다. 일개 청와대 고용노동비서관이 민정수석실까지 내치면서 어떻게 민간인 불법사찰을 주도했는지, MB와 이영호 비서관과의 관계가 새삼 궁금하다. 역시 불법사찰과 증거인멸 혐의로 구속 수감 중이다.

정운찬 총리, 김황식 총리, 권태신 국무총리실장 등 국무총리실 고위관료들

《PD수첩》에 의해 민간인 불법사찰 사실이 밝혀졌음에도 불구하고 지금까지도 김종익 씨에 대한 국가 차원의 사과는 이루어지지 않고 있다. 국무총리실은 행정부 안에서도 가장 강력한 권력을 가진 집단으로 알려져 있다. 국정감사 자리나 국회 상임위원회에서 수차례에 걸쳐 사과를 해야 하지 않느냐는 국회의원의 질문에 대해 국무총리실 고위 관료들은 단 한 번도 사과하지 않았다.

김무성, 조해진, 조전혁 등 한나라당 의원들

김종익 씨를 인터뷰하면서 그의 서재가 배경이었다. 책들이 워낙 많아 조금 어지러워 보여서 배경을 전체적으로 블러blur 처리를 했는데, 열성 애국 시청자들이 그가 소장한 책을 문제 삼았다. 역사에 관심이 워낙 많았던 그가 소장해온 『조선노동당 연구』 등의 책을 문제 삼았다. 무슨 판매 금지 처분이 난 책들도 아니었고, 정치학과나 역사학과에서는 북한을 제대로 공부하기 위해 필수적으로 읽어야 할 교과서 같은 책들이었다. 그 책들을 트집 삼아 김종익 씨를 '빨갱이'로 몰기 시작했다. 한나라당 최고위원회의에서 김무성 원내대표가 바람을 잡았고, 조해진 대변인이 브리핑을 했다. 조전 혁 의원은 김종익 씨가 '참여정부의 비자금 창구'라며 근거 없는 인 신공격을 했는데 결국 모두 허위인 것으로 판명났다.

최악의 부실수사 이명박의 검찰

이 사건에 대해 대한민국 검찰은 수차례에 걸쳐 김종익 씨와 국민을 욕보였다. 먼저 검찰은 이미 2009년 김종익 씨 사건에 대해 국무총리실의 불법사찰을 인지하고 있었고, '기소유예' 처리를 했다. 2010년 6월 이 사건이 수면 위로 올라왔을 때 그들은 마치 이 사건을 처음 아는 것처럼 국민들을 속였다.

《PD수첩》의 방영으로 불법사찰 의혹이 만천하에 드러났지만, 늑장 수사를 벌여 증거인멸을 도왔고, 불법사찰의 의혹을 제대로 수사조차 하지 못했다. 이영호, 박영준 등 당시에도 이미 민간인 불법사찰의 핵심으로 알려져 있던 사람들에게 방문조사, 서면조사를 하는 코미디를 연출했다.

세 번째로 김종익 씨를 '참여정부의 비자금 창구'라며 명백한 허위사실에 입각해 인신공격한 한나라당 의원들에 대해서는 명예훼손 혐의에 대해 무혐의 처리함으로써 스스로 한나라당의 정화조임을 증명했다. 명예훼손 혐의에 대해 '미국산 쇠고기 광우병으로부터 안전한가' 프로그램을 제작한 《PD수첩》 제작진에 대한 태도와 비교해보라. 그들의 인면수심은 끝나지 않았다.

마지막으로 장진수 주무관의 폭로로 불법사찰과 증거인멸에 대한 거의 모든 정황들이 드러났음에도 불구하고 대통령실이 어떻게 이 사건을 인지하고 있었는지에 대해서는 전혀 수사하지 않았다. 방송 전이던 2010년 2월 17일, 청와대 이준식 법무비서관은 직접 김종익 씨에게 전화를 걸어 대통령에 대한 명예훼손 혐의 기소유예 처분에 대한 헌법소원에 대해 물어본 것이 사실이다. 이미 청와대는 거의 모든 사실을 《PD수첩》보도 이전에 인지하고 있었다는 것이 드러났음에도 불구하고 거의 조사하지 않았다. 앞으로 다음 정부가 들어섰을 때 이 사건에 대한 특검과 국정조사가 필수적인 이유이다. 방송 당시 변호사로서 인터뷰에 응했던 박원순 현 서울시장의 이야기를 들어보자.

"권력을 수십 년 가지고 있을 거라고 생각하고 남용하는 거죠. 지금 이런 국가권력의 비정상적인 잘못된 운용에 대해서는 저는 시민사회나 야당이 충분히 지적해야 한다고 보고요. 언론도 마찬가지고. 그리고 나서 새 정부, 다음 정부가 어떤 정부가 되든지 간에 그것은 정치적 보복이 아니라, 국가권력을 이렇게 써서는 안 된다고 하는 것을 저는 확실하게 규명해야 한다고 생각합니다."

끝나지 않은 클로징

"이번 민간인 사찰 사건은 한마디로 불법사찰이며 표적수사입니다. 이 사건이 중요한 것은 그가 왜 대상이 됐는지 아직도 이유를 알 수 없다는 데 있습니다. 정치에 참여하지도 않았던 그가 특정 정치인과 동향이라는 이유로, 또 노사모에 가입되어 있었다는 이유로 이런 사찰을 받았다면 얼마나 많은 사람들이 이런 사찰의 표적이 되었을지 알 수가 없는 노릇입니다. '뒤지면 뭐든 나오겠지'라는 식의 수사는 국민 개개인을 공포로 몰아넣겠지만 결국 모든 진상은 언젠가는 밝혀집니다. 이번 사건이 어떻게 처리되는지는 대단히 중요합니다. 이 정부가 국민의 인권과 자유를 보호할 책무를 다하고 있는지 그 가늠자가 될 것이기 때문입니다."

'이 정부는 왜 나를 사찰했는가' 방송의 마지막 멘트였다. 이 클로징은 아직도 유효하다. 대신 이 정부라는 말보다 '대한민국'이라는 용어를 써야 할 것이다. 이 정부에 더 이상 기대할 것은 없다. 이 사건 하나만으로도 이명박 정부는 스스로 독재정부임을 증명했기 때문이다. 김종익 씨에 대한 불법사찰은 진상이 밝혀졌고, 그 외에도 YTN, MBC 《PD수첩》의 작가들, 각종 공기업 임원들에 대한 사찰이 광범위하게 있었다는 사실이 밝혀졌음에도 불구하고 최고 권력과의 연관성은 아직까지 밝혀지지 않았다. 공직윤리지원관실의 보고서에 대해 VIP가 매우 흡족해했다는 소문만이 무성할 뿐이다.

19대 국회의 개원 협상이 여야 합의로 국정조사를 하기로 결정했지만, 새누리당과 박근혜 후보는 묵묵부답으로 차일피일 국정조사를 미루고 있다. 참여정부에도 민간인 사찰이 있었다는 전형적인 물타기만이 존재한다.

김종익 씨 사건에 있어서 가장 중요하게 생각할 점은 김종익 씨가 불법사찰을 받은 것과 더불어 그가 사유재산권을 100% 강탈당했다는 데 있다. 그는 협박을 받아 대표이사직에서 사임해야 했고, 자신이 보유한 회사의 지분을 강제로 넘겨야 했다. 이것이 한나라당과 이명박 정부가 말하는 자유민주주의다. 그들의 자유민주주의는 마치 부일장학회가 5.16 장학회의 협박에 못 이겨 재산을 강탈당했지만, 지금은 아무 문제가 없는 듯이 말하는 그런 자유민주주의다. 하지만 이 사건의 진실이 밝혀지는 데에는 그다지 오랜 시간이 걸리지 않았다. 아무리 역사의 시계를 되돌리려 해도 조금씩 앞으로 나아간다. 그리고 그것은 《PD수첩》과 같이 아무것도 두려워하지 않고 오직 시청자와 시민들만 두려워하는 언론이 있기에 가능하다.

검사와 스폰서

_최승호 PD

정용재 씨와의 만남

한 사내가 지팡이를 짚고 커피숍 안으로 걸어 들어왔다. 그는 카메라를 세팅한 채 기다리고 있는 우리에게로 왔다. 통증을 느끼는 듯 얼굴을 찌푸리며 그가 내 앞에 앉았다.

"정용재라고 합니더. TV에서 많이 봤습니더." 한눈에 보기에도 큰 체격에 짧은 머리스타일의 그는 내가 생각했던 것보다 젊어 보였다. 58년생, 쉰셋의 나이에도 흰머리는 보이지 않았다. 호남형이면서도 얼굴이 희어 부잣집 아들다운 귀티가 아직 남아 있었다. 정용재, 그는 한때 서부 경남에서 제일가는 부자 소리를 듣던 사람이었다. 우리는 검찰에 대한 취재를 시작한 지 한 달 만에 그를 찾아냈다. 그리고 부산 서대신동의 한 커피숍에서 마주 앉았다. 나는 왜 그를 찾았는가? 그리고 그는 왜 만나자는 내 요청을 받아들였는가? 생각해보면 묘한 운명의 흐름이 우리 둘을 만나게 한 것 같다.

"4년 동안 망설였습니다. 저도 성장 과정이 남 고발하고, 곤란하게 만들게 교육 받지 않았어요. 지금도 집안 식구들 중에 이름만 대면 알 만한 사람들도 많고, 내가 PD님과 만난다는 걸 알면 펄쩍 뛸 겁니다. 펄쩍 뛰는 정도가 아니겠지요. 또 김용철 변호사처럼 매스컴에 나와도 삼성이나 검찰에 매장되는 것도 봤고요. 그렇지만 제가 검찰에 이 문제를 진정까지 했는데도 소식이 없어요, 전혀. 자기들 문제 같으면 이렇게 하겠어요? 내가 자기들한테 어떻게 했는데, 이럴 수는 없어요."

그는 배신감을 토로했다. 그리고 자신의 이야기를 털어놓기 시작했다. 정용재 씨의 부친은 남한건설이라는 서부 경남 최대 건설사를 경영했다. 그런데 부친이 마흔아홉 젊은 나이에 고혈압으로 갑자기 사망하자 군 제대 직전이던 장남 정용재 씨가 경영을 맡게 되었다. 그의 나이 스물여섯이었다. 경영에 대한 경험이 없을 뿐 아니라 인맥도 없는 초짜였다. 관급공사를 주로 하는 남한건설을 경영하기 위해서는 공사 수주에 영향력을 행사하는 기관들과의 관계가 중요할 수밖에 없었다. 그는 시장, 군수 등 기관장들을 비롯해 보호막이 되어줄 언론사, 정보기관 등에 촌지, 향응을 제공하며 관계를 맺기 시작했다. 그는 곧 진주지청의 갱생보호위원이 되어 진주지청 검사들과 관계를 맺기 시작했다.

정사장이 검찰 및 다른 권력기관에 제공한 금품이나 향응은 그 시대에 정부와 관계를 맺으며 사업을 하는 어떤 기업가들도 외면하기 어려운 것이었을 것이다. 다만 그의 경우 젊은 나이에 회사를 맡음으로써 가지게 된 과도한 부담감과 불안감이 자신과 회사를 보호해줄 권력에 대한 필요성을 더욱 크게 느끼게 했다. 여기에다 남이 요청하면 거절하기 어려워하고 한 번 호의를 베풀 때는 손 크게 퍼주는 기본 성품이 겹쳐 일반적인 경우보다 더 깊은 관계를 맺게 되었다고 한다. 게다가 그가 20대 후반의 젊은이였다는 사실은 젊은 검사들과의 관계를 더욱 깊게 오래 지속시키는 요소가 됐다. 나이가 지긋한 사람이 스폰서였다면 술자리에서 함께 어울리는 것이 어색해 관계가 지속되기 어려웠겠지만, 정사장의 경우는 초임 검사들과 동년배이니만큼 검사들이 거리감 없이 어울릴 수 있는 상대였던 것이다. 검사 초년병 시절에 격의 없이 형성된 관계는 시간이 지나고 검사들의 지위가 높아지면서도 그대로 지속되었다. 게다가 그 검사들이 지속적으로 후배 검사들을 소개해줌으로써 위로는 지검장급에서 아래로는 2년차 검사까지 꿰는 희대의 검사 스폰서가 탄생하게 된 것이다.

박검사는 양심선언을 해야 돼요

정용재 씨는 나에게 문건을 내밀었다. 그곳에는 검사들을 접대한 날짜와 참석자 이름, 접대 장소가 기록돼 있었다. 접대를 시작한 1984년부터 마지막 접대가 이뤄진 2009년 4월까지의 기록이었다. 곳곳에 성접대라고 쓴 것이 보였다. 접대에 쓴 수표 번호들도 적혀 있었다. 따로 그동안 자신이 접대한 검사들의 이름과 직책을 정리한 문건을 보여주었는데 현직 검사만 무려 56명이었다. 그중에는 검사장급, 부장검사도 있었다. 그중 박기준이라는 이름이 눈에 들어왔다. 현 직책은 부산지검장. 박기준 검사는 정사장 스폰서 인생의 알파와 오메가였다.

우리가 나중에 취재한 정용재 사장의 여비서는 지금까지 박검사의 얼굴을 뚜렷하게 기억한다고 말했다. 박검사가 남한건설 사장실에 들르기도 하고 전화도 자주 했기 때문이라고 한다. 박검사는 58년생으로 정용재 사장과 나이가 같았다. 정사장은 박검사 및 다른 젊은 검사들을 진주의 요정이나 룸살롱으로 초대해 접대했다. 정사장의 자가용 벤츠를 타고 함께 부산의 룸살롱에 갔다가 새벽에 진주로 돌아오는 일도 잦았다고 한다. 어떤 때는 부산에서 접대자리에 참석할 모델들을 진주로 실어 나르기도 했다. 한 모델 에이전시 대표는 당시의 접대 행각을 상세하게 증언해줬다. 그녀는 자신이 데리고 있던 모델들을 싣고 경찰 차량의 에스코트를 받으며 진주까지 갔다고 했다.

"그때 제가 100명 정도 모델을 데리고 있었는데 경찰 에스코트 받으면서 진주로 가기도 많이 했고, 부산에서 접대한 적도 많아요. 박검사가 양심선언 해야 됩니다. 비리를 누구보다 그 사람이 잘 알고 있기 때문에 저는 박검사가 양심선언을 했으면 좋겠다는 생각밖에 없어요."

박검사는 정용재 사장이 부탁하는 민원을 해결해주기도 했다. 친분이 있는 피의자를 임의로 풀어줘 구속을 당하게 된 지서장에 대해 선처를 부탁하자 박검사는 선선히 없었던 일로 해주었다고 한다. 또 조직 폭력배 간 집단 패싸움 끝에 구속된 정사장 후배의 공소장을 재판 중에 변경해 형량을 대폭 낮춰줬다고 한다. 이렇게 정사장은 지역에서 발생하는 민원에 대한 해결사로 유명해져 알 만한 사람들은 그를 진주지청의 '7호 검사'로 불렀다고 한다.

박검사는 1987년부터 1년 동안 진주지청에 근무하다 서울중앙지검으로 옮겨갔다. 정사장은 검사들이 떠날 때마다 전별금을 주었을 뿐 아니라 그들이 개인적으로 진 술집 외상값을 다 갚아주고, 특별히 순금으로 만든 마고자 단추를 선물했다고 한다. 3돈짜리 두 개를 한 세트로 선물했다니 요즘 금시세로 계산하면 150만 원 정도하는 큰 선물이었다. 정사장은 이 선물을 주면서 "한복을 입을 때마다 이 순금 마고자 단추를 보면서 저를 생각해달라. 우정을 잊지 말자"고 했다고 한다.

1988년 박검사가 서울중앙지검으로 올라간 뒤에는 서울까지 올라가 접대를 계속했다. 정사장은 그의 벤츠 승용차에 사천 특산 쥐포박스를 잔뜩 싣고 정기적으로 서울로 올라갔다. 쥐포박스 안에는 한결같이 30만 원이 든 봉투가 하나씩 들어 있었다. 그는 주로 강남의 팰리스 호텔 등지에 묵으며 최고급 요리집에서 룸살롱으로 이어지는 접대를 했다. 룸살롱 접대 뒤에는 으레 성접대로 이어졌다고 한다. 박검사를 포함한 진주 출신의 검사들은 함께 서울에서 근무하는 다른 검사들을 데리고 나와 정사장과 연결시켜줬다.

2003년 박검사가 전국 검찰에서 규모가 두 번째인 부산지검의 형사1부장으로 부임하자 정사장에게 또 한 번 본격적인 스폰서 시대가 열린다. 그사이 사업 실패로 부도까지 난 뒤였지만 정사장은 부산지검 형사1부장으로 돌아온 박검사의 스폰서 노릇을 다시 시작했다. 형사1부장이 선임 부장이다보니 나머지 부장검사들을 모아 전체 회식을 자주 했다고 한다.

이처럼 끈질기게 지속된 관계는 2009년 8월, 박검사가 부산지검장으로 부임할 때까지 이어졌다. 그러나 두 사람 사이는 그때부터 파국으로 치닫는다. 당시 변호사법 위반으로 부산지검에 의해 구속되어 있던 정용재 씨는 신병을 이유로 구속집행 정지를 신청했다. 정씨는 양 발목과 무릎이 심각한 상황이었다. 정씨는 지인을 통해 박지검장에게 선처를 호소했다. 그러나 부산지검은 정씨의 구속집행 정지를 허가하지 않았다. 정씨는 이때 박지검장에게 극도의 배신감을 느낀 것으로 보인다. 정씨는 결국 재판 과정에서 법원에 의해 구속집행 정지 결정을 받아 출소했다. 그리고 《PD수첩》을 찾았다. 정사장의 폭로 내용은 충격적이었다. 문제는 과연 그의 폭로 내용 중 어디까지가 진실이냐, 그리고 어디까지 우리가 밝혀낼 수 있느냐는 것이었다. 나는 제보 내용을 취재할지 여부를 결정할 때 제보 내용과 제보자 사이의 관계를 중요한 잣대로 판단한다. 만약 제보자가 방송으로 이익을 얻을 수 있는 입장이면 나중에 문제가 생길 소지가 있어 신중해야 한다. 그러나 방송이 제보자의 이익과 무관하거나 오히려 피해를 받을 가능성이 있음에도 제보를 한 경우에는 신뢰할 수 있다. 황우석 사건의 경우에도 그랬다. 당시 제보자는 결국 방송 이후 의사로 근무하던 병원에서 쫓겨나야 했다. 그 가능성은 제보 당시에 이미 알고 있었던 일이었다. 그럼에도 불구하고 진실이 아닌 사기극이 횡행하고 있는 현실을 바로 잡기 위해 《PD수첩》에 제보했던 것이다.

정용재 씨의 경우에도 제보 내용이 방송된다고 해서 어떤 이익을 얻을 수 있는 입장이 아니었다. 검찰은 이미 그의 두 가지 혐의에 대해 기소했다. 검사들의 치부를 들추는 내용이 방송된다고 해서 검찰이 물러설 리도 만무하고 오히려 검찰과 법원에서 괘씸죄로 고초를 당할 가능성이 큰 상황이었다. 그런데도 그는 결국 나와 만나는 것을 선택했다. 나는 그가 이런 선택을 한 것이 검찰에 대한 개인적인 분노 감정 외에 더 이상 검찰을 이렇게 놔둬서는 안 된다는 진정성이 있다고 느꼈다. 그가 우리 취재로 자신의 상황을 호전

시켜보려는 생각을 했다면 기소된 내용에 대해 취재해달라는 조건을 내걸었을지도 모른다. 그러나 그는 그런 조건을 걸지 않았다. 실제로 취재가 끝날 때까지 그는 내가 특별히 질문하기 전에는 기소된 사안에 대해 언급하지 않았다.

그는 취재 기간 동안 검사들에 대한 애증을 자주 토로했다. 20대 중반 이후의 그의 삶은 검사들과의 만남을 빼놓고는 설명할 수 없는 것이었다. 젊은 나이에 기업의 대표가 되어 검사들의 스폰서가 된 것이 그의 인생을 여기로 끌고 왔다. 그가 가장 괴로워한 부분은 검사들이 그가 베푼 호의를 인간적인 호의로 받아들이지 않았다는 것이다. 한창때 그에게서 상상하기 힘든 호의를 받았던 검사들이 자신이 어려울 때는 저버리고 등에 칼을 꽂는 것이 그로서는 가장 힘든 일이라고 했다. 자신의 인생이 부정당하는 느낌이라고 했다. 그는 검찰 부패를 없애서 사회를 정화시킴과 동시에 자신과 연결된 검사들의 끈을 이 기회에 끊어버리고 싶다고 말했다.

"저는 검찰을 많이 알아서 불이익을 엄청나게 봐왔고 보고 있습니다. 검사들도 '당신은 우리 조직을 많이 알기 때문에 오히려 불이익을 본다' 그렇게 평가를 한다 말입니다. 그러니 제가 이런 계기를 가진 이유를 끊어야 되겠다, 절연하고 싶다는 것입니다. 그러니까 다른 분들이 (저와 검사들의 관계를) 알면 저한테 작은 거라도 (부탁해달라고) 이야기할 것 아닙니까. 그런 것을 절연하기 위해서입니다. 절연해야 됩니다. 그러면 사회 부패도 끊고 그런 것에 대한 사람들의 부탁이나 또는 의혹, 그런 것도 없어질 것이고, 사회 정의의 편에서 보더라도 낫다고 생각합니다."

_검사와 스폰서 인터뷰 중에서

지검장의 거짓말

취재 내용을 윗선에 보고한 뒤 본격 취재에 나섰다. 우리는 정용재 씨의 회사에서 함께 근무하던 직원들을 접촉했다. 80년대 중반부터 90년대 초 회사가 잘될 때는 직원들이 많았기 때문에 정사장의 스폰서 역할을 목격한 사람들이 많았다. 검찰에 대한 취재이므로 증언을 하는 데 어려움을 느껴 인터뷰를 고사하는 분들도 있었다. 취재 후 방송이 나가면 수사가 시작되거나 정부 차원 혹은 국회 차원의 조사가 있을 수 있기 때문에 증언을 결심하는 것이 쉬운 일은 아니었을 것이다. 그러나 여러 차례 간곡하게 부탁을 한 결과 몇 분의 증언을 받을 수 있었다. 그분들은 인터뷰 이후 받을지도 모르는 불이익을 걱정하긴 했지만, 검찰의 행태에 대해 강한 문제의식을 갖고 있었다. 그들은 정사장이 검사들을 접대하는 룸살롱으로 검사들을 실어 나르거나, 돈 봉투가 든 쥐포박스를 전달하거나, 직접 돈 봉투를 만든 사람들이었다. 그들은 사장의 지시대로 따르기는 했지만 동시에 '검사들이 이래도 되나?' 하는 문제의식도 느꼈다고 말했다. 이들은 다른 검사들에 대해서는 인상착의를 분명히 기억하지 못했지만 여러 차례 마주친 박기준 지검장은 뚜렷하게 기억했다. 그들은 박지검장을 정사장의 친구로 알고 있었다.

충분한 증언을 확보한 뒤 나는 박부산지검장에게 전화를 걸었다. 그러나 그의 반응은 예상 밖이었다. 그는 정용재 씨의 주장을 철저히 부인했다. 한두 번 만난 적은 있지만 식사 자리였고, 얼굴 정도 보는 거라고 했다. 룸살롱은 간 적도 없다고 말했다. 그의 목소리는 점점 커졌다.

> 박지검장: 그리고 잠깐만, 지금 여기 그 친구가 자기의 범행에 대해서 전부 거짓말을 하고 있거든. 부인을 하고 있는 그런 사람, 전과도 있고 부인을 하는 그 사람 말을 가지고 검사들한테 왜 자꾸 묻는 거요?
>
> 최승호 PD: 아, 네. 그런데 저희들 입장에서는 그분 주장이 사실인지 확인을 해보고.
>
> 박지검장: 그걸 왜 확인을 하는데? 아니라고 이야기하는데. 그래서 내가 경고를 하잖아요. 그럼에도 불구하고 계속 이렇게 확인하는 것은 지금 그 친구가 법정에서 증거 조작을 하고 그다음에, 명예훼손 범행을 하고 하는 부분에 대해서 최 PD가 지금 같이 가공하는 것입니다. 내가 정확하게 이야기했어요. 딱 오늘 시간으로 3시 반에 딱 5분 전부터 내가 딱 이야기를 하거든. 제가 다른 사람을 통해서 당신한테 경고했을 거야. 그러니까 뻥긋해서 쓸데없는 게 나가면 물론 내가 형사적인 조치도 할 것이고 그다음에 민사적으로도 다 조치가 될 거예요.

박지검장은 우리가 취재를 시작하자 자신의 연줄을 동원해 압력을 넣은 적이 있었다. MBC 출신의 한 종교방송 사장이 '방송을 하면 박지검장이 명예훼손으로 건다고 하더라'는 말을 전해왔다. 그렇게 경고를 했는데도 취재가 계속되자 극도로 짜증이 난 모양이었다. 그는 아예 협박을 하기 시작했다. 수화기 너머로 불을 뿜는 그의 분기가 느껴졌다.

> 최승호 PD: 제가 여쭤보고 싶은 게 있는데 그 질문을 드릴 수조차 없도록 하시면서 지금 경고만 하시니까 제가 좀 그러네요.
>
> 박지검장: 그리고 내가 당신한테 답변할 이유가 뭐 있어? 당신이 뭔데. 아니, 네가 뭔데? 너 저기 무슨 PD야?
>
> 최승호 PD: 예.
>
> 박지검장: PD가 검사한테 전화해서 왜 확인을 하는데?

박지검장이 생각보다 강하게 나오자 은근히 걱정이 되기 시작했다. 이명박 정권 들어 검찰의 권력남용은 지겹도록 보아온 터였다. 만약 확실하고 직접적인 증거를 들이대지 못한다면 박지검장의 공언대로 부산지검에서 수사를 받아야 할지도 모를 일이었다. 뭔가 1987년부터 2009년까지 이어져온 둘 사이의 끈끈한 관계를 입증할 증거가 필요했다. 나는 정사장에게 직접적인 증거가 남아 있지 않은지 찾아보라고 계속 주문했다. 여러 차례 채근하자 정사장은 집에서 과거에 쓰다 버려둔 휴대전화를 찾아왔다. 그 전화기를 쓸 때 박지검장과 한 통화를 녹음했던 것도 같다는 것이다. 마침내 우리는 그 전화기에서 결정적인 증거를 확보할 수 있었다. 통화에서 정사장은 박검사와의 젊은 시절 추억을 되새기고 있었다.

정용재 씨: 뭐라 해야 되노, 진짜 속된 말로 우리가 술을 한두 번 먹었으며 오입(성매매) 한두 번 했나? 막말로. 원정까지 갔다 오면서.
박지검장: 그런데 그게… 글쎄. 그거는 우리 정사장이 이야기를 하니까, 드러내서 그런데 그거는 우리가 말하지 않고도 서로 이심전심으로 아, 너와 나와의 관계는 그런 정도의 동지적 관계에 있고 서로 우리의 정은 그대로 끈끈하게 유지가 된다, 이런 것은 서로 느끼는 거잖아.

녹음 파일은 더 있었다. 천성관 검찰총장 후보가 발표되던 날 정사장은 그 소식을 서둘러 당시 박기준 의정부지검장에게 알렸다.

박지검장(당시 의정부지검장): 천성관 총장이야?
정용재 씨: 예.
박지검장: 발령이 났어? 언제?
정용재 씨: 지금 났어, 지금. 내 그래서 전화했다 아닙니까.
박지검장: 천성관 총장이 됐다고?
정용재 씨: 예.

박지검장: 그러면 뭐 엄청난 인사 요인이 있네?

정용재 씨: 있다 그러네. 7명 20기, 21기.

박지검장: 20기, 21기 다 나가지?

정용재 씨: 나가야 되고.

박지검장: 아, 그래서 ○○○ 차장이 전화가 왔구나. 내가 지금 통화 좀 해야 된다. 지금 천성관 총장, 아주 친하거든. 그러면 무조건 발령 난다. 그렇게 되면 부산이나 검찰국장이나 두 자리 중에 간다.

대를 이은 접대

박검사와의 스폰서 인연은 대를 이어 전해졌다. 정용재 사장의 문건에는 2009년에 한 접대가 있었다. 접대 대상은 한모 당시 창원지검 차장 검사였다. 정사장은 2009년 3월 한검사가 창원지검 차장 검사로 부임하자 전화를 건다. 이 한 통의 전화는 접대로 이어지고 이후 '검사와 스폰서' 사건의 기폭제가 됐다.

한차장검사는 검찰 내에서도 유능하고 자기관리 잘하기로 이름난 검사였다고 한다. 그가 나중에 대검찰청 감찰부장으로 뽑혀 간 것을 보더라도 검찰 조직 내에서 그에 대한 평가가 어떤지 알 수 있다. 그런데 그는 2003년 부산지검 형사3부장으로 있을 때 선배 박부장검사의 친구인 정용재 사장을 만나 여러 차례 접대를 받았다. 부서 검사들을 모두 데리고 접대를 받기도 했다. 정사장은 한검사

가 2004년 서울 중앙지검 범죄정보담당관으로 승진해 올라간 뒤에
도 접대를 했다고 한다. 2004년 부산으로 여름 휴가를 내려온 그에
게 휴가비 조로 50만 원을 준 적이 있다고 했다. 2005년에는 서울
에서 박검사 등을 접대했는데 이 자리에 한검사도 나왔다고 한다.
당시 합석한 정사장의 고교 동창이 그때 받은 한검사의 명함을 취
재팀에 제시하기도 했다. 그런 끈을 유지하던 한검사가 창원지검에
차장검사로 오자 정사장이 연락을 한 것이었다.

한차장검사는 2009년 3월 17일 저녁, 고교 동창인 부산지검 김
모 부장검사와 울산지검 강모 부장검사를 함께 불러 정용재 씨에게
접대를 받는다. 1차는 참치집, 2차는 룸살롱이었다. 강모 부장검사
는 울산으로 돌아가야 해서 먼저 가고, 김모 부장검사는 동석한 접
대 여성과 2층 모텔로 올라갔다고 한다. 둘만 있을 때 정사장은 한
차장검사에게 100만 원이 든 봉투를 건넸다고 한다.

> "정사장, 뭐 이런 걸 주시오?"
> "제가 댁까지 모셔야 하는데 못 모시니까 택시비 좀 넣었습니다."
>
> _『검사와 스폰서, 묻어버린 진실』 133쪽

박검사를 통해 정사장을 소개받았듯이 한차장검사는 두 부장검
사들에게 그를 소개시켜줬다. 정사장은 두 사람 중 김부장검사와
인연을 이어갔다. 한 달쯤 뒤인 4월 13일, 김부장검사는 부산지검

검사 11명 전원을 데리고 접대를 받았다. 여성 검사들 2명도 함께였다. 역시 1차 참치회, 2차는 룸살롱이었다. 다만 다른 것은 룸살롱에서 노래 도우미 한 명만 불렀다는 것이었다. 여성 검사들이 있어 곤란했기 때문이었다. 김부장검사는 다른 룸으로 부산지검의 동료 부장검사들을 불렀다. 여기서는 부산지검의 주요 부장검사들이 여성종업원들의 접대를 받으며 밤늦도록 술을 마셨다. 인연은 여기서 끝나지 않았다. 이날 정용재 사장의 바로 옆자리에 앉아 술을 마셨던 이모 검사는 나중에 정사장과 따로 만나 접대를 받았다. 룸살롱에서 만나기도 하고 카페에서 만나기도 했다. 그 카페 여주인은 특검 수사과정에서 '이검사가 접대부도 아닌 자신을 성추행했다'고 말했다. 이검사는 부산지검의 인권담당 검사였다.

이처럼 스폰서의 인연은 끈질기고 그 달콤한 기억은 살아 있다. 20여 년 전 박검사가 받은 접대는 한검사를 거쳐 부산지검 김모 부장검사, 그리고 검찰에 투신한 지 2년밖에 안 된 신참 이모 검사에게로까지 이어졌다. 이검사는 검사 생활 2년 만에 스폰서와의 만남을 자연스러운 일상으로 받아들인 것으로 보인다.

몰카를 들고 룸살롱으로

한창원지검 차장검사 등이 접대받은 룸살롱은 빌딩의 2층과 3층에 있었고, 4, 5층은 모텔로 운영하고 있었다. 우리는 그곳에서 한

차장검사와 부장검사들이 접대받을 때 김모 부장검사와 모텔에 올라갔던 여종업원을 찾을 수 있었다. 공교롭게도 그녀는 이후 김부장검사가 공판부 검사들을 데리고 다시 온 날에도 룸살롱에 있었다. 그녀는 당시 여검사들이 있어서 공판부 검사들이 왔을 때는 들어가지 못하다가 나중에 부장검사들의 좌석에 들어갔다고 했다.

"손님이 많이 올 거다, 그래서 예약을 다 시켜놨는데 이제 미용실 갔다 예약을 다 해놓고 딱 있었는데 이제 자, 파토(무산)."
"파토났어요? 왜요?"
"여자 검사님들이 와서 이제 못 들어가요. 노래 틀어 줄 아가씨만 한 명 넣어라, 이렇게 된 거예요. 그 두 번째는 (부장검사들이) 다시 왔잖아요. 다시 그날에 다시 왔잖아요. 그때는 들어갔어요."

_검사와 스폰서 인터뷰 중에서

취재진은 룸살롱들과 식당들을 돌아다니며 증언을 들었고 2000년대에 이뤄진 접대에 대해 웬만큼 얼개를 그릴 수 있었다. 다음 단계는 검사들에 대한 취재였다. 우리는 우선 2009년 창원지검한차장검사와 두 부장검사가 참석한 접대를 확인하는 데 주력했다. 두 부장검사는 정용재 씨와의 만남을 인정했다. 김부장검사는 2차로 룸살롱에 간 것까지 인정했다. 그러나 자신이 여성종업원의 성접대를 받았다는 것은 극구 부인했다. 이 문제는 이후 검찰의 진상규명과 특검 수사에 이르기까지 중요한 쟁점이 되었다. 김부장검사가 부인하자 우리는 그와 동석했던 여성종업원으로부터 사실을 확인하기 위해 노력했다. 여러 차례 시도 끝에 정용재 씨가 그녀와 통화를 할 수 있었다.

> 정용재 씨: (모텔에) 갔다가 (돌아와서) 합석을 했잖아. 우리 자리에.
>
> 여종업원: 네, 저는 그냥 갔다가 바로 내려왔는데요.
>
> 정용재 씨: 한 번만 성접대하고,
>
> 여종업원: 아, 뭐….
>
> 정용재 씨: 아니, 그때 같이 안 내려왔지?
>
> 여종업원: 네, 따로 내려왔어요.
>
> 정용재 씨: 그 부장검사는 안 내려왔다 아니가, 그자?
>
> 여종업원: 네, 따로, 따로 왔거든요.
>
> 정용재 씨: 먼저?
>
> 여종업원: 네, 그건 기억해요.

여성종업원은 성접대 여부에 대해 명확하게 밝히지는 않았다. 그러나 자신이 김부장검사와 함께 모텔에 갔다고 말했다. 두 사람이 함께 모텔에 올라갔다가 자신이 먼저 내려왔다는 것이다. 정용재 씨는 당시 여종업원이 먼저 오고, 김부장검사는 나중에 합석했다고 기억하고 있었다. 따라서 김부장검사가 성접대를 받았다는 것은 충분히 추정할 수 있었다.

한모 창원지검 차장검사는 취재 당시 대검찰청 감찰부장으로 영전된 상태였다. 합석했던 두 부장검사는 대략적인 만남의 윤곽을 인정했지만 한감찰부장은 아예 정용재 씨를 모른다고 부인했다.

> 한모 감찰부장: 정용재 씨요?
>
> 최승호 PD: 네.
>
> 한모 감찰부장: 그 양반이 뭐하는 사람이죠?
>
> 최승호 PD: 정용재 씨요? 아, 이분에 대해서 잘 모르나요?
>
> 한모 감찰부장: 그렇죠. 제가… 한번 이야기를 해보세요.

그는 내가 취재 사실을 자세히 설명하자 입장을 바꿔 만난 사실을 인정했다. 그러나 그는 한사코 이미 다른 참석자가 인정한 룸살롱 접대 사실과 택시비 조로 100만 원을 받은 사실을 부인했다.

> 한모 감찰부장: 택시비로 무슨 100만 원을 줍니까? 그 자리에 제가 생각하기에는 그 식당 자체가 굉장히 오픈돼 있는 자리였던 것으로 기억돼요. 횟집이어서, 바로 옆에 다른 사람도 다 보이고 그런 테이블 같았는데, 거기서 어떻게 그거를.

나는 다른 참석자들이 인정하는 기본적인 사실마저 부인하는 태도에 적잖이 놀랐다. 아마도 감찰부장이라는 자신의 직책이 작은 오점도 허용하지 않는다는 점을 감안한 듯했다. 그러나 그가 부인한다고 해서 끝날 문제는 아니었다.

방송의 후폭풍

방송일이 다가왔다. 박기준 지검장은 공문까지 보내 압박했다. 박지검장은 "《PD수첩》 '검사와 스폰서' 편 제보자 정씨 주장의 허구성"이라는 제목의 문서에서 "기소에 앙심을 품고 사실을 꾸며내 보복성 음해를 한 것"이라고 주장했다. 또 "《PD수첩》의 내용은 범죄자가 일방적으로 작성한 신뢰성 없는 문건을 토대로 한 것"이라며 "사실관계에 부합되도록 제작되었는지 신중히 재검토되어야 한다"고 했다. '재검토'라는 말은 제작자인 나보다는 MBC 경영진에 보내는 요구로 느껴졌다. 그러나 방송을 할 때까지 경영진은 별다른 움직임을 보이지 않았다. 노조가 파업 중이었다는 것이 영향을 주었을 것이다.

'검사와 스폰서'가 방송된 뒤 엄청난 후폭풍이 있었다. 시청자들의 분노가 《PD수첩》 게시판에 넘쳐났다. '섹검'이라는 새로운 조어가 검찰의 별명이 되었다. 특히 박지검장이 제작진을 협박하다시피 한 뒤 그 자신의 목소리로 스폰서와 '끈끈한 관계'가 입증되는 장면이 국민의 분노를 폭발시켰다. 검찰의 특권과 권한 남용에 지칠 대로 지친 국민들이 드디어 검찰을 향해 매를 드는구나, 라고 느꼈다.

대검찰청은 방송 다음 날 고검장을 위원장으로 하는 진상규명위원회를 꾸리겠다고 발표했다. 정치권은 검찰이 제대로 진상규명을 하지 않을 경우 특검으로 밝혀야 한다고 주장했다.

방송 직전까지 범죄자의 음해라며 고압적인 태도를 보였던 박부산지검장은 방송 직후 사표를 냈다. 그러나 부산지검은 제보자인 정용재 씨에 대한 구속집행정지 취소 신청을 냈다. 정씨가 구속집행정지 기간 동안 언론과 접촉한 것이 취소 사유라고 주장했다.

나는 진상규명을 하겠다고 하면서도 제보자를 감방에 가두어 자유로운 의사 표시를 못하도록 막으려는 태도에서 검찰이 사실상 이 사건을 덮으려고 드는 것이 아닌가 생각했다. 정용재 씨는 약물을 복용하며 자살까지 기도했지만 결국 재수감됐다.

검찰, 진상을 은폐하다

검찰은 민간인 위원까지 포함된 진상규명위를 만들어 스폰서 검사 사건을 조사했다. 그러나 49일 동안의 조사 뒤에 나온 결과는 사실상 진상 은폐였다. 제보자 정사장의 일관된 진술에 따르면 성접대가 일상적으로 일어났는데, 조사 결과는 2009년 접대에서 김 모 부장검사가 받은 1건만 인정했다. 적게는 30만 원, 많게는 100만 원씩 촌지를 수없이 건넸다고 하는데 조사 결과는 한모 당시 창원지검 차장 검사가 받은 택시비 100만 원을 포함 2건만 인정했다. 그러면서 이처럼 축소된 결과의 책임을 제보자 정사장의 객관성과 일관성 없는 진술, 그리고 룸살롱 업주나 마담 등이 "성접대는 없었다"고 진술한 것에 돌렸다. 내가 보기에는 그 책임은 '검찰이 검찰을 조사한 것'에 돌려야 한다.

검찰이 사건을 축소하면서 보여준 뻔뻔함은 놀라울 정도다. 검찰은 정사장이 접대한 장소로 지목한 상당수 횟집과 요정, 룸살롱이 없어져 해당업주를 추적하는 것이 불가능했다고 밝혔다. 그러나 검찰 발표문을 토대로 우리가 추적해본 결과 없어졌다는 곳들 중에 아직도 영업하고 있는 곳이 꽤 있었다. 인터넷에서 검색하면 바로 나오는 곳도 있었다. 없어진 경우에도 제작진은 쉽게 당시 업주를 찾아낼 수 있었다. 검찰은 가장 중요한 정보원인 제보자 정용재 씨를 재수감해 그의 입을 막으려 했을 뿐 그로부터 진상규명에 필요한 정보를 얻어내려 노력하지 않았다. 정사장은 검찰이 자신에게 중요한 증언자가 될 만한 사람들의 연락처도 물어보지 않았다고 했다. 결국 검찰은 제대로 찾아보려는 노력도 하지 않고 '없다'고 발표한 것이다. 이런 것을 진상 은폐라고 하지 않으면 무엇이 은폐일 것인가. 검찰은 《PD수첩》이 편집을 왜곡해 진상을 부풀렸다고 주장하기까지 했다. '검사와 스폰서' 취재 당시에는 접대 사실을 인정했던 구본진 검사가 검찰 조사에서는 부인하면서 "《PD수첩》이 편집을 왜곡했다"고 진술한 것이다. 물론 《PD수첩》은 편집을 왜곡한 적이 없다. 당시 인터뷰를 들어보면 끊긴 곳 없이 이어지는 것을 곧바로 알 수 있다.

그러나 검찰은 구검사의 주장을 받아들였다. 검찰은 참고인의 증언도 왜곡했다. 2003년 부산지검을 감사하기 위해 내려왔던 구검사가 받은 접대를 목격한 정사장 회사 간부가 "감찰에서 온 사람들을 접대하는 것을 봤지만, 그것이 검찰 감찰인지는 몰랐다"고 진술했다. 그런데 검찰은 "정○○의 회사 간부라는 ○○○는 감사팀 접대 사실을 목격한 바 없다고 진술했다"고 발표했다. 이 간부는 정사장이 검사들을 접대할 때 자주 수행을 했던 사람이다. 그는 《PD수첩》에 당시 '감찰에서 온 사람들'을 접대할 때 박기준 검사가 동석했다고 했다. 그렇다면 그 감찰은 검찰 감찰이지 다른 어떤 감찰일 수 있다는 말인가.

룸살롱 마담이나 종업원들처럼 검찰 권력에 극도로 취약한 사람들의 증언을 은폐에 이용하기까지 했다. 《PD수첩》의 취재 과정에서 성접대가 있었다고 말한 룸살롱 업주와 종업원이 검찰에서는 입장을 바꿨다. 그들은 검찰에서 "성접대가 있었다는 말을 하지 않았는데 《PD수첩》이 편집을 왜곡했다"고 주장했다. 그러자 검찰은 이 진술을 이용해 《PD수첩》을 공격했다. 중앙일보를 비롯한 여러 언론에서 검찰의 주장을 받아 기사화한 것이다.

'스폰서 검사' 의혹을 조사 중인 진상규명위원회는 MBC 《PD수첩》이 검사들에 대한 성접대 의혹을 제기하면서 이를 뒷받침할 룸살롱 여종업원들의 인터뷰 과정을 편집한 것으로 확인됐다고 3일 밝혔다. 위원회 대변인인 하창우 변호사는 "《PD수첩》이 검사들에 대한 성접대 의혹을 주장하면서 인터뷰한 여종업원을 상대로 조사한 결과 《PD수첩》 측이 질문한 내용과 여종업원의 답변 내용이 서로 다른 것으로 나타났다"고 말했다. 그러나 최승호 PD는 "성접대 의혹과 관련된 어떤 인터뷰 내용도 편집한 일이 없다"며 "의혹이 있다면 규명위가 구체적인 내용을 공개하라"고 말했다. 이에 따라 《PD수첩》이 고의로 인터뷰 내용을 편집했는지 여부를 놓고 논란이 일 것으로 보인다.

_중앙일보, 2010년 6월 4일

심지어 검찰 진상규명위는 일부 언론에 "대검찰청에 정밀분석을 의뢰한 결과 편집 가능성이 크다는 회신을 받았다"고 말했다. 검찰은 《PD수첩》의 미국 쇠고기 수입 보도를 왜곡으로 몰고 갔듯이 다시 한 번 되치기를 시도한 것이다. 우리는 만약 검찰이 최종 발표에서 《PD수첩》의 편집왜곡을 적시하면 원본 파일을 공개하고 법적 대응을 하는 등 강력하게 대처하려고 준비했다. 그러나 웬일인지 진상규명위는 꼬리를 바로 내렸다. 하창우 변호사는 나에게 "룸살롱 업주 등이 그렇게 말했을 뿐 진상규명위가 결론을 내린 것은 아닌데 언론이 그렇게 보도했다"고 해명했다.

최종 발표에서 진상규명위는 입장을 바꿔 김모 부장검사의 성접대 사실을 인정했다. 아마도 2009년 접대 건을 인정하지 않으면 여론의 역풍을 막기 어렵다고 판단했음 직하다. 그러나 검찰은 2009년 이전 건들에 대해서는 철저하게 축소하고 진상을 은폐했다.

우리는 특검 수사에 일말의 기대를 걸었다. 그러나 놀랍게도 특검은 그나마 검찰 진상규명위가 인정한 김모 부장검사의 성접대마저 무혐의 처분했다. 수사 발표에서 민경식 특별검사는 "여성종업원의 진술이 애매했다"고 설명했다. 여종업원이 "2차를 나갔어도 실제 성행위는 하지 않는 이른바 공차가 있기 때문에 성접대를 했는지 확실히 모르겠다"고 했다는 것이다. 이로써 '섹검'이라는 유행어를 낳으며 전 국민을 분노케 했던 스폰서 검사 사태는 단 한 명의 검사도 성접대 건으로 처벌하지 못한 채 끝나고 말았다. 국민을 우롱하는 결과라는 생각이 들었다. 2009년, 성구매를 한 것이 확인돼 기소유예 조건으로 '존스쿨' 교육을 받은 사람은 모두 3만 7,679명이나 된다. 그중에는 공무원도 160명이 있다. 검사들은 이들을 수사해 존스쿨에 보낼 때 스폰서 특검이 검사들에게 쓴 잣대를 적용했을까? 그러고도 4만 명 가까운 사람들이 성구매한 것을 '성공적으로' 확인했을까?

특검은 한모 감찰부장을 수뢰 혐의로, 다른 3명의 검사들을 직무유기로 기소하긴 했지만 모두 재판에서 무죄가 선고됐다. 고등법원은 한모 감찰부장이 택시비 100만 원을 받았다는 부분에 대해서도 합리적 의심이 될 만한 증거를 입증하지 못했다며 죄를 인정하지 않았다. 부실 수사와 법조 신성권력이 작용한 봐주기 판결의 결과가 아닌지 심히 의문스럽다. 특검 파견 검사들이 고 노무현 대통령이나 《PD수첩》 제작진을 수사했을 때 냈던 의욕의 반이라도 보여줬다면, 법원이 국민 눈높이에서 무소불위 검찰 권력의 실체를 보려 했다면 이런 결과가 나오지는 않았을 것이다.

검찰이 스스로 차버린 자정 기회

문제가 많은 특검 수사와 재판이었지만 그 과정에서 새롭게 드러난 사실도 있었다. 나는 일련의 재판이 어느 정도 마무리되었을 때 법원에 정보공개 청구를 했고, 판결문을 받아 읽어보았다. 여러 판결문들을 종합한 결과 중요한 사실을 알게 되었다. '검사와 스폰서' 사태가 불거지기 전 검찰이 이 사안을 스스로 처리할 수 있는 기회가 충분히 있었는데 그 기회를 차버리고 사안을 은폐하려 했다는 것이다. 아래에 기술한 내용은 판결문을 종합해 새롭게 알아낸 것들이다.

제보자가 《PD수첩》을 찾기 전에 부산지검은 사실을 파악하고 있었다. 첫 번째 기회는 부산 동부경찰서가 정용재 씨를 변호사법 위반으로 수사하던 2009년 7월 찾아왔다. 수사과정에서 정씨가 검사들을 접대한 정황을 파악한 배모 형사는 검사들과의 유착 여부를 파악하기 위해 통화내역을 확인하기 위한 청구서를 부산지검에 보냈다. 그러나 부산지검 방모 형사1부장은 "통화내역을 확인할 필요가 있느냐"고 부정적인 태도를 취했다. 박모 담당 검사는 배형사를 불러 "정씨와 검사들의 최근 통화내역은 정씨의 범행과 직접 관련이 없다"면서 청구서의 요청 사유란 내용 중 '검사들과 유착' 부분을 삭제하는 등 문구를 부드럽게 수정하라고 지시했다. 결국 검사들에 대한 수사는 중단됐고 정용재 씨에 대한 체포영장만 청구됐다. 정씨를 체포한 뒤 검찰은 정씨 자택을 압수수색해 검사 접대 기록이 적힌 수첩을 찾아냈다. 이미 경찰 수사단계에서 검사와의 유착 의혹이 있었던 상황에서 새로운 증거가 나왔다면 당연히 수사를 했어야 할 사안이었다. 그러나 검사들에 대한 수사는 없었다.

담당 검사는 그저 후배인 이모 검사에게만 접대를 받았는지 물었을 뿐이다. 이검사는 부산지검 공판부 검사들이 접대받은 것은 말했지만 자신이 나중에 따로 만난 사실은 말하지 않았다. 그것으로 끝이었다. 더 이상의 수사는 없었다. 박검사는 이후 정용재 씨를 심문하는 과정에서 검사 접대에 대한 많은 진술을 들었음에도 이를 무시했다. '검사와 스폰서' 취재 당시에 나는 박검사에게 "왜 이 사안에 대해 수사하지 않았느냐"고 물었다. 그는 "나는 정용재 씨를 전혀 믿지 않았다"고 답변했다. 정씨가 한두 번 검사들과 만났을 수는 있겠지만 그것으로 관계를 과장하는 것이라 생각했다는 것이다.

두 번째 기회는 2009년 8월 정용재 씨가 부산지검에 수십 년 동안의 검사 접대에 관해 밝히는 정식 진정서를 접수했을 때 찾아왔다. 그러나 진정 사건을 맡은 서모 검사는 수사를 제대로 하지 않았다. 그가 한 것이라고는 정용재 씨에게 출석 요청을 몇 차례 한 것, 그리고 정용재 씨와 한 차례 전화 통화를 한 것뿐이다. 이 전화에서 정씨는 부산지검 공판부 검사들을 접대한 것에 대해 진술했다. 그러나 서검사는 사건 종결 전에 작성한 보고서에서 부산지검 검사들 접대 건을 빼버렸다. 그는 이 보고서를 차장검사와 박기준 지검장에게 보고하고 사건을 종결 처리했다.

세 번째 기회는 2010년 1월 정씨로부터 사건 내용을 들어서 알고 있던 최모 씨가 고소장을 대검찰청에 접수했을 때였다. 고소장에는 한모 창원지검 차장검사 접대 건이 명시돼 있었다. 이때 한검사는 창원지검을 떠나 대검찰청 감찰부장이 되어 있었다. 대검찰청 감찰부장은 검찰 조직원 전체의 직무윤리와 기강을 세우는 직책이다.

2006년 법조비리가 발생하자 검찰은 감찰부장직을 외부에 개방해 외부인이 감찰을 맡도록 하겠다고 공언했었다. 그러나 검찰은 결국 약속과는 달리 검사들을 감찰부장에 임용해왔다. 어쨌든 그런 의미를 지닌 자리니만큼 검찰 내에서 반듯하게 알려진 인물들을 감찰부장에 앉혀왔다. 그런데 그 감찰부장이 스폰서의 접대를 받았다는 고소장이 감찰부에 접수된 것이다. 대검찰청 감찰1과장 김모 부장검사는 고소장 접수 사실을 보고했다. 한모 감찰부장은 "그 시기 부산에 가지 않았다", "사실 관계가 맞지 않는다"며 김과장에게 고소장 내용을 부인한 뒤 고소장을 부산지검에 이첩하라고 지시했다. 한감찰부장은 나중에 "내가 부산에 간 것은 4월 17일인데 고소장에는 틀리게 되어 있었다"고 주장했다. 고소장에는 접대 날짜가 4월 30일로 적혀 있었다. 한감찰부장은 사소한 오류를 근거로 접대 사실을 부정했다. 그가 이첩하라고 지시한 부산지검에는 박기준 검사장을 비롯해 자신과 함께 접대 받은 김모 부장검사 등 고소장에 향응을 받았다고 적시된 여러 검사들이 있었다. 고소장 내용이 정상적으로 수사되기를 원했다면 가장 피해야 할 곳이었다.

부산지검에 도착한 고소장은 정용재 씨로부터 접대를 받은 이모 검사에게 배당됐다. 그가 부산지검 감찰 및 인권담당 검사였기 때문이다. 그 자신이 접대를 받은 이검사는 수사를 할 수 없는 입장임에도 재배당 요구를 하지 않았다. 고소장은 그의 사무실에서 계속 잠을 잤다. 기다려도 반응이 없자 고소인 최모 씨는 같은 내용을 진정서로 접수시켰다. 진정서는 같은 과정을 거쳐 정용재 씨의 진정서를 종결 처리한 서모 검사에게 배당됐다. 서검사는 아무런 수사 없이 진정서를 다시 종결 처리했다. 이렇게 검찰은 정용재 씨의 검찰 접대에 관한 세 건의 고소, 진정 사건을 진실 규명 없이 묵살해버렸다.

검찰이 사건을 철저히 덮은 뒤 정용재 씨는 《PD수첩》을 찾았다.

그 뒤 정씨는 검찰 진상규명위, 특검을 거치며 진실이 규명되기를 기대했지만 돌아온 것은 검찰의 옥죄기였다. 방송이 나가자마자 형집행정지가 취소되어 재수감됐고, 갇힌 채로 검찰 진상조사와 특검 수사를 받았다. 사건에 대한 가장 정확한 정보를 가진 제보자이니만큼 충분히 존중하면서 자발적 협조를 이끌어냈어야 할 텐데 검사들은 시종일관 정씨의 진술을 의심하며 사건을 축소할 핑계만을 찾으려 들었다. 그 과정에서 정씨의 가족, 친인척, 지인들이 계좌추적을 비롯한 갖가지 피해를 당했다. 오죽했으면 정씨의 선배로서 2009년 접대에 동석했던 구모 씨는 검찰에 "그날 성접대를 받은 것은 김모 부장검사가 아니라 나"라고 진술하기까지 했다. 자신이 한 일이 아니지만 그렇게 하면 조용히 무마될 것 같아서 그랬다는 것이다. 집과 회사 압수수색은 물론 초등학교 3학년 아들의 계좌까지 다 뒤지는 검찰이 너무 무서웠기 때문이다. 특검 수사 검사는 박기준 전 부산지검장을 이른 아침 취재진 몰래 사무실에 들여보냈다. 그러나 누구보다 신원보호를 받아야 할 공익제보자인 정용재 씨는 환자복 차림으로 휠체어에 탄 채 취재진의 포토라인 앞에 서야 했다. 정씨는 스스로 상의를 벗어 뒤집어쓴 채 카메라 플래시 세례를 받는 수모를 겪었다. 스폰서 검사 사건에서 피의자는 검사들이다. 정용재 씨는 어디까지나 공익을 위해 자신의 피해를 무릅쓰고 제보한 사람이다. 그런데 검사들은 오히려 정용재 씨를 범죄자로 취급하고 사사건건 모욕을 줬다.

언론의 관심을 받는 제보자를 이렇게 취급하는데 그늘에 있는 이름 모를 피의자나 참고인들을 저들이 어떻게 취급할까 생각이 들었다. 국민이 준 권력을 자신들이 사유한 양 마음대로 법을 농단하면서 있는 죄를 없애고 없는 죄를 만들어내려 하는 행태는 스폰서 검사 사건의 처음부터 마지막까지 시종일관 계속됐다. 스폰서 검사 사건은 가장 많은 국민들의 관심을 끌었으면서도 사건의 진상은 완전히 묻혀버린 이상한 사건이 되어버렸다. 그 이유는 단순하다. 대한민국의 사법체계가 검찰에 진실을 묻어버릴 힘을 주었기 때문이다. 검찰에 수사권과 기소권을 모두 주는 기형적인 체제를 바꾸지 않는다면, 오직 검사만 검사를 수사할 수 있는 기막힌 모순을 혁파하지 않는다면 이런 현실은 절대로 바뀌지 않을 것이다.

미국산 쇠고기 방송과 법정투쟁

세계 언론사상 전무후무한 황당한 사건

2012년 11월 2일 서울남부지법은 김재철 사장과 그 수하들이 장악한 MBC에 대하여 중대한 판결을 내렸다. 《PD수첩》의 '긴급취재, 미국산 쇠고기 과연 광우병으로부터 안전한가?'(이하 '미국산 쇠고기') 편 제작진이 MBC를 상대로 제기한 소송에서 법원은 MBC의 대국민 사과방송 내용이 사실과 다르다며 정정하라고 명령했다. 대법원이 허위라고 판결한 적이 없는 것을 들어 '책임 통감' 운운하며 방송한 것을 다시 바로잡으라는 것이다. 한겨레신문의 표현대로 '정부의 협상 잘못을 지적한 자기 회사 프로그램을 옹호는 못할망정 대법원 판결까지 왜곡해가며 정부 편을 들었으니 세계 언론사상 전무후무한 황당 사례'(2011. 11. 2. 한겨레 사설. '피디수첩 사과방송 정정' 판결이 MBC에 묻는 것)가 법원에 의해 바로잡힌 것이다.

그리고 같은 법원의 다른 민사합의부에서는 MBC가 《PD수첩》 PD들에게 내린 정직, 감봉 등의 중징계가 모두 위법하니 무효라고 해달라는 소송이 최종 판결을 앞두고 있다. 세계 언론사상 전무후무한 황당한 사과방송으로 《PD수첩》 '미국산 쇠고기' 편의 정당성을 훼손하고 이어서 제작진을 얼토당토않게 징계했던 김재철 사장과 그의 수하 경영진들의 불법행위가 모두 확인될 것이다.

노자가 말씀하시길 '하늘의 그물은 눈이 굉장히 넓어서 성근 것 같지만 결코 빠뜨리지 않는다天網恢恢 疎而不失'라더니, 정의는 더디지만 하나씩 하나씩 제자리를 찾아 돌아가는 중이다.

《PD수첩》 '미국산 쇠고기' 편 제작진의 법정투쟁은 2012년 11월 현재까지 4년 6개월 동안 계속되고 있다. 그동안 피고(민사소송)와 피고인(형사소송)으로 7개의 소송에 피소되었으나 모두 승리했다. 제작진이 원고가 된 소송은 4개다. 작가의 이메일 공개 건으로 검사와 조선일보를 고소한 건은 17개월을 끌다가 검찰에 의해 기각되었다. 비록 기각은 되었으나 정권이 바뀌어 검찰 개혁이 이루어지면 재수사의 가능성도 있을 것이다. PD들이 원고가 되어 MBC를 상대로 제기한 정정반론과 징계무효 소송은 위와 같이 1심에서 승소했고, 징계 무효 소송은 판결을 앞두고 있다.

네 번째 원고 소송은 담당 검사들과 중앙일보와 기자를 상대로 한 명예훼손 소송이다. 검찰과 중앙일보는 '아레사 빈슨 가족의 제기한 의료소송의 소장에 인간광우병은 전혀 언급되지 않은 것을 검찰이 확인하였다'는 거짓말을 퍼트렸다. PD수첩이 아레사 빈슨의 사인을 의도적으로 왜곡한 증거라는 식의 이 거짓기사는 제작진 기소 발표 직전에 보도되었다.

그동안 《PD수첩》이 피소된 손해배상액은 모두 43억 원. 새누리당 심재철 의원이 5억 원, 쇠고기 수입업자들이 3억 원, 그리고 시변(시민과 함께하는 변호사회)이라는 우익단체와 이명박 정권에서 고속 성장하며 청와대 변호를 주로 맡아왔던 법무법인 바른이 모집한 사람들을 통해 약 35억 원의 소송을 제기했다. 이 소송들은 모두 기각되거나 자기들이 스스로 소를 취하해 배상한 돈은 한 푼도 없다. 손해를 입어서 손해배상 소송을 걸어온 것이 아니라 조중동을 비롯한 언론에 기사거리를 제공해 언론플레이를 하기 위한 일종의 '쇼'였다.

《PD수첩》 제작진에게 7개의 소송이 제기되었지만 모두 승리했다'는 한 줄의 문장에는 제작진이 겪은 지난 4년 8개월간의 모든 고초가 들어가 있다. 대한민국 언론사상 단 한 개의 방송 프로그램 혹은 보도로 인하여 이렇게 많은 소송을 당하고 이렇게 오랜 기간 시달린 예는 없었다. 7개의 소송 중에서 가장 힘들었던 것은 정치검사들을 상대해야 하는 형사소송이었다. 검찰이 수사한다는 명목으로 시도 때도 없이 조중동과 함께 유포하는 거짓말은 엄청난 고

통이었다. 명백히 있는 것도 '없는 것이 확인되었다'라고 쓰고, 취재한 내용에 그런 말이 없는 데도 '있다'라고 대서특필하면서 검찰과 야합한 조중동의 행태는 목불인견目不忍見이었다.

형사재판은 변호사들이 거의 도맡아 하는 민사재판과 다르다. 모든 형사재판에는 피고인들이 반드시 참석해야 한다. 한 개의 법원에서 무죄판결을 받기까지 3~4주에 한 번씩, 예닐곱 번은 재판을 하고 피고인 심문까지도 받아야 한다. 한 번의 재판을 위해서는 3~4일씩 합숙하다시피 하며 자료를 준비해서 검찰과 검찰 측 증인의 황당한 주장을 반박할 논리를 만들고 우리 측 증인의 증언 내용을 정리해두어야 했다. 검사들은 원래 수사와 재판이 자기들 직업이고 평소 하는 일이지만,《PD수첩》제작진들은 MBC에 출근해야 하고 생업인 프로그램을 제작해야 하기 때문에 형사재판은 여간 힘든 것이 아니었다. 다행히 기소된 제작진이 5명씩이나 되었기 때문에 역할을 분담할 수 있어서 겨우겨우 해나갔으니 망정이지, 한둘만 표적기소 당했다면 그 고통은 이루 말할 수 없었을 것이다.

재판은 보통 2시에 시작해 밤 9시 넘게 계속되기 일쑤였다. 법정경비원은 이런 재판은 1년에 한 번 있을까 말까 하다며 손사래를 쳤다. 보통 재판은 6시 전에는 끝나는데《PD수첩》재판만 이렇게 항상 늦게 끝난다는 푸념이었다. 저녁도 못 먹고 계속 앉아 있었던 것은 우리 피고인 제작진뿐 아니라 변호사와 검사, 그리고 재판부도 마찬가지였다. 증인들을 심문하기 위해 검사와 변호사와 제작진 모두 초긴장하며 상대방 진술의 반박거리를 찾느라 시간 가는 줄도 모르고 재판에 임했다.

손해배상 민사소송은 처음부터 말이 안 되는 소송이었기에 제작진은 크게 신경 쓰지 않았다. 수입업자의 업무를 방해하고 국회의원의 명예를 훼손하고 시청자를 괴롭혔으니 돈으로 배상하라는 소송이었다. 모두 황당한 주장이어서 당연히 기각될 줄 알고 있었다.

새누리당 심재철 의원이 5억 원을 배상하라는 소송은 1심에서 간단히 기각되었다. 그러자 그는 항소를 했다. 2심도 간단히 끝날 것으로 예상했으나 그렇지 않았다. 항소심을 맡은 서울고등법원 부장판사는 합의 조정을 제안해왔다. 제작진은 판사가 작성한 조정문을 거부하고 정식으로 판결해달라고 요청했지만 그는 조정문을 고쳐서 재차 합의를 요구해왔다. 심재철 의원이 "광우병에 걸린 소라도 SRM을 제거하면 나머지는 먹어도 괜찮다"고 발언한 것을 《PD수첩》에서 큰일 날 소리라고 방송했는데 이것을 적당히 타협해서 반론이라도 방송하는 것이 어떻겠냐는 조정이었다. 제작진과 변호사의 고민은 그 부장판사의 역할과 성향이었다. 《PD수첩》 외에도 MBC에 제기된 민사소송의 항소심은 앞으로도 그가 계속 맡을 가능성이 높은데, 그가 하자는 대로 하는 것이 MBC에게 좋지 않겠느냐는 의견까지 대두되었다. 그 부장판사는 농수산식품부가 제기한 정정반론소송의 2심 판결을 한 사람이었는데, 1심에서 기각한 내용까지 추가로 정정하라는 상식 이하의 판결을 해서 제작진뿐 아니라 학계와 법조계를 놀라게 했던 사람이라 걱정이 한결 더 되었다(그의 판결은 대법원에서 파기환송되었다). 그러니 조정을 거부한다면 이번에는 어떤 식으로 판결할지 도무지 감을 잡을 수 없었다. 그래서 제작진의 고민이 깊어져만 갔다.

결국 고심 끝에 부장판사의 조정을 거부하며 판결을 요구하는 정공법을 택했다. 아무리 그가 편파적인 판사라고 해도 한 번이면 족했지, 이번에도 또 《PD수첩》을 상대로 엉터리 판결을 하지 못할 거라고 판단했다. 만약 이번에도 엉뚱한 판결을 하면 제작진이 가만있지 않겠다는 심정으로 배수의 진을 쳤다. 그렇다고 무슨 특별한 수가 있는 것도 아니었다. 지금까지도 《PD수첩》의 공식적인 기조는 항상 '법원의 판결을 존중한다'이다. 아무리 판결이 엉터리라도 판사를 공개적으로 비난하지 않았다. 다만 '아쉽다'라거나 항소 혹은 상고해서 '상급법원의 판결을 받아보겠다'가 공식 멘트였다.

판사는 심재철 의원의 항소를 기각하고 《PD수첩》에 승소판결을 내렸다. 당연한 승소판결을 가지고 그가 시간끌기 하면서 조정을 권유한 것은 이해할 수 없는 행태였다.

심재철 의원은 대법원에 상고했다. 대법원은 무려 2년 4개월이나 시간을 끌면서 판결을 미루어오다가 2012년 6월 15일 《PD수첩》의 최종 승소 판결을 내렸다. 제작진은 대법원의 판결이 이토록 오래 걸린 이유를 이해하지 못한다. 이보다 9개월 앞선 2011년 9월에 형사재판과 농식품부의 정정반론 소송은 대법원의 무죄와 파기환송

등으로 이미 결론이 나 있었다. 그럼에도 불구하고 심재철 의원에 대한 판결만 질질 끌어온 것이다. 심재철은 18대 국회에서 예산결산위원장과 여당인 한나라당 정책위의장이었다.

언론플레이를 위한 손해배상 소송의 가장 큰 피해자는 엉뚱하게도 배우 김민선 씨였다. 수구언론과 쇠고기 수입업자와 관변官邊 변호사들은 대중 연예인이란 점을 이용해 그녀를 집중 공격했다. 그녀가 거액의 손해배상 소송에 피소되었다는 기사는 거의 모든 신문에 보도되었다. 비열한 언론플레이였다. 결론부터 말하자면 이들의 소송은 모두 패소했고 결국 취하되었다. 미니 홈피에 청산가리 운운하며 몇 줄 쓴 걸 가지고 집요하게 물고 늘어진 이 소송은 미국의 오프라 윈프리를 괴롭혔던 축산업자들을 롤 모델로 삼았던 것이다. 오프라 윈프리는 자신의 토크쇼에 출연한 사람과 대담하면서 '죽은 소로 만든 사료를 먹은 소들이 햄버거의 원료가 되니 이제 더 이상 햄버거를 먹지 말아야겠다'는 말을 했는데 목장주협회로부터 무려 1,200만 달러의 소송을 당했다. 오프라 윈프리가 당연히 승소했지만 그녀는 30개월간 재판에 시달려야 했고 100만 달러라는 막대한 비용을 써야 했다. 김민선 씨는 《PD수첩》 제작진과 함께 쇠고기 수입업체 에이미트와 보배드림으로부터 2009년 8월에 3억 원 손해배상소송에 피소되었다. 이 언론용 소송은 2010년 2월 1심에서 당연히 기각되었다. 업자들이 항소한 2심은 재판부가 《PD수첩》 대법원 판결이 나올 때까지 기다렸다가 속개하기로 결정했다.

2011년 9월 《PD수첩》에 대한 대법원 판결이 나온 며칠 후 수입업자들은 소송을 취하해버렸다.

2011년 9월 2일은 《PD수첩》 '미국산 쇠고기' 편 제작진에게, 나아가서 대한민국 언론사의 한 페이지를 장식하는 날이었다. 이날 대법원은 형사사건 항소심에서 판결한 무죄를 확정하고 언론자유에 대한 기존 판례를 다시 한 번 확인하였다. 그리고 민사 2심에서 정정하라고 명령한 3가지 중 2개를 정정할 필요가 없다며 고법으로 파기환송하고 나머지 한 가지만 정정하라고 선고했다.

그런데 정정명령을 받은 '한국인이 광우병에 걸릴 확률이 94%'는 이미 한 차례 정정방송한 것인데 또 하라는 명령이었다. 대법원에서 일개 프로그램의 정정반론 소송을 대법관 13명이 모인 전원합의체에서 결정했다는 것은 아마도 건국 이래 처음 있는 일일 것이다. 정정명령은 7:6으로 이루어졌다. 정정 다수 의견을 낸 대법관 중에는 신영철 대법관이 포함되어 있었다. 그는 법원장 시절 촛불시위에 참가해 기소된 시민에 대한 형사재판에 부당한 압력을 행사한 것이 탄로나서 전국 판사회의를 들불처럼 일어나게 했던 사람이다. 신대법관이 아니었으면 판결은 달라졌을 수도 있었을 텐데 아쉬움이 남는다.

판결문 자체도 문제였다. 지금이 무슨 중세시대라고 과학적 사실을 대법관들이 투표로 결정해서 허위라고 판결한단 말인가? 졸지에 제작진은 지구가 돈다고 했다가 유죄 판결을 받은 '21세기 갈릴레이'가 되어버렸다. 한국인의 94%가 광우병에 걸릴 확률은 잘못된 표현이지만, 한국인의 94%가 광우병에 취약한 MM형 유전자를 가진 것은 과학적 사실이다. 이것은 과학자들이 학술논문으로 발표한 것이다. 이 논문을 정확히 전달하지 못하고 한국인이 광우병에 걸릴 확률이라는 용어를 써서 빌미를 잡힌 것일 뿐이다. 확률로 따지면 서양인과 같은 조건에서 한국인이 광우병에 걸릴 확률이 2~3배 높은 것도 사실이다. 왜냐면 MM형 유전자를 가진 영국인은 약 38%, 미국인은 50% 정도이기 때문이다.

이런 사실들에 대해 과학계에선 별다른 이견이 없다. 몇몇 어용 관변교수와 의사가 어느 토론회에서 MM형이 광우병에 취약한 증거가 없다는 발언을 하고, 이것이 조중동에 대서특필된 것뿐이었다. 어디에나 어용은 존재한다. 과학계와 의학계라고 예외일 수는 없다. 이들의 폐해가 큰 이유는 조중동 같은 수구언론이 퍼트려주기 때문이다. 조중동이 2008년 광우병 사태를 확대시킨 주범이라는 소리가 그래서 나오는 것이다. 미국산 쇠고기의 수입을 반대해오던 신문들이 이명박 정권이 들어서자 갑자기 말을 바꿔 미국산 쇠고기의 안전성을 옹호하면서 국민은 혼란에 빠졌고 분노했던 것이다. 조중동 절독 운동과 조중동에 광고를 실은 업체에 대한 불매운동이 확산되었다.

그럼에도 불구하고 어용 관변학자들의 주장이 대법원의 엉터리 판결에 영향을 끼쳤다는 것이 아쉬울 뿐이다. 대법원이 MM형 유전자가 광우병에 취약하지 않다고 투표로 결정한 것은 영원히 오점으로 남아 세계적 웃음거리가 될 것이다.

정정반론에 대한 2심 판결이 너무도 엉터리였기 때문에 제작진은 2심 판결이 대법원에서 모두 기각되어 파기 환송될 것이라 믿고 있었다. 그래서 정정반론에 대한 대법원 판결보다는 대법원 판사들의 투표 성향과 소수 의견 등이 궁금했다. 반면에 형사사건 대법원 판결은 전혀 걱정하고 있지 않았다. 정치검사들을 상대하기 시작한 처음부터 무죄가 나올 것을 의심한 적이 없었기 때문이다.

대법원의 형사사건 판결은 사실심리(증거를 하나씩 따져 하급심에서 배척하거나 채택된 것이 잘된 것인지, 잘못된 것인지 확인하는 것)가 아니라 법률심리(채택된 증거를 가지고 적절히 법을 적용했는지 여부)이기 때문에 소소한 사항은 2심의 결정이 그대로 유지되는 경향이 있다. 《PD수첩》의 무죄는 처음부터 확고부동한 것이었기에 우리의 관심사는 1심에서 모두 허위가 아니라고 판결났으나, 2심에서는 허위보도 운운하며 판결한 것이 혹시나 바로잡혀지지 않을까 하는 작은 기대감 정도였다. 결과는 역시나 2심의 내용은 건드리지 않고 그냥 무죄를 확정한다는 판결이었다.

대법원이 《PD수첩》에 대한 소송 두 건을 같은 날에 판결하는 것에도 뒷이야기가 많았다. 대법원이라고 해서 하느님 같은 사람들이 모여 수많은 이들의 운명을 결정하는, 천상의 신전 같은 곳이 아니다. 대한민국 최고의 인격과 법률 지식을 지닌 완벽한 분들이 모인 곳이라면 얼마나 좋겠는가. 신전이란 말이 나왔으니 생각해보면 그리스 신들이 모인 신전과 대법원이 비슷할지도 모르겠다. 그 신들은 이해관계에 따라 자연의 법칙을 거스르며, 뒤로는 각자의 욕망을 채우고 있다. 서로 적대시하는 인간들의 후원자가 되어 인간의 갈등을 부추기다가 결국 자기들이 지정한 자들의 승리를 도와준다. 《PD수첩》 제작진이 보기엔 우리나라 대법원도 이런 모양새를 벗어나지 못하고 있다. 하늘이 무너져도 정의를 세우라는 정신보다는, 좋은 게 좋은 것이니 문제를 일으키지 말자는 분위기에 잠겨 있는 것처럼 보인다.

쿠데타군이 방송사를 점령? 아무도 모르게 방송이 나가다

《PD수첩》에 대한 검찰의 기소가 대법원에서 무죄가 확정되고, 정정보도에서는 파기환송까지 나왔으니 《PD수첩》의 정당성이 다시 한 번 확인된 것이었다. 《PD수첩》이 광우병 보도 송사에서 모두 승소했다는 보도가 나오기 시작했으며, 검찰의 무리한 수사를 질타하고 정치검찰의 개혁을 요구하는 목소리도 커졌다.

위기의식을 느낀 이명박 정권은 급히 MBC 김재철 사장을 찾았던 모양이다. 김재철은 해외출장 중에 일정을 앞당겨 갑자기 귀국해 일요일에 임원회의를 소집했다. 그렇게 결정된 것이 사과방송이다. 주요 일간지에 대국민 사과문을 광고 게재하고 MBC에서도 《뉴스데스크》보도를 통해 사과방송을 한다는 방침이었다. 주요 일간지의 사과광고 게재는 각 신문사와 접촉하면서 사원들에게 알려졌다. 그러나 같은 내용이 MBC를 통해 방송된다는 것은 회사 안에서 김재철의 심복인 극소수 간부 외에는 아무도 몰랐다.

방송사에서 방송이 나가려면 우선 편성국에서 시간을 잡아야 한다. 하루의 방송은 모두 그 내용과 시간이 정해져 있다. 사과방송을 하려면 편성국의 TV 편성부 PD에게 방송시간과 분량을 알려주고 시간을 잡아야 한다. 《뉴스데스크》에서 사과보도를 하려면 뉴스편집1부 기자가 방송 순서와 시간을 미리 알고 있어야 한다. 그리고 이것은 사전에 회사 게시판에 공지가 된다. 방송을 제작한 PD와 기자들에게 그날의 방송일정을 공지하기 때문이다. 그런데 이 모든 과정이 생략되었다. 사과방송과 보도는 007작전 하듯이 비밀리에 전광석화처럼 이루어졌다.

20011년 9월 5일 저녁 6시 반경 TV편성부장은 그때까지 퇴근하지 않은 PD들 몇 명을 불러 회의를 소집했다. 그는 TV편성부원들이 모르고 있다가 방송을 보고 아는 건 좀 그렇다며 저녁 《뉴스데스크》전에 사고社告가 있음을 통보했다. PD들은 중요한 방송운행 변경사항을 구성원들이 전혀 몰랐고 결정과정이 불분명하다며 국장면담을 요청했다. 안모 편성국장은 PD들의 질문에 대해 회사결정이라고 대답했다가 국장의 역할에 대한 PD들의 항의를 받아야 했다. 이 면담에서 적극적 역할을 한 PD는 2012년 장기파업이 끝난 후 편성국에서 방출되어 방송과 관련 없는 부서에서 일하고 있다.

MBC 《뉴스데스크》에서 보도된 경위는 더 비밀스러웠다. 《뉴스데스크》의 주요 뉴스는 부장급이 참여하는 편집회의를 거쳐 선별되고, 이곳을 통과한 뉴스들은 최종적으로 오후 5시경 보도국 기자들이 공유할 수 있도록 사내 게시판에 공지된다. 그런데 회사의 사과가 톱뉴스로 보도된다는 것을 일반 기자들은 물론 편집회의에 참가한 다른 부서의 부장들도 모르고 있었다. 심지어 《뉴스데스크》를 생방송으로 진행해야 하는 편집1부 기자들조차 방송 직전인 8시경까지도 이 사실을 모르고 방송준비를 하고 있었다. 아무도 모르게 극비리에 리포트를 준비하고 불시에 방송해버린 것은 보도국이 생긴 이래 유래가 없는 일이다. 이런 일은 쿠데타군이 방송사를 갑자기 점령하지 않는 한 일어날 수 없는 일이다.

형사사건에서 무죄를 선고받고, 민사상 정정보도 사건에서 승소한 《PD수첩》 '미국산 쇠고기' 편에 대해 회사가 사과한다는 것을 MBC의 어느 누가 상식적으로 납득할 수 있겠는가. 그러니 방송과 보도의 정상절차를 거치지 못하고 몇몇 간부들과 함께 쿠데타하듯 해치워버린 것이었다. 당시 전모 보도본부장은 엄기영 사장 시절 보도국장이 되어 신경민 앵커를 교체하는 등 정권과 교감하다가 기자들의 반발로 결국은 보도국장에서 물러났던 인물이다. 그는 이명박 정부 청와대 이모 홍보수석과 고교, 대학 동문이다. 그는 김재철 사장에 의해 보도본부장으로 발탁되었다. 문모 보도국장은

2012년 기자들의 제작 거부 사태를 불러온 인물로, MBC 기자회는 문국장이 있는 동안 행해진 수많은 편파보도의 책임을 물어 그를 이모 기획홍보본부장과 함께 MBC 기자회에서 제명했다. 제명은 기자회가 생긴 이래 처음 있는 일이다.

MBC는 '미국산 쇠고기' 편에 대한 사과광고 비용으로 약 1억 원 가량을 썼다. 쓰지 말아야 할 곳에 돈을 퍼부었으니 정연주 전 KBS 사장과 비교해보았을 때 명백한 배임행위라는 주장이 제기되었다. 사원들이 직접 형사고소 해야 한다는 의견도 있었다. 언론의 사명과 본분을 다하기 위해서라도 사과방송과 사고방송의 방송 시스템을 점검하고 책임자들에 대한 조치가 있어야 한다는 의견이 분분했다. 그런데 장본인 김재철이 사장으로 버티고 있는 한 모두 공염불이었다.

사과방송과 보도에 대한 즉각적인 반응은 노동조합에서 나왔다. 이날 저녁 분노한 조합원들을 대표해서 노조는 성명을 발표하고 김재철 사장의 책임을 물을 것을 다짐했다. 노조는 성명서에서 '회사는 사고社告를 통해 제작진과 조합원들의 등에 다시 한 번 칼을 꽂았다'며 '사실과 다른 내용을 나열하며 누가 시키지도 않았는데 반성하자고 난리'라고 회사를 비난했다. 또 '모두가 《PD수첩》의 정당한 승리를 축하하고 있는데 혼자 구석으로 가서 무릎 꿇고 손들고 있는 형국'이고 '한술 더 떠서 제작진을 인사위원회에 회부한다는 흉흉한 소문도 들려온다. 이 무슨 망동인가?'라며 회사가 추진하고 있는 제작진 징계추진에 대해 강력히 반발하였다.

그러나 김재철 사장과 수하 경영진들은 《PD수첩》에 대한 탄압을 멈추지 않았다. 제작진 PD 4명과 함께 지휘책임을 묻는다며 '미국산 쇠고기' 방송 당시의 시사교양국장까지도 인사위원회에 회부하며 징계 절차에 들어갔다.

보통 회사같이 MBC에도 인사위원회가 있고 모든 징계 절차를 정해놓은 사규와 단체협약이 있다. 그리고 인사위원회 위원장은 사장이 아니라 부사장이며, 위원들은 각 본부장 등 임원이 맡는다. 김재철 사장이 아무리 무도하다고 할지라도 자기가 직접 징계를 할 수는 없으며, 인사위원회를 거쳐 절차에 따라 징계해야 한다. 사장은 인사위원회의 결정에 대한 결재권을 가지고 있을 뿐이다. 따라서 《PD수첩》 광우병 제작진의 징계와 같은 정치문제를 인사위원회의 결정에만 전적으로 맡길 수는 없었을 것이다. 인사위원회 결정이 사장과 정권의 눈높이에 못 맞추거나 너무 심한 징계를 해서 여론의 역풍을 맞으면 사장과 정권으로서는 낭패이기 때문이다. 따라서 사전 조율이 있었을 것이고 형량도 이미 결정해놓고 인사위원회를 열었다는 것이 상식적인 판단이다. 회사에서는 이미 해고 아니면 정직이라는 소문이 돌고 있었다.

막상 징계 절차가 시작되자 인사위원회는 징계하는 데에 집착하며 절차를 제대로 지키지 못하면서 인사위원회를 강행했다. 징계 절차를 규정한 사규에는 징계대상자의 소속부서를 관할하는 임원

은 징계 인사위원회의 심의에 참여하지 못한다고 되어 있다. 《PD
수첩》 제작진의 소속은 모두 편성제작본부였고 본부장은 백모 씨
였다. 그는 TV편성부장을 하다가 편성국장을 거쳐 편성제작본부
장으로 1년 만에 초고속 승진하며 김재철 사장의 신임을 입증했다
(MBC 50년 역사상 초고속 승진의 기록은 현 이모 홍보기획본부장이 가지
고 있다. 그녀는 《PD수첩》 사과문 작성과 사과 광고의 실무책임자였다.
2012년 파업이 끝나자 부장급 본부장에서 부국장을 거치지 않고 바로 국장
급 본부장으로 월반 승진했다). 사규와 단체협약에 의하면 백본부장
은 인사위원회에 참여할 수 없다. 이런 것을 '제척'이라 하는데 이런
절차상 규정을 위반하는 징계는 무효라는 판결이 이미 대법원에서
확립되어 있다.

  인사위원회에 출두한 《PD수첩》 제작진은 백본부장이 인사위원
회에 앉아 있는 것을 보고 이의를 제기했다. 그러나 안모 부사장은
징계수위를 결정할 때 제척할 것이라며 그를 계속 참석하게 했다.
이것이 나중에 법정에서 문제가 되었다. 그동안 MBC 인사위원회
는 제척대상인 임원을 인사위원회에서 퇴장시킨 후 징계자를 불러
심의해왔다. 회사는 변호사를 통해 법원에 낸 의견서에서 '백본부
장은 인사위원회에 참석했으나 앉아 있기만 했고 아무런 발언도 안
했으니 사규를 위반한 것이 아니다'라고 강변했다. 그러나 이것은
거짓말이다. 백본부장은 제작진에게 "프로그램을 잘 만들었다고
주장하는 것이냐"고 힐난하면서 심문에 참여했다.

제척만이 문제가 아니었다. 사규에는 징계대상자가 증인을 신청하면 승인해야 한다는 의무 조항이 있다. 그런데 회사는 제작진이 증인으로 신청한 김형태 변호사를 거부했다. '미국산 쇠고기' 편으로 피소된 것은 제작진뿐 아니라 MBC였으므로, 김변호사는 제작진의 변호사였을 뿐 아니라 MBC, 즉 회사의 변호사였다. 대법원 판결을 자기들 입맛에 맞게 마음대로 왜곡해서 사과방송을 해놓고 법률가를 증인으로 신청하고 싶다니까 거부해버린 것이다. 증인 거부도 법정에서 문제가 되었다. 징계 이유도 가관이었다. 김재철 사장과 수하 경영진들이 《PD수첩》 제작진을 징계한 이유가 '회사 명예 훼손'이었다. 구체적으로는 2008년 방통위로부터 시청자에 대한 사과 명령을 받아 회사로 하여금 사과하게 만들었고, 이번 대법원 판결로 또 회사가 사과방송을 했으니까 《PD수첩》이 회사 명예를 훼손했다는 것이었다. 자기들이 하지 말아야 할 사과를 해놓고 《PD수첩》 때문이니까 징계받으라는 꼴이었다.

이명박 정권이 9명 중 6명의 위원을 임명하면서 장악한 방통위는 2008년 《PD수첩》에 대해 시청자 사과명령을 내렸다. 판결 내용도 허위지만 사과명령 자체도 위헌이었다. 당시 《PD수첩》 제작진과 노조가 반발하며 엄기영 사장에게 사과명령을 받지 말고 행정소송을 통해 헌법재판소에 위헌 심사를 신청하자고 강력히 요청했다. 그럼에도 불구하고 엄기영 사장은 이런 의견을 무시하고 털컥 사과방송을 강행했다. 그 후 시청자에 대한 사과 명령이 위헌이라는 제작진과 노조의 주장은 사실로 입증되었다. 《PD수첩》 사과방송이 나간 지 넉 달 후 2008년 12월 《뉴스 후》는 정부 여당이 추진하고 있는 조중동 종편을 위한 미디어법의 문제점을 집중 파헤쳤다. 이번에도 방통위는 또 시청자에 대한 사과 명령을 내렸다. 그런데 이번에는 사정이 달랐다. 엄기영 사장조차 또 사과하기 민망했던지 《뉴스 후》 제작진의 요청대로 사과 명령에 불복하고 행정법원에 제소했다. 예상대로 행정법원 판사는 헌법재판소에 위헌 심사를 제청했고 헌법재판소는 2012년 8월 위헌판정을 내렸다.

조중동에 《PD수첩》과 MBC가 죄를 자백한 것이라고 대서특필되며 대대적으로 선전된 2008년 시청자에 대한 사과방송은 결과적으로 '헌법을 위반하며 방송한 것'이 되어버렸다. 하지 않아도 될 사과방송을 제작진과 사원들의 반대에도 불구하고 자기들 멋대로 해놓고, 이제 와서 회사 명예훼손죄를 물어 제작진을 징계한다니 적반하장이었다.

명예가 훼손됐는데 신뢰도는 올라간다

도대체 《PD수첩》 '미국산 쇠고기' 편 때문에 MBC와 《PD수첩》의 신뢰도는 얼마나 떨어졌으며 회사의 명예는 얼마나 훼손되었을까?

2007년 9월 시사주간지 시사IN은 창간호 특집 기사로 2007년

'대한민국 신뢰도 조사'를 기획해 전 국민을 상대로 여론조사를 실시했다. 여기에 MBC와 《PD수첩》을 포함한 대한민국 '언론사 신뢰도 조사'가 들어가 있었다. 2009년 8월 창간 100호를 맞은 시사IN은 똑같은 조사를 해서 2년 전과 비교하는 특집 기사를 게재했다. 《PD수첩》 '미국산 쇠고기' 편은 2008년 4월 방송되었고 시청자 사과는 2008년 8월, 검찰의 제작진 불구속기소와 수사결과 발표는 2009년 6월이었다. 모두 2007년 9월과 2009년 8월 사이에 벌어진 일이다. 게다가 두 번째 조사는 검찰의 기소로 조중동이 《PD수첩》을 가장 많이 공격한 직후에 이루어진 것이었다. 그럼에도 불구하고 MBC와 《PD수첩》의 신뢰도는 '미국산 쇠고기' 편 방송 전보다 괄목하게 높아져 있었다.

2007년에 MBC의 신뢰도는 2위였다가 2009년 1위로 올라섰고, 《PD수첩》은 같은 4위지만 신뢰도는 4.5%에서 7.2%로 괄목한 신뢰도 상승을 보였다. 이것에 대해 시사IN은 "뉴라이트 단체들이 가장 문제라고 꼽은 프로그램은 MBC 《PD수첩》. 이들은 《PD수첩》 '미국산 쇠고기' 편이 'PD 저널리즘'의 문제점을 집약적으로 보여준다고 주장했다. 그러나 《PD수첩》은 오히려 신뢰도가 높아졌다. 가장 신뢰하는 프로그램으로 《PD수첩》을 꼽은 비율은 2007년 4.5%에서 7.2%로 2.7%나 높아졌다."라고 보도했다. 시사IN 창간 3주년인 2010년 같은 조사에서는 《PD수첩》의 신뢰도가 11.8%로 상승해 《MBC 뉴스데스크》와 《MBC 100분 토론》을 제치고 《KBS 9뉴스》

에 이어 2위에 올랐다. 결과적으로 《PD수첩》 '미국산 쇠고기' 편으로 MBC의 명예가 훼손된 적은 없다. MBC의 명예는 김재철과 그 수하 경영진들이 훼손한 것이다.

일부에서는 정정보도를 했으니 징계를 받는 것이 마땅한 것이 아니냐고 말한다. 《PD수첩》 제작진이 프로그램을 100% 완벽하게 만들었다는 것은 아니다. 정부 정책을 비판하는 것은 어려운 일이다. 더구나 현직 대통령이 직접 나서서 고도의 외교적 보안을 통해 결정된 경제통상정책을 정면으로 비판하는 것은 더욱 어려운 일이다. 그렇지만 저널리스트는 정권의 통제와 감춤, 홍보와 선전을 뚫고 정부 정책을 비판해야 한다. 정부 발표를 그대로 옮겨주면서 방송하면 《PD수첩》 제작진이 이렇게 힘든 길을 걷지 않아도 된다. 대부분의 앵무새 언론이 그러하듯 대변인의 말을 전하고 정부 발표 수치를 인용하고 대통령이 한 말을 고스란히 옮기면 아무 일이 없다. "여러분~ 값싸고 질 좋은 미국산 쇠고기가 왔습니다"라고 동네방네 떠들고 다닐 순 없지 않은가? 이것이 《PD수첩》이 조중동과 다른 점이다. 《PD수첩》은 정권에 상관없이 정부 정책을 비판했다. 정권이 바뀌었다고 미국산 쇠고기의 안전성이 갑자기 달라지지 않는다. 조중동은 갑자기 안전하다고 선전하기 시작했지만 《PD수첩》은 그럴 수 없었다.

군이 변명하자면, 정보를 독점하고 있는 관료들을 상대로 정부 정책을 비판하는 것이 원래 어렵기 때문에, 혹은 미국산 쇠고기 수입 협상처럼 갑자기 이루어져 며칠 후 고시를 하면 확정되는 경우처럼 시간이 촉박할 경우에, 언론이 일부 부정확한 보도를 했다고 마구잡이로 처벌하지 말고 어느 정도 숨 쉴 공간을 허용할 수밖에 없다는 것이 민주주의 사회에서 용인된 원칙이다. 그렇다고 마구잡이로 추측보도를 허용한다는 것이 아니다. 언론이 최선을 다했다면 일부 용인해주는 공간을 만들어주자는 것이다. 언론이 최소한의 숨을 쉬며 정부를 비판할 수 있어야 민주주의가 유지된다고 보는 것이다. 물론 최선을 다해 취재하고 사실을 확인했다는 것은 언론이 입증해야 한다.

그동안 MBC에서도 시청자의 질타를 받은 무수한 정정보도와 시청자 사과가 있었다. 그러나 정정보도를 해서 바로잡았을 뿐 대부분 경징계인 근신과 주의로 제작진을 책망했을 뿐이다. 하나의 방송으로 무더기로 정직과 감봉의 중징계를 받은 일은 MBC 50년 역사에서 《PD수첩》 '미국산 쇠고기' 편 제작진이 유일하다.

반면에 역대 《PD수첩》 제작진 중에는 형사기소되어 유죄판결을 받은 PD도 있다. '미국산 쇠고기' 제작진이 중징계받을 당시 시사교양국장은 윤모 씨였다. 그는 PD 시절에 주거침입죄와 명예훼손죄로 각각 형사기소되어 유죄판결을 받았다. 물론 유죄판결을 이유로 어떤 징계도 받지 않았다. 그런 그가 직속 상사인 백모 편성본부장과 함께 명예훼손 무죄판결을 받은 《PD수첩》 제작진 PD들의 징계를 논의했다는 것을 어떻게 설명해야 할까.

이것이 김재철 사장과 그의 수하 경영진이 《PD수첩》에 대해 황당한 사과방송을 강행하고 제작진을 중징계한[1] 전말이다. 징계를 마무리하고 얼마 후 김재철 사장은 시사교양국 PD들과 만난 자리에서 정치권과 광고주, MBC를 고려해서 그런 결정을 내렸다는 취지의 말을 했다. 누가 이 말을 믿겠는가? 김재철 사장이 자신과 정권을 고려해서 그런 결정을 했다고 말하면 또 모를까.

2012년 11월 8일 MBC 대주주인 방문진은 김재철 사장의 해임안을 찬성 3, 반대 5, 기권 1로 부결시켰다. 반대와 기권을 한 6명의 위원[2]은 이명박 대통령과 새누리당이 임명한 사람들이다. 이 중에는 2008년 《PD수첩》에 대한 시청자 사과 명령을 한 방통심의위원[3]도 있다. 정부여당이 움직이는 방문진은 MBC를 김재철 사장 체제로 유지하며 대선을 치르기로 결정한 것이다. 이 결정의 배후는 청와대 대통령실 실장 하금열과 박근혜 선거대책본부장(새누리당 총괄선거대책본부장) 김무성이라고 폭로되었다.[4]

---

1 인사위원회 위원장 부사장 안광한, 위원 기획실장 차경호, 편성제작본부장 백종문, 보도본부장 전영배, 드라마본부장 장근수, 디지털본부장 이우철, 경영본부장 고민철
2 방송문화진흥회 정부여당 추천 인사는 위원장 김재우, 위원 김광동, 김용철, 김충일, 박천일, 차기환
3 방송통신심의위원회 정부여당 추천인사는 위원장 박명진, 위원 김규칠, 박정호, 박천일, 손태규, 정종섭
4 방문진 여당측 이사들, 하금렬·김무성 전화 받고 입장 바꿔. _2012. 11. 8. 한국일보 등 보도

Part 3

PD수첩, 응답하다

사회 각층의 인사들이 '응답하라 《PD수첩》 토크콘서트'에서 영상 메시지나 육성을 통해
《PD수첩》이 혼자 있지 않음을 소리 높여 이야기했다. 《PD수첩》 사태에 대한 지지 발언을 통해
이토록 많은 이들이 방송의 말할 권리와 국민의 알 권리에 대해 간절히 염원했다.

기적 같았던 공정방송 파업 170일, 그리고 복귀

2012년 벽두에 공정방송을 요구하며 보도책임자(보도본부장, 보도국장) 사퇴를 요구하는 MBC 기자회의 성명이 있었고, 이 성명이 받아들여지지 않자 MBC 기자들은 초유의 제작 거부에 들어갔다. 그리고 MBC 노동조합은 2012년 1월 30일 파업을 선언했다. 김재철 체제에서 예정된 갈등의 결과였다. 김재철 체제가 완성되면서 《PD수첩》에 대한 검열과 통제로 이미 시사교양국은 초토화되었다. 김재철 체제 2년 만에 김미화 씨를 비롯한 출연진의 강제 하차가 일상화된 라디오본부의 경쟁력은 반토막이 났고, 기술본부, 경영본부 등 제작 외 부서에서도 소통의 리더십은 전혀 찾아볼 수 없는 상황이었다. 거기에 한미 FTA 보도를 하며 시민들로부터 조롱받는

MBC 뉴스는 구성원들에게 돌이킬 수 없는 상처를 남겼다. 국민들에게 공영방송 MBC의 죽음을 선포하고 사과를 하는 것으로 파업이 시작되었다.

파업은 예상보다 길었고 중요한 국면들이 전개되었다. 공정방송을 요구하는 시민들의 지지가 이어졌다. 그러나 김재철 일당은 물러서지 않았다. 총선에서 MBC의 공정방송 대의에 동의하는 정치 세력이 이기지 못하자 김재철 체제는 공고히 다져지는 듯했다. 이때 김재철 사장의 비리가 연이어 폭로되었다. 먼저 법인카드를 2년간 7억 원이나 쓴 내역이 발표되고 연이어 김재철 사장의 특별한 배려(?)를 받던 정모 여인과의 스캔들이 터졌다. 김재철 사장은 계속 버텼지만, 국민 비호감의 한 명으로 선정되는 치욕을 맞았다. 그리고 여름이 되자 대국민 서명전에 들어갔다. 3주차에 이미 70여만 명이 서명을 하고, 무한도전 불방 이슈가 전 국민적 사안이 될 무렵, 노동조합은 170일간의 파업을 풀었다. 다만 가까운 시일 내에 김재철 사장을 합리적으로 정리한다는 합의가 정치권에 있다는 확신만을 가지고 MBC 노동조합은 복귀했다. 그러나 객관적인 조건은 더욱 어려워진 상황이다.

회사는 시용PD와 시용기자라는 기상천외한 대체인력들을 뽑았고, 이들은 회사 안에서 기이한 형태로 또아리를 틀고 있었다. 그들은 일종의 별동대였다. 비판적인 목소리를 내는 기자, PD들을 쫓아내고 김재철 체제가 뽑은 시용기자, PD 자리에 올바른 양심을 가진 사람들이 지원할 리 만무했다. 이들은 언론인으로서의 양심을 걸고 싸워온 동료들을 짓밟고 MBC로 온 사람들이었다. 이미 한국 기자협회와 한국PD연합회는 이들을 회원으로 인정하지 않겠다는 성명을 발표한 마당이었다. 시사교양국은 파업 기간에 시사제작국 과 교양제작국으로 나뉘었다. 《PD수첩》을 망가뜨리는 데 앞장섰 던 인사들은 파업 기간에 영전을 거듭했다. 윤모 시사교양국장은 편성국장, 김모 《PD수첩》 CP는 교양제작국장, 최승호 PD 등에 대해 마타도어를 하던 김모 3CP는 시사제작국장, 그리고 제주 7대 자연경관의 기획안을 찢는 등의 활약을 했던 배모 팩트체커 팀장은 《PD수첩》 CP로 영전했다. 그들은 아무리 무죄가 선고되더라도 정권에 밉보인 자들을 잡아넣으면 영전하던 검사들의 행태와 놀랍도록 닮아 있었다.

김재철 체제의 MBC는 먼저 파업에 열심히 참여했다고 파악한 100여 명의 사원들을 일선에서 배제시켰다. 이미 해고자만 8명에 이르는 상황. 징계를 받은 조합원의 수는 100여 명이 넘어서고 있었다. 무엇보다 김재철 체제를 떠받치는 간부들의 정체성은 자기 자신을 김재철과 동일시하고 있었다.

직원들 얼차려 시키는 것도 이유가 있을 거라고

시사교양국에서 교양제작국으로 이름이 바뀐 사무실은 썰렁했다. 파업 복귀 이후 김정민 PD는 예전과 같은 임무를 부여받았다. 《금요와이드》라는 금요일 저녁 7시대의 교양프로그램. 시청자들이 보고 즐길 만하거나 생각해볼 만한 먹을거리, 이야깃거리를 가벼운 터치로 방영하는 프로그램이었다. 지난 8월 20일, 매주 월요일이 그렇듯 그는 아이템을 찾으려 인터넷과 신문을 뒤적이고 있었다. 소재는 강하지만 촬영이 어려울 것 같은 아이템, 화면은 그럭저럭 구성할 수 있을 것 같지만 시기적으로 이슈가 지나버린 아이템 등 방송쟁이로서 시중에 떠도는 수많은 소재들을 들여다보고 있었다. '시의적절하고 촬영이 용이하며 촬영 내용이 신선하고 재밌으며 거기에 많은 이들의 공감을 살 수 있는 아이템은 어디 없을까?' 열거한 기준을 모두 충족시키는 아이템은 찾기 힘들다. 초반에는 욕심내고 아이템을 고르다가 막판에 시간에 쫓겨 한두 기준에는 불만족스러운 아이템을 고르고 촬영에 들어갈 수밖에 없는 것이 현실이다. 이런저런 고민으로 자료를 찾다가 월요일이 다 갔다. 그는 동기를 불러내 팥빙수를 먹으며 '이번 주는 뭐하지?' 하는 고민을 나누고 있었다. 지긋지긋한 아이템 선정의 괴로움, 팥빙수를 먹는 중에 《금요와이드》를 총괄하는 이영백 PD가 후쿠시마 원전 사고 이후, 현지의 아이들이 한국을 찾아 봉사활동 하는 내용의 아이템 촬영 의뢰가 들어왔다며 검토해보라고 전화했다. '시의적절 OK, 촬영 용이 OK, 그러나 신선함, 재미… NO…' 아직 월요일이니 일단 킵keep하고 다른 아이템을 찾아보려고 했다. 퇴근 후에도 내려놓을 수 없는 아이템 선정에 대한 고민, 고민들. 그에게는 머리는 지끈지끈하지만 늘 있는 월요일의 풍경이다.

김정민 PD의 고민은 퇴근 후 해결됐다. 그는 집에서 인터넷을 하다가 쇼킹한 사진을 봤다. 백발의 아저씨들이 일렬로 엎드려 일명 한강철교라고 불리는 얼차려를 받고 있는 사진이다. 더 찾아봤다.

그 아저씨들이 흰머리 휘날리며 오리걸음을 하고 뜀뛰기를 하는 사진들… 이유가 뭘까? 알아냈다. 구미의 한 공장에서 파업이 끝나고 직원들을 대상으로 실시한 교육이란다. 파업이 끝나고 직원들을 대상으로 군대에서도 금지된 얼차려를 실시한다니, 그리고 얼차려

를 생생하게 찍은 사진도 존재하는 상황… 재미 OK! 신선함도 OK
다. 된장찌개를 끓여놓으시곤 밥부터 먹으라는 어머니의 잔소리도
그는 뒤로한 채 얼차려를 받은 직원의 번호를 수소문해 통화했다.
그들은 회사의 비인간적인 처우에 분노하고 있는 상황이었다. 취재
에 상당히 호의적이었으며 자기들의 사연이 세상에 알려지길 바랐
다. 촬영 용이 OK! 그런데 그 얼차려가 과거에 실시됐고 지금은 더
이상 이루어지지 않는다면 방송이 뒷북이 될 수 있는 상황이다.

"혹시 지금도 얼차려가 이루어지고 있나요?"

"그렇습니다. 다음 달에도 예정돼 있습니다."

시의적절도 OK! 이렇게 입맛에 맞는 아이템을 만나다니. 고민에
서 해방된 홀가분한 마음으로 먹으니 식어버린 된장찌개도 달았다.
그는 밥을 먹으며 관련 내용을 링크해서 이영백 PD에게 보냈다.

다음 날 아침, 이영백 PD는 자칫 무거울 수 있지 않겠냐는 걱정
을 했다. 김정민 PD는 노사 분쟁의 과정 전체를 다루지 않고 '직원
들에게 얼차려를 실시한 사업장'이란 내용에 초점을 맞춰 다루겠다
고 했다. 방송에서 쌍방 간의 갈등을 다룰 때는 한쪽에 치우치지
않도록 최선을 다해야 한다. 그 중립에 대한 강박은 자칫 프로그램
을 지루하게 만들기 쉽다. 하지만 한쪽에서 상식적으로 사회에서
받아들여질 수 없는 행동을 했을 경우(예를 들면 폭력, 인권 침해 등)

갈등의 과정은 무의미해진다. 어떤 갈등의 결과로도 절대 용납될 수 없는 행위가 존재하고 직원에 대한 얼차려도 이에 속한다. 분쟁 당사자 간의 중립에 대한 강박에서 벗어나 피해사례 고발의 성격으로 만들면 짧은 시간(7분) 안에도 충분히 내용을 담을 수 있겠다고 판단했다. 이영백 PD는 현장에 가서 판단해보라고 했고 김정민 PD는 출장을 준비했다.

구미 발레오만도 공장 앞은 전쟁터였다. 피켓시위를 하는 해고자들은 MBC 카메라를 반겼다. 마치 전장에서 오매불망 기다려온 지원군을 대하듯 했다. 반면 발레오만도 측은 카메라를 피해 다녔다. 공장 앞을 지키고 있던 육중한 몸집의 용역들은 카메라를 손으로 막고 험한 말을 쏟아냈다. 촬영 중임에도 용역들은 족히 아버지뻘은 될 듯한 해고자들에게 육두문자를 쏟아냈다. 사장은 전화를 받지 않았고 노무팀장은 MBC임을 밝히자 전화를 끊어버렸다. 얼차려에 대한 인터뷰를 하려고 카메라를 세팅하던 중에 직원이 물었다.

"그런데 요즘 MBC에서 이런 내용 나갈 수 있어요?"

김정민 PD는 반신반의하던 그에게 대답했다.

"이렇게 명확한 인권 침해 사례를 어떤 이유로 못 나가게 막겠어요. 저희 회사 아직 그 정도는 아니에요."

결과적으로 김정민 PD는 그보다 더 자신의 회사에 대해 모르고 있었다.

20년 동안 생산라인에 있던 사람이 화장실 청소를 한다. 공장을 바쁘게 누비던 사람이 회사 복도에 혼자 앉아 있다. 화장실 가는 것조차 보고해야 하고 30분 단위로 했던 일을 일지로 작성해야 한다.

파업이 끝나고 난 뒤, 기존의 노조를 탈퇴하지 않은 직원들에게 가해진 폭력적 인권탄압이다. 회사는 이들을 모아 '지피지기'라는 별도의 팀도 만들었다. 팀 이름에서부터 모욕감을 주겠다는 회사의 의도가 읽혔다. 회사에서 가장이 받는 인간적 모욕감에 가정도 흔들렸다. 회사에서 얼차려를 당하고 집에 들어온 아버지는 당당히 가족들을 대하기 어려웠다. 아빠의 웃음은 사라졌고 퇴근 후 아빠에게 달려오던 아이들은 이젠 조용히 자기 방에 들어가 문을 닫는다고 한다. 좋은 아이템이기 이전에 반드시 세상에 알려야 하는 이야기였다. 복귀하는 차 안에서 코너 제목을 묻는 막내작가의 문자에 그는 답을 했다. '파업이 끝나고 난 뒤'.

모든 문제는 여기서 시작됐다.

8월 23일 목요일, 김정민 PD는 밤샘을 준비하고 편집실에 들어서는데 주변이 심상치 않았다. '파업이 끝나고 난 뒤'라는 방송 기획안을 본 김모 교양제작부장이 이영백 PD를 붙잡고 내용을 따져 물었단다. "우리 회사 엿먹이는 거냐?", "누가 봐도 우리 회사 얘기지 않냐?"며 흥분했단 얘기를 전해 들었다. 그냥 웃었다. 그 순진한 보신주의가 재밌었다. 김정민 PD는 부장에게 전화를 해야지 싶었다.

쟁점이 부딪히는 노사 문제가 아니라 인권의 문제를 다룬 거라고 설명하면 될 거라고 믿었다. 백발의 회사원이 정신교육을 받으며 땅에 머리를 박고 있는 화면을 보여주면 제목만 보고 문제제기한 본인이 머쓱해하리라 생각하며 그는 부장에게 전화했다.

부장은 다짜고짜 방송을 하지 말라고 했다. 내용 따위엔 관심도 없었다. 방송제작 가이드라인을 위반했다고 하며 '방송 3일전 대본을 심의부에 제출해야 한다'는 항목을 들이밀었다. 이를 위반했다는 것이다. 매주 금요일 생방송으로 진행되는 프로그램에선 사실상 적용되지 않는, 현실 불가능한 항목을 내세우며 절차를 지키지 않았다고, 그래서 방송할 수 없다고 했다. 김정민 PD는 1년 동안《금요와이드》를 했다(63회). 매회 7개의 꼭지, 총 400개 이상의 꼭지가 나가는 동안 한 번도 준수할 것을 요구하지 않았던 항목을 불쑥 꺼내든 것이다. 촬영까지 다 끝난 상황, 편집만 남겨둔 아이템이었다. 그는 혹시 편집에서 조심해야 할 부분이 있으면 최대한 반영하겠다고 했다. 한참의 실랑이가 오간 후 편집본을 보고 판단하겠다는 약속을 받았다. 다음 날 오전 10시 30분에 보기로 했다.

시사를 준비하던 방송 당일 오전 10시, 부장이 먼저 김정민 PD에게 전화를 걸어왔다. 회의실로 오라고 했다. 회의실에서 부장은 방송제작 가이드라인을 펼쳐 그 앞에 펴 보였다. 담당 PD와 상위

책임자의 의견이 상충할 경우, 상위 책임자가 조정할 수 있다는 내용에 밑줄을 그어놓은 상태였다. 그는 이를 근거로 불방을 지시했다. 불방의 이유를 물었다. 그는 민감한 주제라는 얘기만 되풀이했다. 그는 편집본을 보지도 않은 상태였다. 일단 보고 다시 얘기하자고 했다. 김정민 PD는 양측의 주장이 엇갈릴 수 있는 노사 분규에 대한 내용은 빼고, 사측의 반론을 충실히 다루려는 노력도 프로그램 안에 넣었다고 말했다. 이견 없이 공분을 일으킬 만한 보편적 인권에 초점을 맞춰 편집했다고 호소했다. "어차피 방송 못 나가는데 봐서 뭐하나"라는 말이 돌아왔다. 김정민 PD가 물러서지 않자 일단 보자며 편집실로 향했다. 편집실로 향하는 부장의 뒷모습에 본인의 억울함을 세상에 알려달라며 그를 붙잡고 울분을 쏟아내던, 방송일자와 시간을 거듭 물어보던 발레오만도 직원들의 얼굴이 겹쳤다.

"노조원들은 다 정식 인터뷰인데 사장은 녹취네. 편파적으로 취재했네."

"그럼 사장 정식 인터뷰 따오면 됩니까?"

"그래도 방송은 안 돼. 뭐든지 이유가 있는 거야. 직원들 얼차려 시키는 것도 이유가 있을 거라고."

"도대체 어떤 이유면 직원들 머리 박게 하는 게 용납이 되는 겁니까? 그런 이유라는 게 존재할 수 있습니까?"

"사람을 죽이는 데도 아버지의 원수를 갚는다든지 하는 속사정이 있을 수 있잖아."

"그럼 부장님은 국장이 오리걸음 시키면 하실 겁니까?"

"뭔가 시킬 만한 이유가 있겠지. 회사가 괜히 시키겠어?"

믿기 힘들겠지만 이것이 공영방송 MBC 교양 프로그램을 관리하는 부장의 입에서 나온 말이다. PD는 절망했다. 이토록 낮은 수준의 논리로 사회적 약자의 목소리가 묻혀야 한다니. 왜 사람에게 얼차려를 강요해선 안 되는지에 대한 설득을 생방송 8시간 전에 하고 있어야만 하는 그의 모습이 씁쓸했다. 결국 김모 교양제작국장을 찾아갔다. 《PD수첩》 PD들과 1년여 동안 숱한 갈등을 가져왔던 그 CP는 교양제작국장으로 영전해 있었다. 심지어 PD들의 책상을 뒤지며 아이템 검열에 열을 내던 그였다. 이제 국장으로 위치해 있는 그를 대하는 것은 고통스러웠다.

"너 이렇게까지 해야 되겠니?"

국장이 뱉은 첫마디였다. "처음 아이템을 전해 듣고 분노가 치밀어 올랐다"고도 했다. 순간 그의 머릿속이 하얘졌다. 이건 이성 밖의 언어다. 국장이 분노가 치밀어 오른 까닭은 보고의 문제도, 내용의 형평성 문제도 아니었다. 그들은 MBC 노동조합의 조합원이 방송을 매개로 자기 회사를 공격하는 것으로 인식하고 있었다.

코너 수보다 작가가 부족하여 부득이하게 PD가 대본까지 쓰게 된 것에 대해서도 의도적이라고 의심했다. 작가까지 배제한 채 조합원 혼자 마음대로 꼭지를 구성하려 했다는 것, 김정민 PD는 이 말을 듣는 순간 이 황당한 상상력에 어떻게 대응해야 할지 아득했다.

그들은 얼차려 주는 사측의 입장에 강하게 감정이입을 하고 있었다. 김정민 PD가 프로그램을 통해 비판하고자 하는 이들이 자기라고 생각하고 있었다. 방송의 필요성과 문제의 소지가 없음을 설득하려 했던 그는 얼마나 순진했던 것인가! 결국 그들의 필사적인 노력으로 방송은 나가지 못했고, 김정민 PD는 '미보고와 지시불이행'이란 이유로 인사위원회에 회부돼 정직 1개월의 징계를 받았다. 여기서 지시불이행이란 부장이 방송하지 말라고 했을 때 바로 접지 않고 이견을 말했다는 것이고, 미보고는 출장 결재를 올리면서 아이템 내용을 고의적으로 누락했다는 혐의다. 담당 부장이 흔쾌히 결재했던 구미 출장 결재용 양식지에는 프로그램명과 회차, 기간 등만 작성하게 돼 있지 아이템 내용에 대해 적어야 하는 자리는 없었다. 하지만 김정민 PD의 징계가 확정되고 나서 출장 결재 양식지에서 '프로그램명'을 쓰는 란이 '프로그램 및 아이템 제목'을 쓰는 란으로 수정됐다.

머리 박고 있는 직원들의 사진과 함께 불방 과정이 노보에 실렸다. 사진을 보고 서너 명의 보도국 선배들로부터 김정민 PD에게 연락이 왔다. 불방된 아이템을 다루고 싶다는 것이다. 사회적 약자가 강자에 의해 인권을 유린당하는 현장의 생생한 사진은 사회적 관심을 끌어오기에 충분한 휘발성 강한 소재이다. 사회적 약자 보호와 건강한 이슈를 선도해야 할 의무가 있는 MBC 교양국장과 교양제작부장이 버린, 심지어 제작진을 징계까지 한 이 아이템은 결국 10월 7일 《시사매거진 2580》을 통해 전파를 탔다. 다음 날인 8일에는 고용노동부 국정감사에서도 문제가 제기됐다. 교양제작국 장과 부장은 방송을 봤을까? 혹시나 PD로서 이슈를 선점하지 못한 것을 아쉬워했을까? 인간적으로 사회적 약자의 목소리를 대변하지 못한 데 대해 죄책감을 느꼈을까? 마땅히 그래야 하거늘, 그들에게 기대하기엔 너무 사치스럽게 느껴진다. 지금까지 이렇게 외면해버린 약자들의 외침이 얼마나 많았을까? 해결되지 못한 채 곪아가고 있을 그들의 환부에 공영방송 MBC는 이제라도 빨간약을 발라줘야 한다. 이것이 2012년 현재, MBC의 현실이다.

지지한다, PD수첩

2012년 9월 25일에는 홍대 롤링홀에서 '《PD수첩》 방송 정상화를 위한 호프(HOPE) 콘서트: 응답하라!《PD수첩》'이라는 이름으로 《PD수첩》을 응원하는 토크 콘서트가 열렸다. 방송인 김미화 씨와 《PD수첩》 CP와 진행을 맡았던 송일준 PD의 사회로 《PD수첩》 정상화에 염원을 담아 기획된 행사였다. 1월 MBC 노동조합의 파업으로 방송을 중단한 《PD수첩》, 파업을 할 수밖에 없었던 그 이유를 증명했던 김재철 체제의 《PD수첩》, 그리고 파업 이후 작가들에 대한 무단 해고사태로 다시 무기한 중단된 《PD수첩》이었다. 이 모든 것을 제대로 만들어보겠다고 각계각층의 사람들이 모였다.

한국PD연합회 이정식 회장과 한국방송작가협회 이금림 이사장의 응원으로 시작된 콘서트는 부당 해고된 최승호 PD와 정재홍 작가가 그동안의 심경을 밝히며 토하는 울분에 공분했다가, 안철수 대선후보의 《PD수첩》 지지발언, 일정상 참석하지 못한 문재인 대선후보를 대신해 문후보의 이야기를 전한 도종환 의원의 '담쟁이' 시 낭송에 힘을 얻었고, 호프(HOPE) 콘서트를 맥주 마시는 자리로 알고 왔다는 공지영 작가의 말에 웃었다. 그녀는 사랑 이야기를 쓸 수 없는 지금의 현실에 안타까워했다.

이외에도 한명숙 전 총리, 조국 교수, 진중권 교수, 장항준 감독, 성석제 작가, 이강서 신부 등 사회 각층의 인사들이 '응답하라《PD수첩》토크 콘서트'에서 영상 메시지나 육성을 통해 《PD수첩》이 혼자 있지 않음을 소리 높여 이야기했다. 《PD수첩》 사태에 대한 지지발언을 통해 이토록 많은 이들이 방송의 말할 권리와 국민의 알 권리에 대해 간절히 염원했다. 그들이 콘서트를 통해 남긴 《PD수첩》을 향한 응원을 들어보자.

안철수 후보

"MBC가 지난번 170일간의 파업을 하고 나서 긍정적인 기대들을 했었는데요. 지금 오히려 사태가 더 악화된 것 같습니다. 파업이 끝난 후에도 복귀하지 못한 분이 120분이 넘게 계시잖아요. 《PD수첩》의 작가 분들과 PD 분들이 해고되는 일은 상식적으로 있을 수가 없는 일입니다. 여야 간 합의를 통해 MBC의 상황을 해결하기로 했다면 그게 지켜져야 하는 것이죠. 그런 합의가 지켜지지 않은게 상식적이지 않다는 생각입니다.

언론은 본질적으로 진실을 이야기해야 하는 숭고한 사명을 가지고 있습니다. 프랑스의 사상가 볼테르는 이렇게 얘기한 바 있습니다. "나는 당신과 의견이 다르다. 그러나 누군가 당신의 의견 표명을 방해한다면, 나는 당신 편에 서서 목숨을 걸고 싸우겠다"라고요. 그게 우리 모두가 가져야 할 생각이라고 봅니다. 어서 《PD수첩》이 다시 만들어졌으면 합니다. 다시 시작하는 첫 번째 방송은 파업 기간 동안 해고된 작가와 PD 분들이 어떻게 사셨는지를 다큐멘터리로 만들어봤으면 좋겠습니다. 아마 많은 사람들에게 좋은 교훈을 줄 것 같습니다."

문재인 후보

"이명박 정권하에서 심각하게 훼손된 방송의 정치적 독립과 공영성 확보가 시급하다는 생각입니다. 그리고 언론인 해직 등 부당한 대우를 받은 언론인들의 명예회복을 위한 노력도 필요합니다. 제가 나서서 해야 할 첫 번째 일이라고 생각하고 있습니다. 지금 언론을 바라보는 여러분이 바라는 것이 MBC나 KBS 사장의 해임이나 연임 반대만은 아닐 것입니다. 여러분께서 진정으로 원하는 것은 아마 앞으로 어떤 권력이 와도 공영 방송의 사명을 다할 수 있게 보장할 수 있는 근본적인 조치일 것입니다. 저는 앞으로 공영 방송이 권력의 입맛에 따라 그 본분을 잃어버리는 일이 없도록 근본적이고 제도적인 방안을 마련하고 싶습니다.

이명박 정부 5년은 《PD수첩》을 비롯한 시사프로그램의 수난시대였습니다. 정권에 입맛에 맞지 않은 프로그램은 개편 때마다 폐지의 수순을 밟았고, 그나마 살아남은 프로그램들은 예전처럼 날카롭지 않다는 비판에서 자유롭지 못했습니다. 정부 비판적 보도에 대한 정권 관계자들의 불편한 심기 노출, 경영진의 사전심의와 불방 조치, 방통위의 표적 심의, 검찰의 무리한 기소 등 이명박 정부 5년은 언론의 비판적 정신이 거세되는 과정이었다고 해도 무리가 아닙니다. 《PD수첩》을 대하는 정권의 태도는 과거 어두웠던 유신 시절을 떠오르게 합니다. 조금이라도 정권을 비판하면 무조건 잡아가던 긴급조치 9호가 되살아난 것 같다는 인상을 지울 수가 없습니다. 지금 그들이 보여준 이런 처사야말로 MBC발 긴급조치라 불러야 하는 게 아닌가 싶습니다.

MBC발 긴급조치를 해제해야 한다는 걸 여러분께 강조해서 말씀드리고 싶습니다. 이번에 《PD수첩》 작가 6명 해고 사태를 보면, 그분들을 해고할 정당한 사유가 전혀 없습니다. 작가를 일종의 소모품처럼 대하는 MBC의 이런 조치에 저를 비롯한 많은 분들이 함께 분노하고 있습니다. 제가 진심으로 여러분과 함께하겠습니다. 힘내시길 바랍니다."

이정식 한국PD연합회 회장

"《PD수첩》은 지난 22년간 우리 시대의 정직한 목격자로서, 비판 언론의 상징으로서 중요한 역할을 수행해왔습니다. 그런 《PD수첩》이 지금 모진 시련을 겪고 있습니다. 《PD수첩》이 결방된 지 벌써 8개월이 지났습니다. 언제 재개될지는 알 수 없습니다. 책임이 있는 사람들은 이러한 사태에도 불구하고 남의 일처럼 외면하고 있습니다.

《PD수첩》은 즉각 방송되어야 하고 PD들과 작가들은 제자리로 돌아가야 합니다. 그런 희망이 하나둘 모이면 큰 힘이 된다고 생각합니다. 모두 힘내십시오."

이금림 방송작가협회 이사장

"7월 20일경 《PD수첩》 작가 전원이 비정상적인 경로로 해고되었다는 소식을 처음 접했을 때 설마 그런 일이 벌어졌을까 싶었습니다.

지금이 그 어두웠던 3공, 5공 때도 아닌데 어떻게 민주주의 국가에서 이집트나 리비아, 시리아 같은 아프리카나 중동 독재국가에서나 있을 법한 일이 대명천지에 일어날 수 있을까요. 그런데 사실이었습니다. 《PD수첩》 작가 전원 해고사태는 양심과 표현의 자유를 생명으로 하는 우리 방송작가 2,500명에 대한 모욕이며 심각한 언론 탄압이라는 것이 대다수 방송작가들의 의견이었습니다.

7월 31일 협회는 확대집행부 회의를 거쳐 성명서를 내고 《PD수첩》

작가 전원해고는 엄연한 언론 탄압이며 정치보복이므로 즉시 해고 작가 전원의 조건 없는 복귀를 촉구하고 MBC 김재철 사장에게는 정중하게 면담을 요청했습니다. MBC는 묵묵부답 무응답으로 일관했습니다. 8월 6일 협회 위원 300여 명은 MBC사옥 앞에서 부당한 처사에 항의하는 옥외집회를 열기에 이르렀습니다. 협회 창립 50년사에 옥외집회는 초유의 사태였습니다.

그러나 8월 8일 MBC 공식입장을 들고 온 백모 본부장은 우리 협회와 작가를 비웃기라도 하듯이 《PD수첩》을 계속할 수 있도록 협회가 나서서 다른 대체작가를 구할 수 있게 도와달라며 기다리겠다고 했습니다. 《PD수첩》 대체작가 거부서명에 동참한 작가가 900명이 넘는다는 사실을 알면서도 굳이 우리 협회까지 찾아와 그런 말을 한 저의가 아직도 궁금할 따름입니다. 우리 협회 소속 구성 다큐작가들 중에 MBC의 《PD수첩》 대체작가로 들어가 글을 쓰고 싶은 사람은 단 한 사람도 없습니다. 우리 작가들은 자기 손으로 한솥밥을 먹은 6명의 직원을 해고시키고 100여 명의 직원을 정직 또는 대기발령, 직원 재교육 등으로 일자리를 뺏은 사장과 그 뜻을 함께한 국장, 본부장과는 다릅니다. 적어도 우리는 동료의 시체를 밟는 짓을 하면서 자신의 영달을 탐하지는 않습니다.

《PD수첩》은 김재철 사장이 마음대로 할 수 있는 프로그램이 아닙니다. 더군다나 본부장이나 국장이 마음대로 할 수 있는 프로그램도 아닙니다. 누구도 《PD수첩》의 PD를, 그것을 쓰는 작가를 마음대로 할 수 없습니다. 왜냐하면《PD수첩》은 처음부터 정권이나 권력이나 MBC의 것이 아니라 국민의 것이었기 때문입니다.《PD수첩》은 국민의 눈이며 양심이며 이 나라의 미래를 밝혀줄 등불이기도 합니다. 그 믿음을 가지고 일자리를 잃은 모든 분들이 제자리로 돌아가길 기원합니다."

한명숙 의원

"MBC 하면 가슴 아픈 일이 많습니다. 지난 4월 총선 때가 가장 먼저 떠오르네요. 많은 사람들이 민주통합당이 선거에서 이기길 바랐고 저희들도 최선을 다했지만 여러 가지가 부족한 탓에 저희가 졌습니다. 그날 제가 신경민 의원으로부터 이런 얘기를 들었습니다. 파업을 하고 있던 MBC 노조가 민주통합당이 선거에서 이기면 MBC 건물 안으로 뚫고 들어가려고 했는데, 졌기 때문에 이제 앞으로 어떻게 해야 할지 몰라 술을 마시면서 펑펑 울었다고 하더군요. 저도 그 얘기를 듣고 술을 열 잔쯤 마시고 울었습니다. 그런 아픔을 제가 MBC와 더불어 겪었습니다.

지금 권력을 잡은 사람들이《PD수첩》을 없애려고 온갖 수단을 다 쓰고 있습니다. 그 결과 옛날에는 뉴스를 보려면 MBC를 틀었는데 요즘은 그렇지 않게 되었습니다. 그러나 이제는 희망이 모락모락 피어오르고 있습니다. 이 탄압받는 언론 현실 속에서 저는 19대 국회에서 여야가 합의한 대로 MBC 청문회를 제가 속한 환경노동위원회에서 실행하기 위해 갖가지 노력을 기울이고 있습니다. 그러나 새누리당에서 갖가지 이유로 청문회를 반대해 지금까지 진행되고 있지 못하고 있습니다.

저는 김재철 사장을 미워하지 않습니다. 지금 그분이 얼마나 힘들 겠습니까. 지옥 같은 나날을 보내고 있을 텐데, 우리가 해방시켜 드 려야 하지 않겠습니까. 자유롭게 해드립시다. 청문회를 열어 자유 롭게 해드리고 싶습니다. 청문회가 열려 진실이 떳떳해지는 그날까 지, 모두 힘내주시고 응원해주십시오."

도종환 의원

"저도 해고를 당해봤습니다. 해고를 당하고 직장으로 돌아가는 데 10년이 걸렸습니다. 그래서 해고당한 분들의 심정을 잘 압니다.

부당한 해고를 당하면 경제적, 가정적으로 힘든 것보다 억울한 마 음 때문에 견디기가 어렵습니다. 내가 당한 처사가 너무도 부당한 데 우리의 힘이 부족하다는 게 힘들었고, 시간이 지나자 내 존재가 아예 잊혀버리는 것 같아 힘들었습니다. 《PD수첩》을 지켜보는 많 은 분들의 힘을 모아 《PD수첩》 PD와 작가 분들이 혼자가 아니고 우리는 당신들을 잊지 않겠다고 말하고 싶습니다."

조국 서울대학교 법학전문대학원 교수

"우리 시대의 정직한 목격자 《PD수첩》이 결방된 지 벌써 8개월이 넘었습니다. 애청자의 한 사람으로서 참으로 안타깝습니다. 게다가 최근에 《PD수첩》을 만드는 데에 중요한 역할을 하는 작가 여섯 분이 무단 해고되었다는 소식을 들었습니다. 이게 도대체 무슨 일인지 알 수가 없습니다. 이번에 해고된 작가 여섯 분, 힘내십시오. 여러분이 지금 겪고 있는 어려움은 헛되지 않을 것입니다. 한국 언론이 제대로 서고 《PD수첩》이 제대로 서는 그날을 위해 힘내시길 바랍니다."

진중권 동양대학교 교수

"《PD수첩》이 참 그립습니다. 오랫동안 《PD수첩》이 우리나라에서 정론의 역할을 해왔는데 그 소식을 지금은 들을 수가 없네요. 그런 상황 덕분에 최근에는 공영방송이 아닌 SBS가 더 공영방송 같은 공정한 방송을 하고 있는 듯합니다. 내부에서 어떤 일이 벌어지고 있는지 잘 듣고 있습니다. 오래가지는 않을 거라고 믿습니다. 온 국민이 《PD수첩》을 원하고 있습니다. 그리고 빨리 돌아오라고 외치고 있습니다. 그 소망이 반드시 이루어지리라 믿습니다."

장항준 영화감독

"좋은 작품을 만들어내던 우리 작가 분들이 어처구니없는 일을 겪게 되셨는데, 힘내시라는 말씀드리고 싶습니다. 김재철 사장님께 이 이야기만 드리고 싶어요. 사장님! 정치적 편향성 때문에 작가

분들을 해고하셨다고 들었는데요. 지금 대한민국에서 가장 정치적으로 편향되신 분이 사장님 아닌가요? 문제 해결은 간단하다고 생각합니다. 자꾸 남을 자르지 마시고, 혼자 나가주시면 모두가 행복한 대한민국이 될 수 있을 것 같습니다."

성석제 작가

"이런 일이 벌어지는 걸 보면서 여러 가지를 느꼈습니다. 그중에 하나를 말씀드릴게요. 저는 인간의 내면은 누구에게도 말할 수 없는 부끄러운 면과 고결하고 아름다운 신성한 면을 모두 가지고 있다고 생각합니다. 그런데 어떤 사람들은 평생 자신의 신성한 면을 내보이지 못하고, 늘 저열하고 치사하고 비열한 모습만 보여주다가 가고 맙니다. 어떤 인생을 선택하시겠습니까. 제가 이런 상황을 만든 사람들에게 하고 싶은 말은 한 가지입니다.

나중에 후손들이 당신의 이름이 적힌 족보를 봤을 때, 이분이 우리 족보에 있는 게 부끄럽다고 생각하지 않게끔 지금이라도 모든 것을 제자리에 돌려놓았으면 합니다."

이강서 신부

"모든 분들이 같은 심정이지 않을까 싶습니다. 정의구현사제단도 《PD수첩》에 대해 큰 애정을 가지고 누구보다 가까운 시청자로 자처해왔기에 더더욱 안타깝습니다. 신부로서 작금의 사태를 이렇게 생각해봤습니다. 저희 성경에는 예언자에 관한 이야기가 있어요. 성경에서는 진실의 편에 서서 권력자들에게 하느님의 말씀을 전하는 역할을 하는 사람을 예언자라고 하는데요. 늘 참된 예언자만 있었던 게 아닙니다. 거짓 예언자들이 판을 쳤던 시절이 성경에 자세히 나옵니다. 그 거짓 예언자들을 칭하는 말이 벙어리 개입니다. 짖지 않는 개죠. 가난한 사람들을 위한 파수꾼으로 세웠는데 도둑이 들어오고 강도가 들어오는데도 짖지 않는 개가 거짓 예언자들의 모습입니다. 오늘날 우리 한국 언론이 겪고 있는 사태가 바로 성경에 기록된 내용의 복사판이 아닌가 싶습니다.

많은 사람들이 진실은 아름답다고 얘기하지만, 사실은 불편하죠. 진실은 정말 불편합니다. 대부분 사람들이 진실을 들으면 그 말이 사실이긴 하지만 받아들이기가 어렵습니다. 거꾸로 보면 불편하지 않으면 진실이 아닌 거겠죠. 저는 《PD수첩》이 이제까지 얼마나 진실을 정확히 말하고 있었는지를 반증하는 게 지금의 사태라고 생각합니다. 진실이 이기는 것은 진실 자체의 힘도 있지만 진실을 지키고자 하는 사람의 연대의 힘이 있기 때문입니다. 긴 장마에 햇빛 기다리듯이 《PD수첩》을 다시 보게 될 날을 기다립니다."

공지영 작가

"제가 쌍용자동차 사태에 관한 책을 썼기 때문에 특히 《PD수첩》 내에서도 같은 동료들끼리 편을 갈라 싸우고 적이 되는 상황이 있었다는 얘기가 무척 가슴이 아팠습니다. 쌍용자동차 공장에서도 비슷한 일이 있었으니까요. 그런 것이 인간에 대한 극심한 환멸을 가져오고 자살이라는 극단적 선택을 하게 하는 큰 이유가 됩니다. 우리를 그렇게 만드는 그 악랄한 힘은 어디서 오는 걸까요.

저는 동시에 MBC가 한 사람에게 이렇게 속수무책으로 당한다는 게 가슴이 아팠습니다. 언론자유가 보장되어 있는 동안 너무 나태했던 건 아니었을까, 아픈 반성을 해봐야 하는 게 아닐까 했어요. 그런 맥락에서 어떻게 보면 이명박 정권 5년이 우리에게 많은 교훈을 준 고마운 시기라고 생각합니다. 저 역시도 일련의 과정을 겪고 그와 관련된 글을 쓰며 민주주의라는 게 시간이 되면 주어지고, 언론의 자유도 때가 되면 자연히 이루어지는 게 아니라는 것을 깨달았습니다. 우리 한 사람 한 사람의 눈물과 땀, 그리고 끊임없는 감시와 견제를 통해 민주주의와 자유로운 언론이 자란다는 걸 이제는 모두가 절실히 깨달았으리라 봅니다. 다시는 이런 일이 반복되지 않도록 건강하고 튼튼한 구조가 만들어졌으면 합니다."

정연주 전 KBS 사장

"MBC의 상황을 보며 동병상련의 감정입니다. 따져보면 저도 해임당했고, 《PD수첩》의 PD와 작가들도 해고당했죠. 저도 재판을 받았고 《PD수첩》도 재판을 받았습니다. 그리고 저도 무죄판결을 받았고 《PD수첩》도 무죄판결을 받았죠. 참 비슷합니다. 그래서 동지라고 느낍니다.

저는 이런 시대가 오래가리라 보지 않습니다. 그리고 《PD수첩》의 PD와 작가들, 이외에 부당하게 징계받은 많은 후배들이 이명박 정권 하에서 경험한 것이 소중하다고 봅니다. 아마도 《PD수첩》에서 해고된 PD와 작가들이 쌍용차 노조를 다시 취재한다면 본인들의 경험이 그 바닥에 깔려 정말 절절한 프로그램을 만들 수 있을 겁니다. 비록 시대의 아픔을 겪기는 했지만 시대의 바닥까지 내려가 겪은 경험이 소중한 자산이 될 것이고 나중에 정말 좋은 방송을 만드는 밑거름이 되리라 확신합니다."

송호창 의원

"저와 《PD수첩》은 아주 오래전부터 거리와 법정에서 항상 함께했던 것 같습니다. 광우병 사건이나 정연주 사장님 재판, YTN 해직자들에 관한 소송 등 수많은 사건들 속에서 제가 외롭게 싸울 때 《PD수첩》이 옆에 있었습니다. 그래서 《PD수첩》이 방송을 하지 않자 항상 제 옆에서 같이 싸움을 해왔던 동료가 갑자기 없어진 듯한 마음이 들고, 그 빈자리의 의미를 더욱 실감하고 있습니다. 이제 국회에서 《PD수첩》과 같이 다뤘던 이슈들을 또 다루고 그때 만났던 증인들을 다시 심문해봐야 하는 입장이 된 덕분에 계속 《PD수첩》이 떠오릅니다.

지금 8개월의 시간은 소중한 시간입니다. 《PD수첩》을 제작했던 분들, 동료 분들이 그 의미를 깊고 진지하게 각인하고 계시면 반드시 복귀하는 날이 올 겁니다. 그리고 《PD수첩》이 이런 고초를 겪고 있는 것은 지금 MBC 임원들이 같이 사는 방법을 모르기 때문인 것 같습니다. 혼자 살려고 버티면 자기도 죽는다는 것을 언젠가는 꼭 알았으면 좋겠습니다."

작가 해고 사태

《PD수첩》이 방송되지 못한 적은 이번이 역사적으로 네 번째가 된다. 첫 번째는 1990년 우루과이 라운드 체결을 즈음해 '우리 농촌 이대로 좋은가'라는 제목으로 만들어진 《PD수첩》 때다. 이때 정부가 당시 한국에 체류하고 있던 남북장관급회담의 북측 대표단에게 남측의 치부를 드러낼 것을 우려해 일주일 연기 요청을 하여 강제로 방송을 막았다.

두 번째는 1998년 만민중앙교회 이재록 목사의 치부를 드러낸 '목자님, 목자님, 우리 목자님'은 만민중앙교회의 신도들이 방송사에 난입, 주조종실을 점거해 당시 방영 중이던 《PD수첩》을 강제 중단시킨 적이 있다. 당시 송출이 중단되자 남산송신소에서 급하게

'얼룩말' 그림을 방송에 내보내는 해프닝이 벌어지기도 했다.

세 번째인 2010년에는 '4대강 수심 6미터의 비밀'이 국토해양부의 방송금지 가처분신청이 기각되었음에도 불구하고, 김재철 사장의 지시로 방송이 나가지 못했다가 다음 주에 방영이 되었다. 이 프로그램은 세간의 관심 속에 약 13%의 시청률을 기록했다.

그리고 지금. 작가 6명을 한꺼번에 해고하고 방송 4사의 방송작가들이 전면적으로 《PD수첩》 집필 거부를 선언함으로써 결과적으로 제작을 하지 못하는 상황이 왔다. 갖가지 이유에도 불구하고 한 주 후에는 방영이 되었던 과거와 달리, 《PD수첩》은 9개월째 시청자들을 만나지 못하고 있다. 이전 군사정부, 문민정부 시대의 탄압과는 스케일이 다르다. 한 프로그램의 작가 전원을 사전 통보도 없이 한꺼번에 해고한 것은 한국 방송역사에 전례가 없는 일이다.

2012년 7월. 170일간의 파업이 끝나고 방송을 준비하고 있던 작가들은 밑도 끝도 없는 일괄해고 통보를 받는다. 담당 PD들조차 몰랐던 조치였다. 해고 조치를 취한 당사자인 김모 국장의 입에서 나온 해고 이유는 '분위기 쇄신'이었다. 그는 작가는 프리랜서이기 때문에 이번 조치는 작가의 '해고'가 아닌 '교체'라며 말장난을 했다. 더불어 김모 국장은 "작가들이 중립성을 잃었다"는 말을 통해 MBC 작가들이 노조에 참여해 파업에 동참하는 행태를 보인 것에 대한 불편한 심기를 에둘러 표현했다. 일반 기업에서 개인 직원들의 의사표명을 문제 삼아 징계를 하는 것도 문제인데, 공영방송이라는 MBC에서 당연히 보장되어 있는 개인의 표현을 이유로 해고라는 극단적인 조치를 취했다는 것은 믿을 수가 없는 일이다.

잘못된 사실 전달로 누군가에게 해가 될 수 있으므로 5년 동안 고3 때처럼 공부하며 방송을 만들었던 장형운 작가. 《PD수첩》에서만 12년을 머물며 '4대강 수심 6미터의 비밀', '검사와 스폰서' 등 대한민국을 들썩인 프로그램을 집필했던 정재홍 작가도 해고의 칼날 아래 예외가 아니었다. 그를 포함한 6명의 해고 작가들은 2012년 7월 30일, 펜 대신 김재철 사장에게 항의하는 붉은 피켓을 들고 MBC 사옥 앞에 모였다. 그 자리에서 그는 세계 7대 자연경관 제주도 선정을 놓고 대통령과 총리가 쇼를 할 때, 4대강 사업에서 18명의 노동자가 급속한 공사 일정 속에 생명을 잃었을 때, 《PD수첩》은 이런 사건들을 방송으로 만들고자 했지만 그럴 수 없었다며 목소리를 높였다.

'망나니와 그 졸개들의 칼춤'
'전 방송작가들의 연대를 불러올 것'
'비상식적이고 치졸한 행태, 비겁한 보복'
'박정희, 전두환 치하에서도 없던 집단 학살'

이번 해고 사태를 표현하는 유명 방송작가, 언론계 인사들의 말이다. MBC, KBS, SBS, EBS의 시사프로그램 방송작가들은 《PD수첩》의 작가로 일하는 것을 거부하겠다는 의사를 밝혔다. 작가들은 이 상황이 주는 의미를 무겁게 받아들이고, 사태가 해결되지 않을 때까지 절대 물러서지 않을 것을 단호하게 이야기했다. 이어 드라마, 예능, 시사교양, 라디오 등 모든 장르의 작가 2,500여 명이 소속된 한국방송작가협회가 나서 MBC에게 직접적인 항의를 했다.

그들 모두는 이러한 일들이 결과적으로 가져올 양심에 반하는 글쓰기, 작가 스스로의 자기검열을 걱정했다.

'저렇게까지 하는데… 어찌 저 사람을 챙기지 않을 수 있을까.'

최승호 PD는 작가 해고 사태에까지 이른 현 상황을 보며 이명박 대통령을 향한 김재철 사장의 마음을 이렇게 진단한다. 권력을 향한 무한의 충성. 그 충성심이 이제까지 8명의 PD와 작가를 해고시키고 200명이 넘는 사람을 징계했다. 배모 《PD수첩》 팀장은 대체작가와 제작할 뜻이 없다는 PD들의 의견을 무시하고 반대하는 PD 7명을 인사 조치한 후, 10월 내에 대체작가 4명을 모집해 11월 말 그들만의 《PD수첩》 방송 재개를 강행할 계획이다. 이 모든 것이 계획대로 이루어진다고 해도, 과연 제대로 된 프로그램이 나올지 우려의 목소리는 크다.

《PD수첩》 해고 작가들은 여의도 MBC 본사 앞에 천막을 치고 해고 작가 복귀와 《PD수첩》 정상화를 외치며 끝장캠프를 세웠다. 천막이 열리던 날 PD협회와 구성작가협의회가 주최하는 《PD수첩》 정상화와 해고 작가 복귀를 위한 '촛불문화제'도 함께 진행되었다.

갈수록 추워지는 날씨에 냉기가 천막 안으로 스미고, 여의도의 매연과 먼지는 끊이질 않는다. 마스크를 쓴 해고 작가들은 그곳에 있다.

현재 동료들이 당하고 있는 현실에 역대 《PD수첩》을 거쳐갔던 작가들이 뭉쳤다. 이들은 '미디어오늘'에 역대 작가 릴레이 기고로 동료들을 향해 지지와 성원의 메시지를 보냈다. 그 목소리를 들어보자.

지금 시대였다면,
황우석 방송이 나갈 수 있었을까

_윤희영

2009년 5월, 노무현 전 대통령이 부엉이 바위에서 몸을 던진 다음 날, 나는 동료 PD와 술을 마시며 그를 추억했다. 그땐 누구라도 그랬을 것이다. 또한 먼저 간 이들에 대한 예우가 그렇듯, 좋은 추억들을 먼저 떠올렸을 것이다. 하지만 불행히도 나는 노대통령에 대해 좋은 기억보다 나쁜 기억들이 더 많았다. 나는 소위 '노빠'가 아니었고, 무엇보다 참여정부 당시 《PD수첩》의 작가'였기 때문이다.

《PD수첩》을 하는 동안, 나는 본의 아니게 참여정부와 대립각을 세워야 했다. 그도 그럴 것이, 황우석 사태며 한미 FTA 같은, 당시 정부에게는 달갑지 않은 아이템들이 나를 거쳐갔다. 특히 황우석 사태는 참여정부에게는 무척 곤혹스러운 일이었다. 바이오산업을 신성장 동력으로 내세우고, 황우석 박사를 그 선봉에 세워 대대적인 홍보를 하고 있던 차였기 때문이다. 노무현 대통령이 친히 황박사의 연구실을 방문해 격려하는가 하면, 정부는 그에게 연구비며 제도적인 지원을 아끼지 않았다. 황박사는 참여정부의 후광 아래서 온갖 수혜를 다 받으며 '거물'로 성장했던 것이다.

그러니 《PD수첩》에서 황박사를 취재하고 있다는 얘기가 나오자마자 윗분들의 전화가 조용히 빗발친 건 예정된 수순이었다. 청와대, 정부 할 것 없이 여러 루트를 통해 취재 중단을 종용해왔고, 나중에 황박사의 사기극이 들통 날 즈음엔 간접적인 루트를 통해 방송 중지를 '요청'해오기도 했다.

그 당시엔 정말 화가 났다. 민주주의하에서 권력이 언론에 개입하고 크든 작든 압력을 행사한다는 것이 상식적으로 납득이 되지 않았다. 하지만 당시 권력의 입김은 그닥 세지 않았던 것 같다. 취재는 계속되었고 진실은 밝혀졌으며 방송은 나갔다. 그리고 제작진도 무사했다. 그렇게 황우석 사태는 끝이 났다.

그로부터 3년 후, 나는 《PD수첩》이 겪고 있던 '광우병 사태'를 보면서 '나는 정말 운이 좋았구나…' 라는 생각을 떨칠 수 없었다. PD들이 정권의 직접적인 탄압을 받는 것만도 경악할 일인데, 더욱이 작가에게까지 그 손길이 미치다니. 동료 PD들과 후배 작가의 손에 수갑이 채워지고 유치장에 갇히고 재판정에 세워지는 일련의 과정들을 보면서 문득 상상하기도 했다. 만약 황우석 사태가 이 정권에서 터졌다면 어떻게 되었을까.

아찔했다. 대통령의 한마디에 취재는 접어야 했을 것이고, 방송은 꿈도 꾸지 못할 일이었을 것이며, 그럼에도 방송을 강행했다면

나 또한 저들 못지않은 시련을 겪어야 했을 것이다. 분명 더하면 더했지 덜하진 않았을 것 같다. 생각해 보면, 나는 '황우석 사태' 후에도 당시 정부에게 정말이지 '몹쓸 방송'을 또 감행했었기 때문이다.

2006년 《PD수첩》에서 다룬 '한미 FTA'는 참여정부에게 광우병 방송 못지않게 타격이 컸다. 정부가 공들여 한 홍보 덕에 국민들은 한미 FTA에 대해 무지갯빛 환상을 꿈꾸고 있었다. 그런데 《PD수첩》 방송이 나간 후, 대다수 국민들이 싸늘하게 돌아섰다. 여론조사 결과, 방송 전후 한미 FTA 찬반 비율이 완전히 뒤바뀌었다. 내가 대통령이고 정부 관계자라 해도 정말이지 《PD수첩》이 미웠을 만도 하다. 하지만 그토록 '미운 《PD수첩》'에 대한 대응은 현 정부와 달라도 너무 달랐다.

방송 후, 제작진은 청와대로부터 놀라운 제의를 받았다. 한미 FTA를 놓고 제작진과 대통령이 방송으로 '끝장 토론'을 해보자는 것. 노무현 대통령이 직접 낸 아이디어라고 했다. 그만큼 노대통령은 한미 FTA를 절체절명의 과업으로 생각했고, 국민들의 반대보다 지지 속에 추진하고 싶었던 모양이다. 뜻밖의 제안에 더 놀란 쪽은 제작진이었다. 논란이 되고 있는 정부의 핵심 정책에 대해, 그 정책을 비판한 프로그램의 제작진과 함께, 대통령이 직접 '토론'을 하자니… 그것을 방송을 통해 그대로 국민들에게 보여주자니… 지금 시대라면 상상이 되는가.

그 토론은 결과적으로 성사되지 못했다. 초긴장 속에 토론 준비를 하던 즈음 급작스레 국제적 이슈가 터졌고, 이러저러한 사정이 겹쳤던 것으로 기억한다. 어쩌면 방송 역사상 길이 남았을 그 토론이 불발된 것은 아직도 아쉬움으로 남는다. 정책은 미웠지만, 언론을 대하는 방식만큼은 차마 미워할 수 없었던 대통령. 나에게 있어 노대통령에 대한 '추억'은 그렇게 남아 있다.

군사정권에서 시작돼 다섯 정권을 거쳐 오는 동안, 《PD수첩》은 늘 정권으로부터 '미움' 받는 존재였다. 심지어 국정원인가 어느 기관의 직원은 《PD수첩》 다음 주 아이템이 무엇이고 어떤 내용인가 사전에 파악해 보고하는 것이 임무였다고도 전해진다. 어쩔 수 없는 일이다. 잘하는 일을 칭찬하기보다 잘못한 일, 감추고 싶은 일들만 콕콕 짚어내어 비판하니 누가 예뻐할 것인가. 권력을 가진 자들에게 미움 받는 것은 《PD수첩》 같은 시사프로그램에겐 숙명이다.

중요한 건 그런 '미운' 프로그램을 대하는 정권의 태도다. 지금까지 모든 정권은 대체로 비슷한 반응을 보였다. 전화로 불같이 화를 내고, 방송 내용에 반박하는 보도 자료를 내고, 기자회견을 열어 열심히 성토하고, 언론중재위에 제소하고, 심지어 거액을 들여 신문에 반박 광고를 내기도 했다. 그러나 제작진을 용서할 수 없다며 협박하고, 권력기관을 동원해 물리적인 탄압을 가해온 적은 없었다.

그사이, 정권과 권력기관으로부터 쏟아지는 그 모든 불만과 압력에 대해 '바람막이'가 되어준 건 데스크를 포함한 '회사의 윗분'들이었다. 각 정권에 따라 그들이 '저 위'로부터 어떤 닦달과 고초를 겪었는지 나는 모른다. 작가에게까지 그 '바람'이 전해지지는 않았기 때문이다. 내가 작가를 할 때 팀장이나 국장에게 어떤 아이템에 대해 '절대 하면 안 된다'는 말도 들은 적이 없다. 내가 들은 건 그저 꼬투리 잡히지 않게 잘 만들어달라는 '당부'뿐. 그 당부대로, 작가로서 묵묵히 내 할 일만 하면 그뿐이었다. 그것이 모든 정권으로부터 미움을 받으면서도 《PD수첩》이 22년간 사라지지 않고 '무사히' 제 길을 걸어올 수 있었던 이유다.

이 정권 들어 《PD수첩》 제작진들에게 가해지는 폭압의 정도가 도를 넘어서고 있다. 잘하고 있는(너무 잘해 탈인) PD들을 프로그램에서 내쫓는가 하면, 《PD수첩》이 '절대 할 수 없는' 아이템들이 늘어간다. 이 정권에서 또 한 번 논란이 된 '한미 FTA' 아이템은 취재까지 다 끝내놓고 끝내 전파를 타지 못했다고 한다. 이런저런 핑계를 대며 방송을 막은 건 현 《PD수첩》의 팀장과 국장이라는 분들이다.

그리고… 급기야 작가들까지 전원 강제 퇴출이란다. 이쯤 되면 이런 생각도 든다. 단지 '미운' 차원이 아니라 '두려운' 거구나…. 무엇이 그리 두려운 것인지. 《PD수첩》의 힘이 그리 무서운 것인지. 작가의 능력이 그리도 대단했는지. 아이러니하게도 《PD수첩》 출신 작가들은 지금의 작태에서 존재감을 확실히 찾는구나 생각까지 든다.

MBC에서 작가 생활을 한 지 올해로 만 20년째. 그 가운데 가장 치열하게, 독하게 일했던 《PD수첩》에서의 3년을 내 이력에서 가장 자랑스럽게 생각한다. 아마도 《PD수첩》을 거쳐간 모든 작가들이 그러할 것이다. 그것은 보수가 많아서도 조명을 받아서도 아니다. 이 사회에 뭔가 소용이 될 만한 일을 했다는 자부심, 그거 하나 때문이다. 《PD수첩》에 이름을 올렸다는 것만으로도 만족했던 작가들. 그 자리를 지키는 것이 왜 이리도 힘든 일이 되었는지…. '《PD수첩》 아이템' 같은 지금의 현실이 참으로 답답하다.

윤희영 작가는 1998~1999년, 2005~2007년 《PD수첩》 작가로 일하면서 '황우석' 편, '한미 FTA' 시리즈, '치과의 비밀' 등 병원 시리즈를 집필했다. 현재 《휴먼다큐 사랑 2012》를 집필 중이다.

PD수첩 작가 해고 사태의 '주범'이라 불리는 당신께

(백모 MBC 편성제작본부장님께 드리는 공개 편지)

_김은희

아주 잠시, 김재철 사장님께 쓰는 게 조금이라도 더 관심을 끌수 있지 않을까 생각하다, 말았습니다. 저는 개인적으로 그분을 모르거든요. 워낙 유명하신 분이고 작가들의 피켓에도 등장하실 만큼 '친근한' 얼굴이지만, 한 번도 직접 뵌 적은 없습니다. '모르는 분'이다보니, 그분에 대해 이런저런 얘기들이 나올 때마다 '원래 그런분'이겠거니, 생각하곤 했습니다. PD, 기자들이 그토록 뵙고 싶어도 뵐 수 없다는 사장님이, 하물며 일면식도 없는 일개 무명작가의 글을 읽어봐 주실 리가 없지요.

무엇보다, 한 방송사의 사장님이나 되시는 분이, 체신 떨어지게 '이런 졸렬한 짓'까지 하셨을 거라고는 믿고 싶지 않습니다. 더욱이 기자 출신이시니, 작가들이 하는 역할도 그 중요성도 모르실 테고요. 그래선지 다들 말하더군요. 이번 《PD수첩》작가 전원 해고는 당신이 《PD수첩》죽이기'를 위해 기획하신 또 하나의 '작품'이라고.

그래서 백모 편성제작본부장님, 제가 '아는 분'인 당신께 이 편지를 씁니다. 그간 네 번의 긴 성명서, 수십 개의 피켓과 구호로 이미 많은 말씀을 드렸지요. 수십 명 유명 드라마·예능 작가님들의 성토 메시지도 보셨을 겁니다. 그게 다 당신에겐 '쇠귀에 경 읽기'였다는 것을 압니다. 그러니 오늘은 목에 힘을 빼고, 조곤조곤 제 개인적인 단상을 좀 전해드릴까 합니다.

작가들의 '적'이 된 사나이

그러고 보니 본부장님을 가까이에서 뵌 지도 오래되었군요. 언젠가 한 번 10여 미터 전방에서 지나가시는 것을 본 적은 있으나, 미처 인사를 드리지 못했습니다. 반가운 척 다가가 인사를 드릴까, 아님 모른 척 지나갈까, 고민하다가 그만 타이밍을 놓쳐버렸지요.

아마도 그전처럼 방긋 웃으며 인사하고픈 마음이 들지 않았던 모양입니다. 그때도 이미 한창 당신이 휘두른 '칼'에 《PD수첩》이 만신창이가 되어가고 있던 때였으니까요.

게다가 '이런 사태'까지 벌어졌으니, 요즘 작가들은 모였다 하면 어쩔 수 없이 당신에 대한 성토의 장이 돼버리곤 합니다. 그런데 어느 날 문득 한 선배가, 아주 오래전 당신에 대한 '기억' 한 자락을 꺼내놓더군요. 무슨 일인가로 PD들이 파업을 할 때 당시 국장이 보조 작가들에게 돈을 줄 수 없다는 방침을 내리자 당신이 노발대발 국장실을 찾아가 따지셨다지요. "PD들이 월급 못 받는 건 그렇다 쳐도 보조 작가들에게 일을 시켰으면 돈을 줘야지 안 준다는 게 말이 되느냐, 창피한 줄 알라"고. 그 결과 보조 작가들이 돈을 받게 되었다는, 믿거나 말거나 '전설' 같은 얘기였지요.

곧이어 여기저기서 당신에 대한 '우호적인' 기억들이 보태졌고, 이어 이야기는 '원래 안 그랬던 분'이 왜 저렇게 변했을까, 에 초점이 모아졌습니다. 이런저런 추정들이 나왔지만, 그 깊은 뜻을 우리가 다 알 순 없지요. 대신, 저도 당신에 대해 오래 가슴속에 묻어두었던 기억 한 자락을 꺼내보렵니다.

내 기억 속의 그 남자 – '멋진 PD' 백모 씨

오래전, 제가 《PD수첩》의 보조 작가로 방송계에 입문한 지 1년이 안 되던 무렵입니다. 《PD수첩》이 하고 싶어 MBC에 들어왔는데, 막상 해보니 너무나 고되어 세상에, 이런 말도 안 되는 노동환경이 어떻게 《PD수첩》 같은 프로그램에 있을 수 있나, 배신감과 분노로 치를 떨 때였지요. 이 일을 계속 해야 할지 말아야 할지 고민이 깊던 때이기도 했습니다.

그때 당신이 PD로 발령받아 왔고, 얼마 안 되어 한 팀으로 '장기이식' 아이템을 진행하게 됐습니다. 제목이 '인철이의 선물'이었는데, 혹 기억하실런지요. 열두 살짜리 남자 아이가 교통사고로 실려 왔고, 결국 뇌사 판정을 받았지요. 내내 애끓는 오열을 멈추지 않던 부모는 기진맥진한 몸으로 어려운 결단을 내렸습니다. 인철이의 자그마한 몸에서 적출된 장기들이 어른 다섯 생명을 살렸던 것으로 기억합니다. 그 과정을 지켜보는 내내 제작진도 함께 목이 메었습니다. 알고 보니 인철이는 저 남쪽 지방 낙도의 찢어지게 가난한 집 아이였지요.

먹먹한 가슴을 뒤로하고, 프로그램 절반에 담길 장기이식법 개정 내용과 관련해 회의하던 자리. 순간, 당신의 명쾌한 한마디가 일개 보조 작가로 멍하게 듣고 있던 저의 가슴을 때렸습니다.

"장기는 그 속성상 가난한 사람의 몸에서 돈 많은 사람들의 몸으로 흘러가게 돼 있어. 그걸 막는 것이 장기이식법의 관건이지."

정말이지, 그때의 충격을 어떻게 표현해야 할지 모르겠습니다.

아… 《PD수첩》의 '관점'이란 이런 거구나… 이런 관점으로 세상을 보고 방송을 만드는구나… 그 순간 저는 진심으로 《PD수첩》이란 프로그램에 매료됐고, 《PD수첩》을 만드는 사람들이 멋져 보였습니다. 이 고된 시간들을 견뎌내고, 무럭무럭 자라서, 꼭 《PD수첩》 작가가 돼야지, 마음을 다잡기도 했지요. 명쾌한 관점으로 거침없이 취재를 계속해가던 그때 당신의 모습은 참으로 '샤프'해 보였고, 내 기억 속에 당신은 '인간에 대한 예의'를 아는 '멋진 PD'로 각인되었습니다.

저를 '작가'로 키웠던 8할은 바로 당신 같은 멋진 PD들과 멋진 작가들의 수많은 '어록'이었습니다. 그 어록을 통해서 세상을 보는 감수성과 《PD수첩》의 관점을 배웠습니다. 부자인 사람보다 가난한 사람 쪽에서, 권력을 휘두르는 쪽보다 당하는 사람의 편에서, 속이려는 사람보다 속는 사람 입장에서, 윗사람들의 공허한 명분보다 단 한 사람의 억울한 피해자가 없어야 한다는 믿음으로, 무엇보다 인간적이고 상식적인 관점에서, 세상을 보고 프로그램에 담아야 한다는 걸 배웠습니다.

그와 같은 '어록'들이 면면히 계승되어 《PD수첩》의 사람들'을 가르쳤을 것입니다. 그 가르침 속에 성장한 멋진 PD들과 작가들이 《PD수첩》의 22년 역사를 차곡차곡 쌓아왔을 것입니다. 내가 기억하는 한 당신도 분명, 그 '역사' 중 한 명이었습니다.

당신의 칼에 쓰러지는 'PD수첩의 사람들'

어느 날부터, 그런 《PD수첩》의 사람들'이 하나둘 칼을 맞고 쓰러져갑니다. 칼을 휘두른 사람이 당신이라는 사실을 알았을 때, 믿기지 않았습니다. 이우환 PD 소식을 들었을 땐 더욱 아연해졌지요. 13년 전 당신과 공동으로 '인철이의 선물'을 만들었던 또 한 명의 '멋진 PD' 말입니다. 정권이 불편해할 아이템을, '위'에서 취재중단 지시를 내렸는데도 강행하자 난데없이 용인의 드라마 세트 관리인으로 보내버리셨다지요. 돌아온 후에도 계속 '반항'하자 결국 이번 파업 기간에 대기발령 징계를 받았다고 들었습니다.

그 칼이, 수많은 PD들을 치고 또 쳐낸 당신의 그 칼이, 마침내 작가들에게까지 날아왔군요. 한두 명도 아닌 여섯 명 전원의 '목'을 한꺼번에 날리셨지요. 그중에 제가 가장 '멋진 작가'로 생각하는 정재홍 선배가 있습니다. 그 힘들고 고된 《PD수첩》을 12년간이나 해오셨다는 이유만으로도 후배 작가들의 존경을 받는 분입니다. 《PD수첩》 역사의 절반 넘는 기간을 일하시는 동안, 《PD수첩》에 혹여 흠이라도 될까 은행대출 한 번 받지 않으실 정도로 명예와 강직함을 지켜오신 분이지요.

요 몇 년간 재홍 선배가 '위'에서 하지 말라는 정권 비판적인 아이템들을 끈질기게 들이밀었다지요. 재홍 선배답습니다. 팀장이 기획안을 찢어 날리는데도 차곡차곡 주워 예의 바르게 다시 가져왔더라지요. 역시 재홍 선배답습니다. 요즘 같은 분위기에 그리 하면 찍힐 걸 뻔히 알면서도, 12년간 지켜왔던 《PD수첩》의 관점과 신념을 버리지 못하는 재홍 선배가 그리도 두려우셨나요. 선배에게 '배운 대로' 하는 후배 작가들이 그리도 미우셨던가요.

당신 말대로 작가 세계에 '종신 작가'라는 개념은 없기에 그분도 언젠가 《PD수첩》을 떠나시게 되겠지요. 그러나 떠날 때 떠나더라도 그 뒷모습은 멋져야 한다고 생각합니다. 그동안 수고 많으셨다는 박수 속에서, 고맙다는 예우를 다해서, 보내드려야 한다고 생각합니다. 그럴 의무가 《PD수첩》엔 있습니다. 씹던 껌 버리듯이, 입다 만 옷가지 버리듯이, 이렇게는 아니지요. 《PD수첩》에서 청춘을 바친 '12년'이라는 세월은 마땅히 존경하고 감사해야 할 역사이지, '분위기 쇄신을 위해 갈아치워야 할' 낡은 커튼 같은 것이 아닙니다.

해고된 작가들 전원 복귀, 우선적이고도 간단한 '해법'입니다

십수 년간 내 기억 속 깊이 각인돼 있던 당신의 빛나는 어록은 요, 몇 달간 새로운 어록들로 '갈아치워졌습니다.'《PD수첩》이 '쇄신 (이라 해놓고 '개조'로 읽겠습니다)' 대상이라고 하셨지요. 22년간 변함 없던 《PD수첩》의 관점은 갑자기 '정치 편향적'인 것이 돼버렸구요. 대한민국 전 작가들의 분노가 부글부글 끓든 말든 대체작가가 올 때까지 "기다리겠다"고도 하셨습니다.

백모 본부장님, 그사이 당신에 대한 충격과 배신감도 많이 무디 어졌습니다. 십수 년 사이 당신에게 무슨 일이 있었던 것인지, 후배 PD들과 작가들의 존경과 신망을 잃은 대신, '정권의 부역자'라는 오 명을 쓰면서까지 당신이 얻으려고 하는 것이 무엇인지, 아니 어쩌면 처음부터 그런 분이셨는지, 저는 더 이상 관심이 없습니다.

다만 원래 내일(8월21일)로 예정돼 있던, 파업 후 《PD수첩》 첫 방 송이 무산되었다는 소식엔 가슴이 먹먹합니다. 당신은 대내외적으 로 그 책임이 작가들에게 있는 양 흘리셨지요. 작가들과 PD들은 분하고 억울한데, 그 뒤에서 당신은 웃고 계신가요. 끝내 원하는 바를 이루어 기쁘신가요. 《PD수첩》 결방 소식에 박수치는 소수의 '윗분'들에게 잘했다 칭찬을 들으셨는지요.

이 말이 분하고 억울하시다면, 하루빨리 《PD수첩》 정상화를 원 한다는 당신의 말이 거짓이 아니라면, 우선 해고된 작가들을 모두 제자리로 돌려보내십시오. 끝내 그 작가들이 두렵고 미우시거든,

눈에 흙이 들어가도 두고 못 보겠거든, PD와 작가들의 의사를 존중하여 예의와 성의를 다해 정상적인 논의 과정을 거치십시오. 그 결과 모아지는 의견이 PD와 작가 모두를 납득시킨다면 작가들 스스로 명예롭게 거취를 결정할 것입니다. 그것이 현재 전체 방송작가들의 끓어오르는 분노를 가라앉히고, 《PD수첩》을 정상화하는 가장 우선적이고도 '간단한' 해법입니다.

마지막으로 백모 본부장님. 당신을 포함해 수많은 PD, 작가들의 노고가 쌓여 만든 《PD수첩》 22년 역사란, 한두 명의 칼로 쉽게 훼손할 수 있는 것이 아닙니다. 그럴 권리가 당신에겐 없습니다. 그러니 부디, 이제 그만 손에 든 칼을 내려놓아주십시오.

김은희 작가는 2005~2008년 《PD수첩》 작가로 일하면서 '광우병' 편과 '김용철과 삼성', '핵심은 이재용이다' 등 삼성 시리즈를 집필했다. 현재는 《MBC스페셜》 작가로 활동하고 있다.

PD수첩 결방의 밤

_이아미 작가

《PD수첩》을 제작하다보면 방송 당일까지 취재를 해야 하는 경우도 생긴다. 이러다 오늘 방송을 못 내보내는 것은 아닐까 소름끼쳤던 적도 있었다. 그럴 땐 팀원들 머리털이 모두 쭈뼛 서 있다. PD는 혀를 깨물고 편집을 하고, 작가는 심장을 멈추고 원고를 쓴다.

이미 애가 다 타버린 《PD수첩》 팀장은 편집실로, 스튜디오로, 종합편집실로 막 날아다닌다. 그래도 방송은 늘 제시간에 나갔다. 그렇다고 끝이 아니다.

무사히 방송을 내보내도 팀장의 분노는 계속된다. 제작진은 팀장에게 밤새 욕먹고, 다음 날 또 욕을 먹는다. 방송이 제시간에 나갔지만, 방송이 제시간에 못 나갈 뻔했다는 이유에서다. 만약 《PD수첩》이 내부의 사정으로 시청자와의 약속을 깨고 결방되는 참변이 생긴다면 어떻게 될까. 담당 PD와 팀장은 물론 해당 국장까지 자리를 보전하기 어려울 것이다. 상상만으로도 아찔하다.

어제, 《PD수첩》이 결방됐다.

MBC 노조가 파업을 잠정 중단한 뒤, 《PD수첩》은 8월 21일 방송을 재개할 예정이었다. 그러나 제때 제시간에 방송을 못 내보냈다. 《PD수첩》22년 역사에 이렇게 또 한 번, 오점을 남기게 됐다.

나는 '나의' 《PD수첩》 8년 역사의 여러 팀장들이 떠올랐다. 그들은 마치 제 자식 지키듯 《PD수첩》을 지켰다. 이상했다. 말랑말랑 온순할 것 같은 PD도 《PD수첩》 팀장 자리에만 오면 가슴속에 머리띠를 둘러맸다. 온갖 종류의 외압을 막아냈다. 이루 말할 수 없는 내부의 복잡한 사정들도 어떻게든 해결해냈다. 그렇게, 《PD수첩》은 제때 제 시간에 제 목소리로 방송됐다. 그들이 지금 《PD수첩》의 팀장이라면 어떤 심정이었을까. 적어도 《PD수첩》이 결방된 어젯밤, 쉽게 잠들지 못했을 것이다. 아니, 결방이 예상된 한 달 전부터 쉽게 잠들 수 없었을 것이다.

《PD수첩》이 결방된 어제, PD들이 《PD수첩》 배모 팀장에게 "결방 사태를 어찌할 거냐"고 물었단다. 팀장은 "이 문제는 작가들이 풀어야지, 내가 어떻게 하냐"는 취지의 대답을 했다고 한다. 김모 시사제작국장은 후배 PD들이 작가들의 편에 서서 자신을 공격하는 성명서를 낸 것에 대해 섭섭함을 토로하기도 했단다. 그 팀장과 국장은 《PD수첩》이 결방된 어젯밤, 어쩌면 그 섭섭함에 잠을 설쳤을지도 모르겠다.

야만에 대한 분노

《PD수첩》작가 여섯 명을 한꺼번에 내쫓은 지 한 달째다. 결국 작가들을 집단 해고하고 새 작가를 구하지 못한 《PD수첩》은 결방되고 말았다. 이런 식이라면 다음 주, 그다음 주 방송 재개도 불투명하다. 이미 900여 명의 시사교양 작가들이 《PD수첩》 대체작가로 일하지 않겠다고 선언했다. 대한민국 시사교양 프로그램 구성작가 전부라고 해도 과언이 아닌 숫자다. 그러니, 어디서 작가를 구해 방송을 재개하겠는가.

예전 한 회사가 노동자들에게 휴대폰 문자 메시지로 해고를 통보했던 일을 방송한 적이 있다. 그때 나는 해고보다 해고를 문자 메시지로 통보해버리고 마는 그 야만이 믿기지 않았다. 《PD수첩》 작가들에겐 그마저 없었다. 짧게는 4년, 길게는 12년을 일한 작가의 밥줄을 끊어놓고 알리지도 않았다. 뒤꽁무니로 새 작가를 물색하다 들켰다. 시사교양 작가들이 《PD수첩》 대체작가를 거부하는 것엔 그런 야만에 대한 깊은 분노가 깔려 있다. 누구든 밉보이면 그렇게 내쳐질 수 있다는 데 대한 아찔함도 배어 있다.

《PD수첩》이 결방된 어제, MBC 김모 시사제작국장의 정책 발표회가 있었다. 노조 파업 와중에 승진, 임명된 김모 국장이 PD와 기자들에게 국 운영에 관한 생각을 내놓는 자리였다. 궁금했다. 김모국장은 《PD수첩》에 대해 어떤 대책을 내놓을까. 김국장은 한 달 전, 《PD수첩》 작가 사태에 대해 PD들에게 "작가 교체는 전적으로

내가 결정한 일이며, 모든 책임은 내가 진다"고 했다. 부디 김모 국
장에게 뱀 같은 지혜가 샘솟아 사태를 해결하고, 《PD수첩》이 정상
화되길 바랐다. 정말 진심이었다.

정의를 바로 세우기 위한 판단이었다

그러나 복수의 PD와 기자들에게 전해 들은 김국장의 정책 설명
회의 주요 내용을 보면 《PD수첩》은 아마도 그냥 이 상태로 쭉 갈
모양이다. 김모 국장은 PD 수첩 작가를 전면 교체한 이유로, 노조
파업에 작가들이 지지 성명을 냈기 때문이라고 재차 확인했다고 한
다. PD들은 노조원으로 직접 파업에 참가했다. 파업에 참가한 PD
가 《PD수첩》을 하는 것은 괜찮고, 단지 파업 지지 성명서에 이름
을 올린 작가가 《PD수첩》을 하는 것은 안 된다는 것인가? 정책 설
명회에서도 이 문제를 두고 PD, 기자들과 김국장 사이에 논쟁이 이
어졌던 모양이다. '논리적 모순'이라는 PD와 기자들의 지적에, 김국
장은 '모순이 아니다'라고 했단다. 모순이냐 아니냐, 문자 투표라도
하고 싶은 심정이다.

김국장은 정책 설명회에서 한겨레21 기사를 읽어 내려가며, 작가
가 편향돼 있는 증거라고 주장했다고도 한다. 해당 기사는 정재홍
작가가 해고된 이후 인터뷰한 내용을 담고 있다. 《PD수첩》 팀장과
담당 국장은 정권에 조금이라도 누가 되는 아이템은 갖은 핑계를
들어 못하도록 막았다. 《PD수첩》 작가들이 노조 파업을 지지하며

성명서에 이름을 올릴 수밖에 없었던, 절박한 이유가 담긴 인터뷰다. 불편부당하고 싶다는, 어떤 권력, 어떤 세력, 어떤 집단의 눈치도 보지 않고 방송하고 싶다는 《PD수첩》 12년차 작가의 바람이 왜 김국장에겐 편향돼 있는 것으로 보였을까? 누가 가운데 서 있고, 누가 한쪽 귀퉁이에 서 있는가?

김모 국장은 어제, 《PD수첩》 작가 해고가 '정의를 바로 세우기 위한 판단'이었다고 했다고도 한다. 《PD수첩》 PD들뿐 아니라, MBC PD협회, PD연합회는 성명을 내고 《PD수첩》 작가 해고의 부당함을 지적했었다. 시사교양 작가들뿐 아니라 드라마, 라디오, 예능 등 각 분야 방송작가 2,500명을 회원으로 거느린 한국방송작가협회도 비상대책위원회를 꾸리고 이 사태에 직접 대응하고 있다. 방송작가협회 소속 회원들이 장르를 망라해 거리 집회에 나선 것도 유례가 없는 일이었다. 《PD수첩》 대체 작가를 하겠다는 작가를 단 한 명도 구하지 못해 결국 《PD수첩》이 불방되는 사태에 이르렀는데, '정의를 바로 세우기 위한 판단'이었다니… 나는 역사의 교훈과 시대의 상식을 품지 못한 리더가 외치는 '정의'가, 그 '정의'가 이루려는 일들이 두렵다.

'이러다 정말 대선까지 방송을 못할 수도 있다'는 PD들의 호소에 김국장은 '《PD수첩》 PD들이 작가 충원에 적극 나서달라' 했다고 한다. PD들의 깊은 한숨 소리가 애처로울 따름이다.

역시 우리는 낡인 것일까

작가들이 집단 해고됐다는 소식을 듣고, 나는 잠깐 상상했었다. 당분간이라도, 가능하면 대선까지 《PD수첩》을 결방시키려는 것 아닐까. 어제의 정책 설명회에서 김모 국장은 "결방 사태까지 이르게 될 줄 몰랐다"고 했다. 차라리 그 말을 믿고 싶다. 그러나 PD들에게 '작가 충원에 적극 나서달라'고 하는 국장에게서 《PD수첩》 정상화에 대한 의지를 찾아보기 어렵다. '방송작가협회가 액션을 철회해야 사태가 해결된다'고 하는 팀장에게서 《PD수첩》에 대한 애정을 찾아보기 어렵다. 다시 상상하지 않을 수 없다. 작가들이 보이콧 선언을 하고, 《PD수첩》이 결방되는 상황을 웃으며 지켜보는 누군가는 존재하는 것일까? 역시 우리 모두는 '어떤 그들'에게 낡인 것일까? 그래도 괜찮다. 나는 역사를 믿고, 시간을 기다린다.

이 글을 쓰느라 인터넷 《PD수첩》 시청자 게시판에 들어가봤다. 378465번의 제목에 가슴이 먹먹해졌다.

"파업 끝났으니 모든 걸 파헤쳐주세요!"

아무래도 시청자는 조금은 더 기다려야 할 모양이다. 이제는 《PD수첩》을 떠난, 일개 프리랜서 작가인 나는 괜히 미안하고, 또 미안하다.

이아미 작가는 2002~2010년까지 《PD수첩》을 집필했다. 《MBC스페셜》과 《휴먼다큐 사랑》, 《성공시대》 등에서 작가로 활동했다.

작가들의 편향성 운운? MBC '자백'의 극치

_김미라

찰랑거리던 긴 생머리를 상큼하게 자른 학생이 다가온다. "어, 머리 잘랐네. 실연의 후폭풍?" "아뇨. 개강도 다가오고 분위기 쇄신 차원에서…" 여대 선생인 내가 개강 무렵 마주치는 학생들에게 자주 듣는 말이다.

우리는 가끔 분위기 쇄신 차원에서 머리스타일을 바꾸고, 집 안의 가구 배치를 바꾸고, 주머니를 털어 여행을 떠난다. 나에게 '분위기 쇄신'이라는 말은 그동안 이런 상황에 주로 쓰는 일상적인 표현이었다. 그런데 고락을 같이해온 《PD수첩》의 작가 전원을 해고하면서 MBC의 한 간부가 처음에 그 이유를 '분위기 쇄신 차원'이라고 밝혔다고 한다. 한국 방송사에 전대미문의 오욕을 남기면서, 방송 제작의 한 축인 작가들의 밥줄을 끊고 자존심을 짓밟으며 한 표현치고는 참으로 개념 없고 저열하다.

후배 작가로부터 《PD수첩》 전직 작가들의 릴레이 기고에 동참해

달라는 전화를 받고 고민이 깊었다. 방송현장을 떠난 지도 벌써 7년이 넘었고, 내 인생에서 가장 치열하게 살았던 15년을 몸담았던 MBC는 밉든 곱든 친정이나 다름없는 곳이기 때문이다. 더욱이 이번 사태의 주범으로 거론되는 인물들이 함께 부대끼며 《PD수첩》의 명예와 자존심을 지켜왔던 선배이자 동료였다는 점에서 쉽지 않은 결정이었다. 그러나 《PD수첩》 22년 역사 가운데 6년 10개월이라는 짧지 않은 시간을 함께한 작가로서, 길거리로 내몰린 후배들에 대한 부채의식을 떨쳐버릴 수 없었다. 불의를 보고 침묵하지 않고 잘못됐다 말하는 것이 지식노동자들의 소임이라면 작가들과 마찬가지로 내가 서 있는 학자로서의 길이 또한 다르지 않다고 생각한다.

MBC 사측이 밝힌 《PD수첩》 작가 전원 해고의 '진짜' 이유는 그들이 불편부당성과 중립성을 무시하는 경향이 있어 공정한 프로그램을 만들기 위해서였다고 한다. 파업에 앞장섰던 PD들을 해고하고 비제작부서로 내몰던 명분도 크게 다르지 않았다. 그동안 현장을 떠나 있던 나로서는 최근 《PD수첩》의 분위기나 제작과정을 면밀하게는 알 수 없다. 그러나 분명한 것은 이런 일련의 사태에 사측이 내세운 명분이 곧 공영방송이라는 MBC가 얼마나 허술한 조직인지, 그 실상을 만천하에 스스로 폭로하는 자충수를 둔 꼴이 됐다는 점이다. 속된 말로 '자뻑'의 극치를 보는 듯하다. 언제부터 일개 PD가, 일개 작가가 프로그램의 전체 방향을 마음대로 쥐고 흔드는 제작 시스템이 되었단 말인가.

신문이나 방송 등 언론사 조직에는 엄연히 게이트키핑gatekeeping 이라는 과정이 존재한다. 팀장과 국장이 존재하는 이유가 바로 그 것이다. 특히 뉴스를 제작하는 보도국이나 《PD수첩》과 같은 탐사 보도 프로그램을 만드는 부서에서 게이트키핑 기능은 필수적인 것 이다. 만약 그들의 주장대로 일개 PD의, 일개 작가의 개인적인 편 향이 그대로 방송 프로그램에 반영되었다면, 공영방송 MBC의 게 이트키핑 기능은 사실상 마비된 것이나 다름없다. 따라서 PD나 작 가가 아닌 팀장이나 국장에게 먼저 직무유기의 책임을 묻는 것이 누가 봐도 타당하다.

얼마 전 종영된 드라마 《신사의 품격》에 정확한 단어까지 기억나 지는 않지만 이런 대사가 나온다. 부하 직원에게 폭력을 행사한 클 라이언트를 찾아가 계약을 파기한 건축사무소 소장(장동건 분)은 회 사의 손실을 염려하는 직원에게 "그건 내 일이야. 내가 너보다 월급 많이 가져가는 이유가 바로 그런 일 해결하라고 그런 거야…." 라고 말한다. 지위와 권력에는 그에 상응하는 책임이 따르는 법이다. 방 송사가 일선의 제작인력보다 팀장이나 국장에게 더 많은 임금과 대 우를 하는 것 역시 그동안의 기여도 있겠지만 그가 안고 가야 할 책임에 대한 대가도 포함돼 있다. 그런데 자신이 바람막이가 돼 보 호해야 할 후배 PD들이나 비정규직 작가들에게 책임을 전가하는 것은 실로 부끄러운 일이다. 자신보다 힘없는 사람에게 칼을 쓰는 것은 수치라는 고대 철학자의 말이 떠오르는 대목이다.

아이러니하게도 이번 《PD수첩》 작가 해고사태는 작가들에게 상처만 준 것은 아닌 듯하다. 칼자루를 쥔 그들의 의도는 정녕 아니었겠지만 작가들의 위상과 존재감을 세상에 알려주는 계기가 되었다. 방송 프로그램을 만드는 두 축은 누가 뭐라고 해도 PD와 작가이다. 이것은 드라마뿐 아니라 모든 장르의 프로그램들이 그렇다.

그런데 그동안 전면에 부상되지 않았던 탐사보도 작가들의 존재가, 역할의 중요성이 불미스러운 사태로 알려진 셈이다. 사측과 보수단체의 주장, 일부 언론보도만 보면 일반인들은 《PD수첩》 작가들이 소위 좌편향의 투사쯤 되는 줄 알기 십상이다. 그런데 내가 아는 한 그들은 대한민국에서 정규 대학교육을 받고 작가로 입문한 지극히 상식적인, 우리 사회에 대해서 조금 더 관심을 가지고 비판적으로 성찰하는 이들일 뿐이다. 자신이 우측으로 가 있는 것을 모르고 중간에 서 있는 사람에게 뚜렷한 근거도 없이 너무 좌로 가 있다고 비난하는 형국은 우리 사회의 축소판이다. 권력도 조직도 감시와 비판이 없으면 부패하기 마련이다. 특히 언론조직은 내부에 끊임없이 이의를 제기하고 다른 의견을 내는 '악마의 변론인devil's advocate'을 키우고, 그 스스로 살아 있는 권력에 대해 악마의 변론인이 되기를 자처할 때 본연의 기능을 다할 수 있다.

'도삼이사桃三李四'라는 말이 있다. 복숭아나무는 3년, 자두나무는 4년은 길러야 결실을 낸다는 뜻이다. 작가도 다르지 않다. 일정 기간 다듬어지고 내공이 쌓여야 비로소 제몫을 할 수 있다. 방송가에서 《PD수첩》 작가를 한다는 것은 그만큼 실력과 경륜을 인정받고 있다는 의미이다. 짧게는 4년, 길게는 12년을 《PD수첩》한 프로그램에서 일했던 작가들은 자신들의 노력도 있겠지만 MBC가, 《PD수첩》이 길러낸 소중한 자산이다. 그런데 대체 무엇을 위해 아름드리 재목의 밑동을 스스로 잘라내는 우를 범하는지 나로서는 이해할 수가 없다. 그들을 내친 결과 21일로 예정됐던 《PD수첩》은 결국 전파를 타지 못했다. 노조의 파업 때는 그렇게 '시청자의 볼 권리'를 주장하던 사람들이 대표적인 정규프로그램의 결방에는 왜 침묵하는지 묻고 싶다.

정재홍, 장형운, 이화정… MBC 노조의 파업 이후 벌어지고 있는 살풍경을 지켜본 이들 작가들은 아마 이 싸움에 승산이 없다는 것을 이미 알고 있을지 모른다. 또 누군가는 절이 싫으면 중이 떠나면 그만이라고 이들을 회유할지도 모른다. 그런데 더럽고 치사해서 그냥 떠나 버리면 그 절은 영원히 변하지 않는다. 이들처럼 질 것을 뻔히 알면서도 해야 할 싸움이 있다면 기꺼이 동참할 때 세상은 아주 조금씩이나마 변화하고 진보한다.

지난 21일에 있었던 정책발표회에서 이번 사태의 핵심인물 중 하나인 시사제작국장은 다시 되돌아가도 같은 결정을 했을 것이라고 단언했다 한다. 의로운 일에 뜻을 굽히지 않는 것은 소신이지만 잘못된 것을 알면서도 그것을 고집하는 것은 아집에 불과하다. 이쯤 되니 문득 고은 시인의 짤막한 시구詩句가 떠오른다.

내려갈 때 보았네
올라갈 때 못 본 그 꽃

그들은 위태롭기 그지없는 그 의자에서 내려설 때에야 정녕 자신이 밟고 올라간 그 꽃들을 볼 수 있을까.

김미라 작가는 1994년부터 2000년까지 6년 10개월 동안 《PD수첩》을 집필했으며, 2005년까지 15년 동안 MBC 전속작가로 활동했다. 이후 언론학 박사학위를 취득, 현재 서울여대 언론영상학부 교수로 재직 중이다.

20년 후, PD수첩의 '정신'은 사라졌는가

(초창기 PD수첩의 토대를 닦았던 선배 작가가 지금의 PD수첩을 바라보는 안타까운 소회)

_송미현

지난봄, 해묵은 살림살이를 정리해보겠다며 온 집 안을 뒤적이다가, 창고 선반에 올려둔 큼지막한 상자 앞에서 또 손이 멎고 말았다. 그 속엔 20여 년 전 한 방송 프로그램을 녹화해둔 VHS 테이프 100여 권이 들어 있다. 당시 나는 그 프로그램의 작가였는데, 본방송을 챙겨볼 시간은 안 되고, 모니터는 해야겠기에 집에서 예약 녹화하기 시작한 것이 거의 4년을 이어갔었다. 녹화 테이프는 한 번 보고 나면 사실 다시 들추게 되지 않는다. 그렇게 십수 년을 묵혀왔으니 보관 상태가 좋지 않음은 물론이다. 하지만 난 그 테이프들을 차마 버리지 못하고 있다. 방송작가 일을 하면서 가장 설레고, 치열했고, 보람 있었던 시절의 놓치고 싶지 않은 기록이기 때문이다. 그 프로그램은 바로 《PD수첩》이다.

1990년 봄 문을 연 PD수첩, 성역 없는 도전을 이어가다

《PD수첩》이 첫 방송을 시작한 1990년 봄, 당시 시청자들의 사랑을 한 몸에 받고 있던 교양프로그램은 《인간시대》라는 휴먼 다큐멘터리였다. 평범한 사람들의 성실하고 순박한 삶의 모습을 그대로 보여주는 것만으로도 충분히 진한 감동을 주곤 했었다. 나 역시 가슴이 먹먹해지는 경험을 여러 번 했었다. 그러면서 드는 의문 하나! 왜들 좋은 사람들은 대체로 가난하고 힘들고 사기도 잘 당할까? 그런데도 자신의 힘든 처지를 타고난 팔자려니, 아니면 한때의 불운으로 탓하며 혼자서 삭여만 내는 것일까? 그런 의미에서 '건강하고 상식이 통하는 사회를 위해 발로 뛰며 만든다'는 모토 아래 그해 막 문을 연 《PD수첩》은 내가 관심 있게 지켜보는 프로그램이 되었다.

그리고 이듬해, 나는 《PD수첩》의 작가로 팀에 합류했다. 군사정권의 체제가 약화되던 시절, 억울함을 호소하는 이웃들의 사연이 쌓여갔고, 한 꺼풀만 벗기면 카메라를 들이댈 만한 우리 사회의 일그러진 구석들은 곳곳에서 발견되곤 했다. 광주 민주화항쟁 이야기, 군과 쿠데타, 정권의 비자금과 같은 권력의 핵심에 닿아 있는 문제에서부터 장애인 특수학교 건축을 반대하는 지역 이기주의, 외국인 노동자들의 인권 침해 실태, 세입자 울리는 주택문제, 학교를 자신의 소유물처럼 운영해 온 어느 사학재단의 비리, 아동학대 실태, 6.25전쟁 당시 수백 명이 학살 매몰되었던 금정굴에 대한 최초의 발굴 작업, 그리고 난립하는 사이비 종교단체의 폐해에 이르기까지 《PD수첩》은 성역 없는 도전을 이어갔다.

PD수첩의 정신에 대한 공감으로, 압력을 이겨내다

다루는 사건과 사안들의 파장이 크다보니 프로그램에 가해지는 압력도 만만찮았다. 송사에 휘말리기도 하고, 이권을 지키려는 가진 자들의 협박도 적지 않았다. 종교단체의 신도들이 방송국을 에워싸고 며칠씩 숙식하며 시위를 벌이는 곤혹스러운 경우도 있었다.

그런데 주목할 만한 것은 사태에 임하는 제작진의 태도였다. 문제가 생기면 취재 PD들은 물론이고 팀장과 때론 국장님까지도 함께 대처방안에 대한 논의에 조곤조곤 의견을 모아가곤 했다. 이유야 어떻든 이런 상황을 만들어 낸 PD들에 대한 질책이 있었을 것이고 논의 과정 중에 언쟁도 있었을 것이다. 하지만 그보다는 《PD수첩》이라는 타이틀을 걸고 취재에 나선 PD들, 그들에 대한 신뢰가 더 앞서 있었기에, 크게 얼굴 붉히지 않고 사태를 잘 방어하곤 했었다.

사실 탐사보도 프로그램을 만들다보면, 이런 후폭풍은 기획과 취재단계에서 이미 예견되는 경우가 많다. 그럼에도 방송이 나갈 수 있었던 것은, 냉정한 관찰자의 시선으로 진실을 들여다보겠다는 《PD수첩》의 정신에 모두가 공감했기 때문이었을 게다.

20년 후, '달라진' PD수첩의 제작현장

그런데 최근 몇 년 사이 들려오는 제작현장의 모습은 완연히 달라 보인다. 기획단계에서부터 마찰이 빚어지고 아이템 결제가 거부되는 빈도도 높아졌다고 한다. 한미 FTA 문제, 한진 중공업 문제 등 논란이 많았던 기획들은 권력이 불편해할 만한 아이템들이고, 방송이 되면 외압에서도 자유롭지는 못할 것이다.

하지만 국민들은 궁금하다. 전후관계를 분명히 알고 싶다. 그리고 탐사보도 프로그램은 그 사실을 시청자에게 알려주어야 할 임무가 있다. 그렇다면 무엇이 필요한가. 문제에 등 돌리고 목소리 높이기 이전에 진중하게 검토하는 일이 우선일 것이다. 검증에 검증을 거듭해서 불편부당하게, 누구로부터도 책잡힐 일 없는 프로그램이 만들어지도록 힘을 모아주는 것 말이다. 내가 몸담았던《PD수첩》은 그랬었다. 논란이 예상되는 아이템이어도 사전에 기획을 폐기하거나, 이건 안 된다 하지 말아라, 라고 데스크로부터 검열을 당해본 기억이 거의 없다.

살인사건의 피의자가 무죄판결을 받았을 때의 일이다. 그는 경찰의 가혹 수사로 허위자백을 할 수밖에 없었는데, PD와 나는 그가 당했던 고문의 정도를 어떻게 영상화할까 의논하다가 크로키화로 그려보기로 했다. 한두 장의 스틸 컷이 아니라, 20여 장을 촬영 편집해서 움직임의 효과를 내보기로 한 것이다. 편집본을 시사하던 팀장이 이것을 걸고 넘어졌다. 한두 장의 그림으로도 충분히 의미를 전달할 수 있는데, 굳이 이런 장치를 써야겠느냐는 얘기였다. 실랑이 끝에 스틸 컷이 확정되고 방송은 나갔다. 내가 기억하는 데스크와의 마찰은 이런 정도의 수위가 전부였던 것 같다.

서로 간에 소통과 합의, 그리고 시대정신에 공감하고자 하는 자존심, 이는 《PD수첩》이 뿌리를 내리고, 오늘날까지 탐사보도 프로그램의 대표주자로 자리 잡게 만든 힘의 원천이다. 그런데 그 힘의 원천이 20년 후 지금은 모두 사라진 것인가.

열악한 제작환경을 이겨냈던 힘, 내가 사는 세상을 밝게 만든다는 자부심

당시, 취재내용에 대한 조율보다 더 힘들었던 건 사실 열악한 제작환경이었다. 네 명의 PD와 작가 두 명이 조를 이뤄 PD는 2주에 한 편, 작가는 매주 한 코너씩 20분 분량을 소화해내야 했다. 현장을 뛰어다니는 PD의 노고는 말할 것도 없고, 작가 역시 이번 주 방송분을 제작하면서 다음 주 아이템까지 동시에 챙겨야 하는 강행군이다. 기획과 구성, 편집과 대본 작업까지 마치고 나면 바로 다음 주 방송이 코앞에 닥쳐온다. 그러다 보니 8회, 9회 정도 연속으로 방영이 될 즈음엔, 제작진 입에서 먼저 '어디 한 번쯤 결방되는 일 없을까' 푸념 아닌 푸념을 주고받기도 했었다.

얼마 후 PD 인력은 3주, 4주 간격으로 충원이 되고 작가도 2주에 50분 한 편씩을 담당하게 되었지만, 아는 사람은 다 안다. 사건의 원인을 심층 분석하고 그 대안을 제시하는 탐사보도 프로그램을 그 일정에 맞춰 제작한다는 것이 얼마만 한 노동 강도를 필요로 하는지.

내게 《PD수첩》 '종신 작가'로 일해보자는 제안이 온다면 분명 손을 휘저을 것이다. 떠나올 때 몸 성하게 잘 추스르고 나오면 다행이라며 후배들에게도 충고하곤 했었으니. 그럼에도 꼬박 6년을 매번 새로운 《PD수첩》을 만들어내는 데 기꺼이 동참했던 까닭은, 내가 사는 세상을 보다 밝게 만드는 데 기여했다는 자부심! 그거 하나 때문이다. 22년을 이어오면서 《PD수첩》을 거쳐간 수많은 PD와 작가들의 심정도 그와 다르지 않았을 것이다.

이런 프로그램에서 PD와 작가는 제작과정 전반에서 떼려야 뗄 수 없는 동반자 관계다. PD가 지휘해야 할 부분이 있고, 작가들이 더 세세하게 챙겨야 할 부분들이 있다. 이 두 부분이 톱니바퀴처럼 맞물려 가야 프로그램은 제대로 된 모양새를 갖춘다. 경험이 쌓여 숙련되면 될수록 좋을 것이다.

그런데 PD들은 지금 그 자리를 잃었다. 프로그램의 한 축을 떠받치고 있던 작가들마저 일시에 모두 해고되고 말았다. 절차와 명분의 부당함에 대해 벌어질 논란을 예상 못했을 리 없다. 그런데도 작가들을 전원 방출해버린다는 건, 《PD수첩》이 아예 빈 공간으로 남아 있어주기를 바라는 나름의 셈법이라고 할 수밖에.

7개월째 멈춰 서 있는 PD수첩… 해답은 프로그램의 '정신'에 있다

《PD수첩》을 거쳐온 PD와 작가들 역시 진심으로 바랄 것이다. 《PD수첩》이 기능하지 않는 때가 하루속히 찾아오기를. 물론 지쳐서, 포기해서가 아니다. 더 이상 파헤칠 어두운 구석이 없어, 《PD수첩》이 존재 이유를 잃어버린 세상이 오기를 진심으로 원하기 때문이다. 그런 세상이 아직은 요원해 보이는데 《PD수첩》은 7개월째 여전히 멈춰 서 있다.

평행선을 달리듯 끝이 보이지 않는 싸움. 하지만 그 해답은 프로그램이 이미 말하고 있다.

'1990년 5월 8일 첫 방송된 《PD수첩》은 20여 년간 진실과 정의, 상식과 민주주의를 위해 우리 사회 구석구석을 누벼왔습니다. 앞으로도 우리 시대의 정직한 목격자로 시청자 여러분을 찾아가겠습니다.'

게시판엔 프로그램이 자랑하는 이 문구가 지금도 선명하다. 부디 그 약속이 지켜지길 기대해본다.

송미현 작가는 1991년부터 1997년까지 6년간 《PD수첩》을 집필했으며, 대표작 《이제는 말할 수 있다》, 《MBC스페셜》, 《연속기획 10부작 '미국'》 등이 있다.

그해 어느 밤, PD수첩의 풍경

_장은정

2009년 1월 어느 날 밤, PD수첩 편집실

누군가 눈에 모래를 한 줌 뿌려넣은 것 같은 밤이었다. 나는 이틀째 편집실에 갇힌 채로 100권 가까운 테이프들과 씨름하고 있었다. 말이 쉬워서 100권이지, 1권에 60분 분량 촬영영상을 꼬박 100시간 동안 앉아서 봐야 하는 '고행'. 그러나 작가도 사람인지라, 하다보면 요령도 생기고 꾀가 생겨 보통 그냥 흘러가는 그림은 고배속으로 돌려보곤 한다. 하지만 이번은 그럴 수가 없었다. 미친 듯이 찾고 싶은 것이 있었다. '용역'이었다. 나는 그때, 2009년 새해 벽두에 벌어진 '용산 참사' 관련 방송을 준비하던 중이었다.

현장에 나간 PD들이 취재한 바에 따르면 분명, 경찰특공대 진압 전부터 용역이 철거민들을 괴롭혀왔다고 했다. 토끼몰이 하듯 빈 건물에 불을 질러 연기를 피워 올리고, 심지어 경찰과 함께 물대포를 쏘며 강제 진압을 거들었다는 증언도 나왔다. 하지만 경찰도, 정부도, 언론도, 철거민을 '화염병 투척'과 '도심테러'의 원흉이라고 바라볼 뿐, 그들의 말에 귀 기울이지 않았다.

참사 전날부터의 현장 모습이 담긴 모든 매체의 촬영 테이프들을 모아 들여 산처럼 쌓아놓고, 나는 테이프 한 권 한 권 돌려가며 그 속에 담긴 영상들을 주시했다. 현장의 증언이 사실이라면, 분명 어딘가에 증거가 있을 것이다. 그러나 진실의 꼬리는 쉽게 잡히지 않았다. 12시간… 24시간… 36시간… 눈은 충혈되고, 흔들리는 화면에 멀미가 몰려왔다. 문득, 이게 지금 뭐하는 짓인가, 밑 빠진 독에 물을 채워넣는 콩쥐도 아니고… 바닥난 체력에 오만 가지 회의가 밀려왔다.

그 밤, 그 여자. 장형운 작가

잠시 찬바람이라도 쐬자 싶어 편집실을 나섰다. 그 야심한 밤, 어둑한 편집실 복도에서, 나는 어깨가 잔뜩 구부러진 그림자와 마주쳤다. 다음 날 나갈 《PD수첩》 방송을 준비 중인 장형운 작가였다. 우직해 요령이라곤 모르는 후배. 연이은 밤샘 작업으로 안 그래도 하얀 얼굴이 투명해져 유령처럼 창백해 보였다. '편집실 좀비'라고 불리는, 딱 그 몰골이었다. 내일 방송이 민감한 내용이어서 '방송정지 가처분신청'이 들어올지도 모른다, 대본 한 글자 한 글자가 조심스럽다, 진도는 안 나가고 방송 시간은 다가오니 심장이 타들어가는 것 같다… 그녀는 빨갛게 짓무른 관자놀이를 더욱 꾹꾹 누르며

두통약이 있느냐 물었다.

작가들 사이에서 이럴 때면 흔히 하는 농담이 있다. 시사 작가 10년이면 '돈·명예·권력' 빼고 모든 걸 얻는다고. 두통, 불면증, 근육통, 위염, 장염, 할부가 끝나지 않은 노트북… 그 밤 새삼스레, 그런데도 우리들은 왜 이 '짓'을 하고 있는가… 해묵은 고민이 안 그래도 지친 머릿속을 파고들었다.

그 밤, 그 남자. 정재홍 작가

형운 작가에게 두통약이나 찾아주자고 들어선 한밤중의 사무실. 《PD수첩》 자리에서 막 촬영을 마치고 돌아온 PD들과 정재홍 선배가 회의 중인 게 보였다. 분위기가 심상치 않은 걸 보니, 취재가 순탄치 않은 모양이었다. 잠시 후, 무거운 침묵을 깨고 재홍 선배가 자리에서 일어섰다. "괜찮다. 다시 찾으면 된다. 뭐 이런 일 한두 번 겪나." 재홍 선배는 동료 PD를 위로하며 짐짓 미소까지 지어 보였다.

그러니까 지금 선배네 팀은 '아이템을 접는' 순간이었다. 며칠 공들인 취재를 포기하고 새로운 주제를 찾아야 하는, '위기'의 시간이 찾아온 것이다. 그런데도 재홍 선배는 어깨가 축 처진 리서처들을 다독여 집으로 돌려보낸 후 홀로 책상을 정리했다. 방금 접은 아이템 관련 자료인 양 산더미처럼 쌓인 신문 자료, 논문 자료, 프리뷰 노트들을 일일이 뒤져보고는 혹시나 다음에 쓸 것들은 남기고, 필요 없는 것들은 이면지 함에 추려냈다.

《PD수첩》만 (당시) 10년째 집필하고 있던 정재홍 작가를 두고 PD, 작가들 사이에선 사람이 아니라는 '흉흉한' 소문이 돌았다. 일본어로 '가미상神님' 혹은 '부처'라고 불리기도 했다. 매일 매주가 전쟁 같은 《PD수첩》을 그리 긴 세월 했으니 그가 죽어 화장을 하면 부처님보다 사리가 많이 나올 거다, 우리끼리 우스갯소리도 했었다.

'가미상' 재홍 선배가 이번엔 노트북을 켰다. 혼자서 이 밤에 새 아이템을 찾는 건가, 싶어 봤더니 가부좌를 튼 채 바둑을 두고 있다. 나는 선배한테 힘들어 죽겠다며 엄살이나 떨어보려던 마음을 접고 조용히 돌아섰다. 방송은 체력전이라며 담배를 끊고, 쉬는 날엔 등산을 가고, 행여 《PD수첩》에 누가 될까 은행대출조차 한 번 받지 않은 남자. 그의 유일한 '오락'이 바둑이었다. 선배의 머릿속이 얼마나 복잡할지, 이 야심한 시간 차마 집으로 돌아가지 못하고 바둑돌을 놓는 속은 또 얼마나 쓰릴지, 그저 짐작만 할 뿐이었다. 나는 끝내 두통약을 찾지 못한 빈손으로 사무실을 나왔다.

우리를 'PD수첩 작가'이게 하는 것들

새벽을 향해 가는 시각. 돌아와 다시 편집기 앞에 앉았다. 오늘은 집에 들어가 푹 자고 싶었는데, 나는 왜 아직 여기 있는 걸까. 저들은 왜 이 힘든 프로그램을 떠나지 못하나. 서로 술잔을 기울여도 그런 쑥스러운 이야기는 오간 적이 없기에, 우리는 서로가 이곳에 머무는 이유를 다 알 수 없었다.

낮게 한숨을 쉬며 다시 편집기 플레이 버튼을 누르는 순간, 형운 작가가 자판기 커피를 손에 든 채 편집실 문을 열고 나타났다. "방송 직전도 아니면서 언니는 힘이 남아돌아요? 왜 벌써부터 밤샘이에요. 적당히 하고 집에 좀 가요." 짐짓 너스레다.

그때 화면 속에선 용산 철거민들이 주저앉아 통곡하고 있었다.

대한민국의 모든 언론이 취재를 나오고, 여야 정치인들이 앞다투어 현장을 방문하고, 이례적으로 담당 검찰이 현장 조사를 하고, 정부는 신속한 사건 규명과 처리를 선언했지만, 사고 발생 하루가 저물도록 망루에 올라갔던 철거민 가족들은 아빠와 아들, 형제의 생사조차 확인 못 하고 있었다. 혹시나 살아 있을까, 희망과 절망을 오가며 이 병원 저 병원 헤매는 모습이 고스란히 화면에 담겨 있었다.

말없이 함께 보던 형운 작가가 내 등을 툭툭 두드렸다. "그래 언니, 오늘도 저랑 같이 밤새셔야겠네요." 한마디를 남기고 그녀는 사라졌다. 그랬을 것이다. 《PD수첩》 작가라면 그 화면 앞에서 모두가 같은 마음이었을 것이다. 우리에게 들려오는 아프고, 약하고, 억울한 사람들의 하소연. 그것을 못 들은 체할 수 없고, 그들의 눈에서 흐르는 눈물을 위로하고 싶은 마음. 그것이 '고행수첩'인 《PD수첩》을 3년씩, 5년씩, 12년씩 할 수 있게 만든 각자의 이유였을 것이다.

그날 새벽이 끝나기 전 나는 결국 물대포를 쏘는 용역 영상을 찾아냈고, PD들은 지독하고도 끈질긴 추적 끝에 그가 모 용역업체의 과장이란 사실을 밝혀냈다. 용역과 전혀 관련 없다 발뺌하던 경찰의 거짓말이 드러나고, 급하게 수사를 마무리 지으려던 검찰은 1차 수사발표를 뒤로 미루고 보충 조사를 약속했다. '《PD수첩》 방송의 파장', '《PD수첩》이 밝혀낸 진실'… 신문지상을 장식한 큼지막한 활자들을 보며, 나는 뿌듯하기보단 착잡했다. 몇 날 며칠 몇 번이고 반복해 보았던 영상 속 망루 위의 철거민들. 건물 아래 기다리던 가족들을 향해, 취재진을 향해 하트를 그려 보이던 참사 전날 그들의 모습이, 그 후로도 오랫동안 머릿속을 떠나지 않았다.

2012년 8월, 이제는 말할 수 없습니다

그로부터 3년 후 여름. 용산 철거민 문제를 다룬 다큐멘터리 영화 〈두개의 문〉을 '한때 《PD수첩》 작가'들과 함께 봤다. 영화가 끝나고, 자리에서 일어나 극장 문을 나서는 내내, 우리는 아무도 입을 열지 않았다. 한편으로는 그날의 영상들이 생생히 떠올랐고, 한편으로는 입이 꽁꽁 묶여버린 지금의 방송현실이 실감났다. 누군가 무심한 듯 한마디 툭 뱉었다. "지금 다시 이런 일이 생긴다면, 《PD수첩》에서 할 수 있을까?" 다시 '말할 수 있기' 위해 시작된 파업이 겨울과 봄을 지나 세 번째 계절을 보내는 중이었다.

6개월 가까운 파업 기간 동안, 작가들은 어디서 무엇을 하며 지

내는지, 밥은 먹고 사는지, 서로의 안부가 궁금해도 빤한 형편을 생각해 술자리 한 번 갖지 못했다. '다시 일 시작하면, 원고료 나오면, 그때 가서 회사 앞 포장마차에서 회포나 풀자' 미뤄왔던 만남… 우리는 일터인 MBC가 아닌, '《PD수첩》작가 해고 규탄' 기자회견장과 폭염이 쏟아지는 집회현장에서 항의 피켓을 든 채 재회했다.

그해를 넘긴 이듬해, 나는 3년을 채운 끝에 《PD수첩》을 그만뒀다. 빈자리는 후배 작가로 채워졌다. 정재홍 선배는 올해 12년째 한결같은 '《PD수첩》작가'다. 장형운 작가는 《PD수첩》 두 번째 고참 작가가 되었다. 파업이 종료되자마자 그들은 사전 통보 한마디 없이 전원 해고됐다. 이글거리는 아스팔트 위에서 마이크를 들고 눈시울을 붉히는 재홍 선배와 형운 작가의 모습 위로, 그날 밤 편집실의 그녀가, 사무실의 그의 모습이, 자꾸만 겹쳐 떠올라 나는 한동안 가슴이 먹먹했다.

《PD수첩》 작가들이 거리로 내몰린 지 어느덧 한 달이 지나고 있다. 이 순간에도 《PD수첩》은 결방 중이다. 아직도 《PD수첩》은 '말할 수 없다'.

장은정 작가는 2007~2009년 《PD수첩》을 집필했으며 대표작으로는 '용산 참사, 그들은 왜 망루에 올랐을까', '봉쇄된 광장 연행되는 인권', '욕망의 땅 강남 재건축' 등이 있다. 현재는 《휴먼다큐 그날》을 집필 중이다.

PD수첩 없이도 '사랑'과 '눈물'이 계속될 수 있을까

_노경희

920명 서명의 무게

2008년 1월, 일주일 앞으로 예정되어 있던 제65회 골든글로브 시상식이 취소됐다. 아카데미상과 더불어 할리우드에서 가장 권위 있는 이 시상식이 취소되는 사상 초유의 사태를 가져온 원인은, 다름 아닌 작가들의 '파업'. 할리우드의 영화와 방송 작가들이 제작자 연맹과의 재계약협상에서 뉴미디어로 판매되는 작품에 수익지분권을 요구했는데, 이것이 받아들여지지 않으면서 파업에 돌입한 것이다.

파업이 3개월 이상 지속되면서 브레드 피트는 파업 참가 중인 작가를 교체했다는 이유로 출연을 거부했고, 다양한 배우와 감독들의 파업에 대한 지지로 방송 및 영화 촬영이 중단됐다. 조지 클루니, 톰 행크스, 안젤리나 졸리 등이 시상식 불참을 선언하면서 골든글로브 시상식까지 기자회견으로 대체되고, 결국 100일간의 투쟁 끝에 작가들이 뉴미디어 부가판권의 수익 배분을 획득하며 파업이 마무리됐다.

이 뉴스를 접하며 내심 부러웠었다. 시사교양 프로그램을 쓰는 우리 구성작가들도 작가들의 작업 환경이나 처우, 원고료 문제로 방송사와 협상하면서 계란으로 바위 치기 하는 심정이 들 때마다 '전면 파업이라도 한 번' 하는 마음이 굴뚝같았지만 시도조차 해 보지 못했기 때문이다. 모두가 같은 '구성작가'의 이름으로 일하고 있다지만, 각자 방송사, 외주 제작사, 프로그램, PD 등에 따라 서로 너무 다른 조건으로 일하고 있기에 함께 뜻을 모으지 쉽지 않은데다가, 일부만 파업을 했다가는 또 누군가 그 자리를 메울 수 있기 때문이다.

사실 속사정을 알고 보면 미국 작가들의 파업도 만만치 않은 일이었다. 미국 작가협회(WGA: 미국 TV 방송 대본과 영화 시나리오 쓰는 작가들의 노동조합)는 그 100일간의 파업을 위해 6~7년 전부터 계획을 세웠고, 3년 전부터는 조합원들의 개별 면담을 위해 가정방문까지 했다고 한다.

그런데 단 며칠 만에 920명의 시사교양작가가 서명을 했다. 《PD수첩》이 일하고 있던 작가를 몰아내고 새 작가를 찾는다는 말에, 결코 그 자리에는 부역하지 않겠다는 결연한 마음으로. 몇 개월의 MBC 파업 중에 '시용'이라는 이름을 달고 아나운서, PD, 기자들이 들어오는 마당에 말이 900명이지, 교양작가라는 이름으로 방송계에 발을 들여 놓은 작가 전원이라고 해도 과언이 아닌 숫자가 흔들리지 않고 서명을 했다는 사실이, 내게는 미국작가협회의 파업 못지않게 더 큰 무게로 여전히 가슴을 울리고 있다.

우리가 끝내 내줄 수 없는 것

다른 건 몰라도 난 이 사태에 책임 있는 해당 국장과 본부장이 작가의 해고가 이렇게 비화될 것이라고 예측하지 못했다는 말은 믿는다. 결과는 《PD수첩》을 불방시키고, 그 원인을 작가로 돌려서 오히려 원하는 대로 된 것인지 모르겠지만, 작가 여섯 명 해고하면서 곧 자신들의 뜻에 맞는 작가를 구할 수 있을 것이라고 예상했을 것이다. 그렇게 투입한 작가를 통해 아이템 관리하고 PD들 견제하면서 모양새 갖추어 방송할 수 있을 거라고 생각했을 것이다. 그러면 시청자들은 다시 MBC가 제자리로 돌아왔다고 여기고, 《PD수첩》이 다루지 않는 사건은 없던 일로, 《PD수첩》이 비판하지 않는 아이템은 별 문제가 없는 것으로 눈속임할 수 있을 거라고 믿었을 것이다.

왜냐하면 지금 부장과 국장, 본부장이 바로 그렇게 그 자리에 앉은 사람들이기 때문이다. 자의든 타의든 제작 업무를 떠나 있다가 후배와 동료들이 파업을 하는 동안 그 비운 자리를 대신해서 돌아왔다. 그래서 자신을 중용하고 자리를 맡겨준 사람들의 뜻에 따라, 원하는 대로, 하라는 대로 자리를 지키는 데 더 최선을 다하고 있는 것이다. 파업이 아니었으면 오지 않았을 기회. 이렇게 얼마간 자리를 지키다 보면 영전할 수도 있고, 또 아니면 시사교양 PD로 나섰으니 부장이 되어, 국장이 되어 펼치고 싶은 포부가 있을지 모른다. 그러기 위해 《PD수첩》 하나는 내주어도 된다고 생각했던 것일까, 그리고 작가들도 얼씨구나 그럴 줄 알았던 것일까?

어쩌면 920명 우리 구성 작가들에게도 그런 미혹이 있을 수 있을 것이다. 시사교양작가로 뜻을 세운 사람 치고 《PD수첩》 작가라는 자리, 한 번쯤 해 보고 싶은 자리다. 이력서에 한 줄 써 놓으면 어느 프로그램 작가로 간다한들 세상 무서울 게 없는 경력이다. 나 역시 작가로 일한 20년 가까운 시간 중에 고작 1년 《PD수첩》을 해 놓고도 주요 이력에 《PD수첩》을 빼 놓지 않고 쓴다. 고되고, 힘들고, 치열해야 하며, 냉철해야 하는 그 자리에서 일했다는 것은 그만한 자질과 가능성을 가졌다는 자격증 같은 것이기 때문이다.

욕심나는 걸로만 치자면 작가들이 더할 수 있다. 일자리가 보장된 안정된 직장인도 아니고 돈이나 명예도 방송국 부장, 국장에 비하겠는가. 하지만 920명이나 되는 작가들이 그 욕심에 흔들리지 않고 서명을 한 데에는, 시사교양 작가로 살아가는 데에는 그런 이력보다 더 중요한 무엇이 있기 때문이다. 자신이 믿는 정의와 신념을 담아 원고를 쓰고 그 원고로 시청자와 소통하며 이 사회를 건강하고 살 만한 세상으로 지켜 가는 데 조금이라도 보탬이 되고 있다는 '소명의식'. 돈도 명예도 안정된 자리도 보장되지 않는 작가들에게 그 소명의식이야말로 자신을 지키는 가장 큰 가치이며 아무리 내로 라하는 프로그램이라도 그 소명의식을 지킬 수 없다면 아무 의미도 없기 때문이다.

'자리'에 의한 장악 그 끝

2009년 아직 보수언론과 재벌기업의 종편 진입을 위한 방송법 개정이 논의 중이던 무렵, 방송 3사 종사자와 지식인들이 이를 강력히 반대하자 그 이유가 바로 올해(2012년)를 2002년처럼 만들기 위한 것이 아니냐는 음모론을 편 신문기사가 있었다. 또 한 번의 대선이 있는 올해가 10년 전인 2002년과 비슷한 '정치 일정'을 예고하고 있다는 것이었는데, 2002년에 지방 총선거와 한일 월드컵이 있어 정치와 스포츠가 절묘하게 결합됐듯이 2012년 또한 국회의원 총선거와 런던 올림픽을 치른 후 12월에 대통령선거가 실시된다는 것이었다. 그래서 종편 없이 방송 3사 중심의 방송 구도가 그대로 유지된다면 MBC 등 기존의 방송은 국회의원 총선거에서 여당의 참패를 이끌어낸 후 런던 올림픽 한국 대표단의 선전으로 고조된 열기를 등에 업고 제2의 '효순, 미선이' 혹은 '광우병 공포'를 만들어 냄으로써 새로운 대권 창출을 가능케 할 것이라는 의견이었다. 나는 한낱 보수언론의 음모론이라고 치부해 버렸던 것을 한쪽에서는 상당히 신빙성 있게 받아들였던 모양이다.

그 후 권력에 의한 언론 장악의 수순은 그 가상 시나리오대로 돼서는 안 된다는 절박함으로 점철되어온 듯 보인다. 그리고 그 과정에서 가장 효율적으로 적용된 방법은 바로 '자리' 혹은 '권력'을 쥐어줌으로써 '소명의식'을 빼앗는 일이었다. 다수의 뜻과 맞지 않더라도 자신의 뜻을 잘 따라줄 누군가에게 방송 사업자의 자격을 주고, 또는 방송사의 사장 자리에 앉히고, 본부장 자리에, 국장, 부장 자리에 앉히고 시용 PD와 기자를 채용하기까지. 대의 대신 '권력'으로 자리를 가지게 된 사람들은 신념이나 소명의식 대신 권력에 굴복하고, 그 권력을 가지고 똑같은 방식으로 아래를 지배하려고 했다. 900명 작가의 서명은, 《PD수첩》의 불방은 이 정권 내내 유용했던 그 '자리'에 의한 지배의 첫 번째 좌절인지도 모른다.

PD수첩 없이도 '사랑'과 '눈물'이 계속될 수 있을까

해고된 작가 여섯 명이 복귀되기 전 《PD수첩》은 다시 방송될 수 없을 것이다. 누군가는 그걸 놓고 소가 뒷걸음치다가 뭐 잡은 격이라며 안도하고 있을지도 모른다. 하지만 이제 이것은 새로운 싸움의 시작일 수도 있다. 우리 작가들은 《PD수첩》의 작가 자리가 비어 있는 동안 끊임없이 그 부당함을 이야기하고, 돌아오지 않는 《PD수첩》이 시청자들에게 이 정권이 언론 장악을 위해 여전히 '자리'의 꼼수를 쓰고 있음을 일깨우는 증거가 될 수 있도록 할 것이기 때문이다.

《PD수첩》 6명의 작가를 잃고 제작현장에 남은 우리는 그럴 수밖에 없다. 《PD수첩》이 있는 MBC였기에 가난하고 평범한 사람들의 소소한 이야기에 천착하여 휴먼다큐 '사랑'을 제작할 수 있었고, 머나먼 오지의 '눈물'을 촬영해 올 수 있었다. 프로그램을 제작하는 PD나 작가 모두 권력이나 자본이 아닌 사람을 향할 수 있는 시선과 열정을 가졌기에 가능한 일이었다. 《PD수첩》을 버리면 나머지도 지킬 수 없다. 무엇보다 언젠가 내가 소명을 다해 취재하고 글을 쓰고 있는 프로그램이 그 누군가의 뜻과 다를 때 무참히 중단되고 버려지지 않는다고 누가 보장할 것인가? 이런 야만적인 퇴출이 PD수첩 여섯 명 작가만의 일이라고 말할 수 있는가?

아무도 이 싸움에서 일개 작가들이 거대 방송국을 이길 수 있을 거라고 말하지 않을 수도 있다. 하지만 시사교양 작가인 우리는 시대를 기록하고 전달하는 사람들이다. '자리'는 길어야 몇 년이지만 우리는 앞으로도 양심과 소명을 다해 쉼 없이 써 내려갈 것이며, 결국에 더 많은 이가 기억하는 것은 우리의 '방송'일 것이다. 지금이라도 누군가 그 '자리'의 미혹에서 벗어나 모든 것을 제자리로 돌리는 용기를 보여 주는 일은 일어날 수 없는 걸까? 돌아온 여섯 명 작가들과 함께 그런 정의로운 이야기를 방송으로 할 수 있기를 간절히 바라본다.

노경희 작가는 2001년 1년 동안 《PD수첩》을 집필했으며, 《휴먼다큐 사랑》의 '너는 내운명', '풀빵엄마' 편 등과 창사특집 《지구의 눈물-북극의 눈물》을 집필했다.

김재철 체제의 유지와
시용수첩의 등장

길고 긴 진통 끝에 2012년 10월 25일 MBC의 대주주인 방문진에서 김재철 사장을 퇴진시키자는 합의가 만들어졌다. MBC 노동조합의 복귀 이후에도 《PD수첩》 작가들에 대한 무단 해고, 파업 참여 인력 100여 명에 가까운 보복인사, 계속되는 불공정 보도와 심지어 정수장학회 지분을 팔아 박근혜 후보의 선거를 도우려는 작태까지 드러난 상황이었다. 김사장의 퇴진과 함께 김사장과 대척점에 있던 정영하 위원장이 이끄는 노동조합이 함께 퇴진하기로 합의가 만들어졌다. 여당 추천이사 2명과 야당 추천이사 3명, 즉 9명 가운데 5명이 찬성하는 결의안이었기에 김사장 퇴진은 시간 문제였다. 하지만, 결과는 우리가 모두 알고 있는 그대로였다. 10월 25일

합의안이 무산된 채, 11월 8일 방문진 이사회에서 여당이사들에 의해 김재철 체제는 인정을 받게 된다. '김재철 해임안 부결'. 박근혜 후보 캠프와 좌장인 김모 본부장과 이명박 대통령의 최측근인 하모 대통령실장에 의해 이 결의안이 저지되었다는 구체적인 정황이 속속 드러나고 있다. 야당과 시민단체가 주장하는 이른바 '이명박근혜'의 실체가 MBC 문제를 계기로 극적으로 드러난 것이다.

MBC 파업이 전 국민적 관심사가 되고, 김재철 사장의 개인 비리와 여성 문제, 그리고 MBC라는 국민적 재산이 망가지는 것을 보다 못한 시민들의 뜨거운 반응에 놀란 박근혜 캠프에서도 이상돈 교수와 같은 합리적 세력은 김재철 사장이 당연히 퇴진하는 것을 전제로 MBC 파업을 정리하고자 했다. 그런 움직임들이 속속들이 전해지면서 MBC 노동조합은 파업을 풀고 현업에 복귀했지만, 박근혜 캠프와 새누리당은 결국 MBC를 자신들의 통제 범위 내에 두고자 하는 천박한 인식의 한계를 드러내버렸다.

어떻게 보면 당연한 결과일 수도 있다. 대통령 선거를 30여 일 앞두고 있는 상황. 《PD수첩》은 식물화되었다. 뉴스데스크는 이미 여당의 전유물이 된 지 오래. 청부 취재 논란까지 빚어지고 있었다. '안철수 후보 박사학위 표절 논란' 뉴스의 경우 제보자가 새누리당에 줄을 댄 한 교수이고, 이 교수가 조중동을 비롯한 언론사에 제보를 했지만 아무도 받지 않았던 의혹을 오직 MBC에서만 대서특필한 것으로 드러났다. 이명박 정부에서 정부여당에 유리한 심의를 한다고 소문났던 방통위조차 이 뉴스에 대해서는 너무나 함량미달이어서 '경고' 조치를 할 수밖에 없었던 그런 뉴스가 뻔뻔하게 전파를 타고 있다. 한마디로 전파를 이용한 선거운동이 가능해진 것이다. 《MBC 스페셜》에서는 철 지난 그리스 경제위기를 소재로 '복지 포퓰리즘'을 과장하는 프로그램이 나갔다. 한미 FTA라는 중차대한 국가의 선택에 대해, 4대강 사업이라는 단군 이래 최대 토목사업의 문제점에 대해 그토록 반대를 하며 아이템 검열을 일삼던 김모 《PD수첩》 CP가 교양제작국장으로 영전하자 일어난 일이었다. 김재철 체제는 선거 국면에서 채널과 회사를 통째로 '박근혜 캠프'에 갖다 바치는 것으로 자신의 운명을 연명한 것으로 보인다. 누구나 그것이 어떻게 가능하냐는 의문이 있을 수 있다. 주식 한 주도 가지고 있지 못한 이모 본부장이 최모 정수장학회 이사장을 만나 MBC 주식을 가지고 박근혜 후보의 선거운동에 동원하자는 그 뻔뻔한 이야기에서 우리는 그 단초를 찾아 볼 수 있다.

MBC의 정상화를 위해 방통위에서 여야협상을 주도했던 양문석 방통위 상임위원은 김재철 사장의 해임안이 부결되자 그 내막을 폭로했다. 그에 의하면 "협상 과정에서 계속 나왔던 이야기가 MBC 《PD수첩》이 부활되면 박근혜에게 불리하다는 것"이라면서 "여권에 김재철 사장 해임을 설득하면서 《PD수첩》이건 보도이건 박후보에게 불리할 가능성이 거의 없다고 말했었다"고 밝혔다. 양문석

위원은 이런 상황에서 "《PD수첩》 주력 인사를 다 해고(타 부서발령)한 상황이고 보도국에서도 바른 소리하는 기자들은 징계로 외부 교육을 시킨 상황으로 김사장이 나간다고 하더라도 기자들이 복귀해 현업에 들어가는 데에는 한 달 이상 걸릴 수밖에 없다고 설득했다"고 밝혔다. 하지만, 그의 설득은 실패로 돌아갔다. 박근혜로 대표되는 기득권층은 김재철 체제가 완벽하게 《PD수첩》을 제압하기를 바랐던 것이다.

김재철 체제가 이렇게 '이명박근혜'에 의해 재신임을 받을 무렵, 해고된 《PD수첩》 작가들은 MBC 앞에 텐트를 치고, 마지막 저항을 시도했다. 재신임에 대한 소문이 무성한 가운데에서도 그래도 10월 25일 김재철 사장의 퇴진이 가시화될지 모른다는 기대감이 있었다. 날씨는 점점 차가워지는 가운데 정재홍 작가를 비롯한 6명의 작가들은 철야를 하며 버텼다. 이런 저항 속에서 계속되는 한국작가협회의 반발과 1,000여 명에 달하는 시사교양작가들의 《PD수첩》 집필거부 선언 속에서 김재철 체제는 몰래 대체작가를 뽑는다.

김재철 체제는 이들을 철저하게 보호한다. 파업하고 있는 기자들을 대신해 뽑힌 시용기자들의 명단을 회사 '자유발언대'에 공개했다는 이유로 이중각 PD를 정직 6개월의 징계에 처한 저들이었다. 이중각 PD에게 해고에 버금가는 6개월 정직처분을 하면서 저들이 이유로 삼은 것이 "비야냥거리는 느낌이었다…"는 것이었다.

김재철 체제에서 저널리즘이 아닌, 체제에 충성을 다할 사람들에 대한 비판은 징계와 협박에 의해 원천봉쇄되었다. 대체작가들이 일할 8층 사무실 앞에는 감시 카메라가 있어서 누군가 그곳을 보다가 걸리면 징계를 할 것이라는 흉흉한 소문까지 나돌았다.

남겨진 《PD수첩》 PD들은 얼굴도 모르는 채, 어느 프로그램 출신인지, 이력은 어떤지 알 수도 없는 상황에서 이들 대체작가와 함께 일을 할 것인지 말 것인지를 결정하라는 통보를 받는다. 누군지도 모르고 결혼하라는 꼴이었다. PD들이 집단적으로 반발하자 김 모 시사제작국장은 《PD수첩》을 오직 파업 대체인력으로 뽑힌 '시용PD'와 작가 무단해고 후 몰래 뽑은 '대체작가'로 제작할 것을 명령한다. 그리고 2012년 1월 '허니문 푸어, 빚과 결혼하다'를 끝으로 중단되었던 《PD수첩》은 중단된 지 무려 11개월 만에, 당시 《PD수첩》을 만들던 PD도, 작가도 아무도 남지 않은 상황 속에서 《PD수첩》 역사상 가장 치욕스러울 935회를 방영하려고 한다.

그리하여 『응답하라! PD수첩』은 이 935회를 제작한 사람들의 명단을 기록하고자 한다. 사장 김재철, 본부장 백○○, 국장 김○○, CP 배○○, 연출 손○○, 정○○, 글 구성 ○○○. 이 935회가 아닌 새로운 935회가 방영될 그날, 바로 그날이 《PD수첩》에 시민들에게 제대로 응답하는 그날이 될 것이다.

Part 4

부활하라! PD수첩

《PD수첩》 제작진은 신뢰 관계를 기초로 구성원 서로 간의 갈등을 극복해왔고
극복 과정에서 다시 신뢰가 쌓이면서, 이것이 동력이 되어 고발성과 폭로성이 더 큰,
따라서 사회적 폭발력이 더 강한 주제를 향해 나아갔다.

PD수첩을 다시
생각해야 하는 이유

　이명박 정권이 저물어가고 있다. 햇수로 채 5년이 되지 않은 기간인데 무척이나 오랜 세월이 흐른 것같이 느껴진다. 왜 그럴까?

　그동안 어렵게 이루어놓은 민주화의 결실이 하루아침에 무력화되거나 기능부전 상태에 빠지는 일이 워낙 많이 일어났기 때문일 것이다. 언론자유의 위축은 대표적이다. 그중에서도 방송저널리즘의 퇴행과 추락은 뼈아프다. 1987년 6월 항쟁 이후 확장돼온 방송언론, 특히 공영방송의 저널리즘 기능은 이 정권 들어 극단적으로 약화, 축소됐다. MBC와 KBS, YTN 등 공영방송 사장 강제 퇴출과 이사진의 전면개편, 낙하산 사장 투하 그리고 그에 따른 조직파괴는 전례를 찾기 힘들 정도로 노골적이고 전광석화처럼 신속하게 진행됐다.

부당한 지시에 항의하는 사람들에게는 징계와 보복인사가 뒤따랐고, 투항하거나 눈치를 보고 있던 자들이 빈자리를 메웠으며 주요 간부직을 꿰찼다. 그다음부터는 일사천리로 흘러갔다. 자유롭고 자율적인 제작 분위기는 사라졌다. 뉴스와 시사 프로그램에서 정부정책에 대한 비판은 봉쇄되고 청와대는 성역으로 금기시됐다.

5공화국 때의 관영방송, 어용방송 시절로 회귀한 것이다. 분노한 방송인들은 노동조합을 중심으로 집단적인 저항에 나섰다. MBC의 경우 170일 동안의 최장기 파업 기록을 세웠고 KBS와 YTN 모두 분투했다. 그러나 역부족이었다. '낙하산 사장 퇴진' 등의 슬로건은 여전히 남아 있고 눈에 띄는 성과물은 별반 없다. 그 대신 파업투쟁의 여파는 작지 않다. 2012년 10월 말 현재 공영방송들과 연합뉴스, 국민일보와 부산일보 등에서 해고된 언론인들만 수십 명, 징계당한 사람들은 수백 명에 이르는 실정이다. 1980년 전두환 신군부에 의해 단행된 언론통폐합 이후 최대 규모다. 가히 언론의 암흑기가 다시 도래했다 할 만하다.

이 정권은 집권 이전부터 공영방송 저널리즘을 순치시키기 위해 치밀하게 준비해온 것처럼 보인다. 그리고 그 결과 현재 목격하고 있는 대로 어용뉴스가 부활했고, 비판적인 시사보도, 심층 탐사보도 프로그램은 사라졌다. 25년간 꾸준히 신장돼온 여론 다양성 확대와 조중동에 의해 농락돼온 공론장의 정상화는 먼 옛날 얘기가 돼버렸다. 모든 사물을 돈이 될 것인가, 아닌가(특히 자신에게)로 판단하는 건설회사 CEO 출신의 대통령이 공영방송의 존재 이유와 역사성을 알 턱이 없다. 그가 집권한 뒤 모든 것이 거꾸로 돌아갔다.

《PD수첩》의 몰락은 상징적이다. 기자들에 의해 독점됐던 방송 저널리즘의 새 지평을 열었던 《PD수첩》은 맨 앞에서 없는 길을 개척해나갔기에 험난한 운명을 가질 수밖에 없었다. 길을 제대로 뚫으려고 하면 할수록 탄압은 더욱 거세졌다. 《PD수첩》에 눈을 흘기고 이를 갈면서도 차마 공개적으로 말은 못하고 속으로만 이를 갈던 자들은 이명박이 대통령으로 뽑히자 때를 만났다. 그런 의미에서 이명박 정권의 역사는 '《PD수첩》 잔혹사'다.

과거는 미래의 영원한 스승이다. 만들어진 지 20여 년 만에 프로그램 중단으로 존망의 위기에 처한 《PD수첩》의 과거를 비판적으로 돌아보면서 얻을 것과 버릴 것을 가려보려는 이유다. 민주화 시대에 공영언론이 무엇인지 모범을 보여준 것이 《PD수첩》이다. 존폐의 기로에까지 몰린 오늘, 반면교사로 삼을 만한 허점이나 공백의 실마리를 여기서 찾아야 하는 이유다.

PD저널리즘과 PD수첩

PD저널리즘이 태동하게 된 데는 특수한 역사적, 사회적 조건이 있었다. 1987년 시민들의 6월 항쟁으로 시작된 사회변혁운동의 쓰나미가 한국사회 곳곳에 밀어닥쳤는데, 그 흐름에서 방송사도 예외가 될 수 없었다. 오히려 그동안 억눌린 상태에서 할 말을 제대로 못해왔기 때문에 방송인들의 민주화에 대한 열망은 일반 시민들보다 훨씬 더 컸다고 볼 수 있다. 방송민주화에 대한 갈증이라는 화약고에 외부로부터 시민항쟁의 불길이 옮겨붙었고 이것이 조직적으로는 노동조합 결성으로 나타났다. 노동조합은 사내 민주화 운동을 전개하면서 특히 뉴스와 프로그램의 공정성을 감시하는 사내 조직으로 성격을 분명히 했다. 이 과정에서 교양제작국 PD들이 시작한 탐사

저널리즘 프로그램이 《PD수첩》이다. 5공화국의 독재하에서 저널리스트로서의 제 본분을 다하지 못했던 데 대한 반성과 속죄 의식이 PD저널리즘이라는 한국형 저널리즘을 낳게 한 것이다.

1980년 5월, 광주에서의 참혹했던 민간인 학살을 계기로 집권한 전두환 소장 등 신군부가 지배한 5공화국은 권력의 '보도지침'에 의해 언론계가 움직이는 암흑의 시대였다. 언론계에만 한정시켜본다 해도 1천 명이 넘는 언론인 강제 해직과 언론사 통폐합이 강제로 단행되고 언론 기본법의 시행, 그리고 매일매일의 기사에 대한 세밀한 가이드라인인 '보도지침'의 하달이 일반화된 이 시기에 언론사는 정치권력의 하청업체 이상의 역할을 할 수 없었다.

> "5공 때 정권의 시녀 역할을 한 것은 기자나 PD나 대동소이했다. 기자들이 '땡전뉴스'를 했다면 PD들은 전두환이 추진했던 한강정비사업이나 전두환한테 표창받은 사람을 인간시대 모델로 쓴다든가 하는 이른바 '오더order성 프로'를 만들어서 정권 쪽에 상납했다. 오죽하면 기자는 뉴스가 매일 나오니까 데일리daily 주구走狗라면 PD는 프로그램이 한 주, 또는 한 달 간격으로 있으니까 위클리weekly 주구, 먼슬리monthly 주구라고 자조하는 말이 나왔겠는가?"
>
> _A PD

6월 항쟁 직후인 7월 13일, 보도부문 기자들의 '방송언론의 민주화를 위한 우리의 다짐'이라는 제목의 선언문 낭독과 이어진 철야

토론으로 MBC 내부의 민주화 운동은 점화됐다. 그 직접적인 계기가 된 것은 시민들의 '관제방송' MBC에 대한 물리적 응징이었다.

> "그날의 사건은 명동성당의 농성장을 나서던 청년 한 명이 취재차에 붙은 MBC 로고를 발견하면서 시작됐다. "야, 이거 MBC 아냐!" 1987년 6월 당시, 다른 방송사들과 마찬가지로 전두환 정권의 나팔수 역할을 하던 MBC는 대부분의 사람들에게 경멸과 증오의 대상일 수밖에 없었다. … 순식간에 MBC 취재차량은 주변 사람들에 의해 포위되었다. 그리고 공격이 시작되었다. 취재차의 왼쪽 백미러가 누군가의 발길질에 채여 날아갔으며, 운전석 문이 열리고 운전기사가 뒷머리를 사정없이 얻어맞았다. …도망가는 취재차량을 향해 군중들의 야유가 쏟아졌다. 차에 타고 있던 취재기자의 얼굴을 타고 공포감과 수치심의 뜨거운 눈물이 흘러내렸다."
>
> _강준만, 「한국 방송민주화 운동사」

명동성당에서 시민들에게 수모를 겪은 경찰 출입기자들이 중심이 되어 시작된 방송민주화 요구의 흐름은 MBC 내의 전 부문으로 확산됐고, 이는 결국 노동조합을 만들게 했다. MBC 노조는 1987년 12월 9일, 방송사로는 최초, 전체 언론사로 따졌을 때도 한국일보 등에 이어 네 번째로 설립되면서 추진력과 운동성이 매우 뛰어난 것으로 평가받고 있었다. 노조는 조직된 지 8개월 만에 파업을 통해 5공 정권에서 내려 보낸 낙하산 사장 황선필 씨를 퇴진시키고 편성·

보도국장 등 5개 국장 중간평가제를 관철시키는 등 방송민주화 운동의 괄목할 만한 성과를 확보했다.

노조가 추진한 또다른 역점사업은 지상파 방송에서 최초로 광주학살 문제를 다루었던 특집 다큐멘터리 《어머니의 노래》를 방영하는 것이었다. 노조 결성으로 MBC 사원들의 방송민주화 요구가 분출하면서 프로그램으로 만들어야 하지 않느냐는 분위기가 교양제작국(시사교양국의 전신) PD들에게 있었다. 그렇지만 신군부의 일원이었던 노태우 정권하에서 광주학살의 진실을 프로그램으로 만든다는 것은 결코 쉽지 않은 것이 엄연한 현실이었다. 노동조합은 조합원 대상 시사회를 가지면서 회사 측에 방영을 압박했다. 결국 노조의 강경한 실력행사 등 투쟁에 힘입어 《어머니의 노래》는 1989년 2월 3일 밤에 방송될 수 있었다.

시청률 44%, 점유율 59%를 기록한 이 프로그램의 방송 시작 직후부터 그다음 날 하루 종일 MBC 편성국과 교양제작국에는 전국의 시청자들로부터 업무가 마비될 정도로 전화가 쇄도했다. 5공 때 보여줬던 한국 방송의 체질로 미루어 《어머니의 노래》는 시청자들에게 충격이었다. 우여곡절 끝에 방송이 나가고 난 뒤에 시민들은 MBC를 다시 보게 됐다. 이들의 성원과 격려가 쏟아지면서 PD들은 시대가 변하고 있음을 깨닫게 되는 한편, 시사프로그램을 만들 수 있다는 사명감과 자신감이 생기는 계기가 됐다.

노동조합과 함께

《PD수첩》은 정치, 사회적으로 민감한 주제를 다룰 때마다 해당 집단과 세력, 그리고 피해를 우려하는 회사 측으로부터 방해와 압력을 받았다. 그럴 때마다 《PD수첩》을 제도적으로 방어해준 두 개의 축이 노동조합과 공영방송 시스템이었다. 이 두 제도는 1987년 6월 항쟁 이후 성립된 '87년 MBC 체제'를 설명하는 데 빠질 수 없는 열쇳말이 된다.

한국 방송역사에서 1980년대 후반은 노동조합의 운동을 통해 방송의 자유를 획득하는 과정에서 전문직주의가 집단적으로 성장한 시기였다. 다른 나라와 달리 공채 기수와 직종을 중심으로 구성된 이 인력은 노동조합을 통해 구조개편의 고비마다 특유의 결집력을 보이면서 행동에 나섰다. 이들에 대한 국민적 지지는 한국방송에 균형을 갖춘 뉴스와 권력을 비판하는 내용의 시사토론, 심층취재, 탐사프로그램 등을 제도화시키는 원동력이 됐다. 방송사 외부에서 시작된 사회적인 민주화 열풍이 MBC 내의 민주화 운동을 이끌어내어 MBC를 제대로 된 공영방송 체제로 바꿔내는 데 견인차 역할을 한 것이다.

1988년 11월, 노태우 정부는 갑자기 가칭, 한국장학회를 만들겠다는 계획을 발표하게 된다. 당시 MBC의 주식구성은 70%를 KBS가, 나머지 30%는 정수장학회가 소유하고 있었다. 한국장학회 법안은 KBS가 위탁보관하고 있던 70%의 MBC 주식을 환수, 정부가 관리하는 장학회를 만들겠다는 발상이었다.

MBC의 주식 구성 변화의 역사는 기구했던 한국 방송역사의 축소판이라 해도 과언이 아니다. 독재정권은 예외 없이 방송을 장악하려는 시도를 포기해본 적이 없었고, 그 결과 MBC는 포식자의 먹잇감으로 전락하기 일쑤였다. 그 과정은 합법성이라는 제도적인 틀과 윤리성의 외피를 뒤집어썼지만 내용적으로는 회유와 협박, 강압에 의한 약탈掠奪에 다름아니었다. 쿠데타 주역들에게 MBC는 독립적인 방송사나 언론사라기보다는 장물贓物, 즉 도둑질할 대상에 지나지 않았던 것이다. 1959년 부산지역의 유력 기업인 김지태 씨에 의해 부산에서 민영방송으로 설립된 MBC는 5.16 쿠데타로 집권한 박정희 정권에게 강탈당한 뒤 5.16장학회 소유로 넘어갔다. 박정희는 김지태 씨를 부정축재자로 몰아 김씨의 부일장학회 소속으로 있던 부산 MBC와 한국 MBC(서울 MBC의 전신), 부산일보 등을 헌납이라는 형식으로 강제로 빼앗은 것이다('진실화해를 위한 과거사정리위원회'는 노무현 정부 시절이던 지난 2007년 정수장학회의 전신인 부일장학회가 사실상 국가로부터 '강탈'당했다고 결론을 내렸다. 진실화해위는 "1962년 국가에 '강제 헌납'된 부일장학회(현 정수장학회) 재산을 원소유주에게 돌려주거나 손해를 배상해야 한다"고 권고했다.(프레시안, 2011. 12. 1, 부산일보와 박근혜 일가 '50년 악연' 들여다보니…)). 박정희는 1971년 대통령 선거를 계기로 야당 측에서 박정희 일가가 MBC를 사실상 소유하고 있다는 의혹을 지속적으로 제기함에 따라 이 가운데

70%를 민간기업들에게 분할, 판매했다. 이 주식 70%를 박정희 사망 후 등장한 전두환이 1980년, 기업들로부터 다시 빼앗아 KBS에 위탁해놓은 상태였다("권효섭(1980. 7~1984. 7까지 MBC 전무)에 따르면 '(전두환 정권은) 원래 KBS 하나로 방송을 모두 통폐합하려 했는데, 이진희 사장의 전두환 국가안보위원장과의 단독회견 덕분에 MBC는 KBS에 흡수되지 않고 남게 되었다'는 증언이다. 그러나 MBC가 72년 대기업에 할애했던 70%의 주식을 반강제적으로 무상헌납 받아 KBS에 출연하고 지방 21개 가맹사의 주식 51% 이상씩을 인수하여 계열사 체제로 바뀌게 된다." (최홍미, 2007)). 1988년 말, 당시 집권 여당인 민정당이 한국장학회 법안을 상정했다는 것은 제2의 5.16장학회 체제로 운영하겠다는, 다시 말해 박정희·전두환에 이어 정치권력이 계속해서 MBC를 지배하겠다는 노골적인 의사표시였다.

MBC 노조는 파업이라는 배수진을 치고 당시 여소야대로 야당의 의석수가 과반을 넘는 점을 활용해 KBS에 위탁돼 있던 70%의 주식을 별도의 공익법인에서 관리할 수 있도록 하는 '방송문화진흥회(방문진)에 관한 법률'을 통과시키도록 하는 데 성공한다. 이 법안은 방문진이 "주주권 행사 이외에 문화방송의 편성과 제작, 운영에 어떤 규제나 간섭도 할 수 없다"고 규정함으로써 소유와 경영의 분리를 법률에 명시하는 한편, 방송 내용과 정책에 대해서는 방송위원회에서 감독하도록 했다. 회사의 위상을 실질적인 공영방송으로 제도화시킴으로써 정치권력과 자본으로부터의 압력을 일정 부분

차단하는 성과를 올린 것이다. 노동조합의 판단은 상대적으로 공영방송이 편집, 편성권의 자율성을 확보하는 데 유리하리라는 것이었고 이것은 MBC 사원들의 공감대를 이루고 있었다. 이로써 MBC는 부산에서 최초로 민간상업방송으로 설립된 이래 30년 만에 공영방송으로 전환됐다. 공영방송은 공적인 선임 절차를 거친 임기제의 사장 등 임원들에 의해 경영되는 체제이기 때문에 조중동 같은 개인기업처럼 사주가 마음대로 권력을 휘두르는 일이 원천적으로 존재할 수 없는 시스템이다. 그럼에도 정치권력에 의한 간섭과 개입의 가능성은 여전히 남아 있었다. 《PD수첩》이 처음으로 편성된 해인 1990년 9월, 우루과이라운드 가입 문제로 수입개방이 될 때 어려워질 농민들의 현실을 다룬 '농촌, 그래도 포기할 수 없다' 편이 예고방송까지 나갔음에도 불구하고 사장의 말 한마디로 방송 몇 시간 전에 불방이 결정되었던 것이 그러한 예다.

이후에도 사회적으로 예민한 주제를 다룰 때마다 경영진은 제동을 거는 일이 잦았다. 이럴 때마다 제작진의 자율성 훼손을 막기 위한 제도적인 장치로 가동된 것이 MBC 노사간에 체결된 단체협약 중 '국장책임제' 조항이다. 경영자가 편성과 편집권의 독립성을 침해할 가능성에 대비해 노사는 1988년 첫 단체협상에서 "편성·보도·제작상의 실무책임과 권한은 관련 국실장에게 있으며, 경영진은 편성·보도·제작상의 모든 실무에 대해 관련 국실장의 권한을 보장해야 한다"라는 내용의 단체협약을 체결해놓은 것이다. 이 조항을 근거로 《PD수첩》 제작진과 노조는 사장과 본부장 등 경영진의 프로그램에 대한 부당한 압력을 막아냈다. 역대 《PD수첩》 제작진들이 이구동성으로 "《PD수첩》 20년 역사와 노조의 역사는 분리해서 생각할 수가 없다"고 말하는 이유가 여기에 있다.

> "《PD수첩》의 전통을 요약하면 '능력이 없어서 못하는 일은 있어도 외압 때문에 못한 적은 없다'는 것이다. 이게 노동조합의 정신하고 같다. 한 번도 어용노조로 빠지거나 가치와 원칙을 포기하고 타협한 적이 없다. 저항의 전통이 탄탄한 것이다."
>
> _B PD

그러나 이 같은 공영방송 거버넌스의 이점利點도 편집, 편성의 독립성 확보를 위한 안전판이 되기에는 미흡하다는 사실이 이명박 정권에 의해 실증됐다. 방송 제작의 자율성에 대한 이해와 철학과는 거리가 먼 정권이 선거에 의해 집권한 것이다. 20여 년간 그 같은 경험을 해본 적이 없는 노동조합이나 《PD수첩》 제작진은 속수무책이었다. 다수당(지금의 경우 집권여당인 새누리당)에 의해 추천된 인사들이 이사회의 다수를 점하게 되고, 이들이 사장을 뽑는 현 체제는 인사권을 행사하거나 노사교섭을 외면함으로써 노조와 제작진의 권한을 무시, 침해하는 것은 간단한 일이었다.

한국의 공영방송 제도는 방송 선진국들에서 시행되고 있는 여러 공영방송 형태의 '혼합종混合種'으로 존재한다. 이념형적으로는 영국 BBC가 모델인 자유주의적 전문직 모형을 추구하면서, 제도적으로는 독일이나 스웨덴 등에서 시행되는 정당과 시민사회의 목소리를 방송체제 구성과 내용에 반영하는 공영방송의 특성을 반영하고 있다. 그러면서도 실질적인 운영 측면에서는 해당 시기의 정권을 장악하고 있는 세력의 이해가 방송사 지배구조에 그대로 관철되는 남부 유럽형의 정치우위적 공영방송으로서의 한계를 드러낸다는 것이다. 문제는 이 중 어느 쪽이 됐든 이를 뒷받침할 사회문화적 토대가 미비하거나 결여돼 있다는 것이다. 즉 영국이나 북유럽 등 우리 사회가 그 제도를 수입한 방송 선진국들의 사례에서 알 수 있는 것은 어떤 제도가 한 사회에 뿌리를 내리려면 먼저 공영방송에 대한 정치 엘리트들의 철학, 관용과 더불어 정당 또는 사회운동과 잘 결합돼 조직화된 시민들의 존재가 선행되어야 하지만, 한국의 경우는 아직 그 수준에 도달하지 못했다고 볼 수밖에 없다. 외부의 사회문화적 조건이 단시일 내에 급성장할 수 없다는 점을 감안하면 프로그램 존폐까지 거론되는 현재 이명박 정권하에서 《PD수첩》은 극한적 경험을 하고 있다 하겠다.

PD수첩의 건강비결

　같은 저널리즘 프로그램이라 할지라도 하루 종일 편성돼 있는 TV와 라디오 뉴스를 공급해야 하는 보도국의 기자들과 주 단위로 편성된 저널리즘 프로그램을 생산하는 PD들의 생산, 제작과정이 같을 수는 없다. 신입사원 교육방식, 품질관리 시스템, 생산문화에 있어서도 같은 방송사 소속이라고 보기 힘들 정도로 큰 차이를 드러낸다. 장기적으로 저널리즘을 추구한다는 목적의 동일성을 제외하면 조직이 추구하는 단기적 목표와 생산물의 내용, 생산과정이 다른 것은 당연하다(보도부문 기자들이 담당하는 탐사저널리즘 프로그램의 경우는 별도의 분석을 필요로 한다. 이 경우는 프로그램의 길이와 생산기간 등에서 시사교양국 PD들의 그것과 유사하기 때문에 스트레이트 뉴스를 다루는 보도국 기자들과는 다른 생산문화를 가지고 있을 가능성이 높다). 취재·촬영에만 여러 주일이 소요되는 수십 분짜리 심층탐사 보도와 1분 10~20초 사이의 스트레이트 뉴스의 생산과정이 같을 수는 없기 때문이다. 철저하게 혼자서 정보를 취재, 촬영(보도부문의 경우 카메라기자가 담당하는), 송고하면 데스크와 담당 부장, 국장 등의 게이트키핑(채택 여부를 포함한 재가공과정)을 거쳐 방송되는 기자들의 제작 과정에 비해 작가와의 회의와 토론을 거쳐 소재를 결정한 후 PD(보도부문의 차장급 데스크에 해당)와 CP(보도국의 부장에 해당)의 게이트키핑(주로 채택 여부에 한정되는)을 거쳐 방영되는 PD의 제작과정은 여러 측면에서 대조적이다. 우선 《PD수첩》에는 PD와 작가가 협업하는 시스템이 존재한다. PD와 작가들은, 기자들이 1인 취재인 데 반해 PD는 작가와 쌍두마차 시스템으로 운영하기 때문에 실수도 줄일 수 있고 협업에 따른 상승相乘효과도 커진다고 말한다. 이런 입체적 작업시스템이 밑바탕에 깔려 있기 때문에 '황우석 사태', '미군 전차 여중생 압사 사건', '광우병 사태', 그리고 '검사와 스폰서' 같은 사회적으로 반향이 큰 파괴력 있는 아이템을 할 수 있다는 것이다. 사실 유럽과 미국 방송의 경우 데일리 뉴스를 다루는 보도국에도 뉴스 PD가 있어 뉴스제작을 지휘하면서 기자는 리포트에만 전념하는 시스템이 정착돼 있다. 그러나 기형적인 방송제도의 이식으로 뉴스 PD 제도가 최근에 와서야 그나마 형식적으로 운용되고 있는 한국에서는 방송기자들이 적어도 부분적으로는 자료조사와 영상까지 신경을 써야 하나 그러기에는 시간도 모자라고 전문성도 떨어질 수밖에 없는 것이 현실이다.

《PD수첩》 같은 프로그램은 PD가 바깥으로 돌아다니면서 주제와 관련된 화면 촬영과 인터뷰 등을 하는 동안 작가는 회사, 주로 편집실에서 찍어온 영상자료를 보면서 편집 구성안과 대본을 작성한다. '그림'(영상자료)을 확인하는 과정에서 큰 특종을 하는 경우도 적지 않다. 2009년 1월, 주민들의 의사에 반해 억지로 철거작업을 하다 이에 저항하는 원주민들이 숨진 용산 참사 때, 시위를 하던 철거민들에게 물대포를 쏘던 진압부대에, 용역업체에서 파견한 사람들이 끼어 있었다는 사실은 담당 작가가 '그림'을 확인하는 과정에서 발견한 것이었다. 보도국에서 찍어온 수백 개의 용산 참사 관련 그림을 모니터하던 중 진압부대 경찰과는 다른 모양과 색깔의 모자를 쓴 사람이 여러 번 보였다는 것이다. 이상하게 생각한 작가는 PD에게 보고했고, PD는 그 모자를 쓴 사람이 찍힌 '그림'을 스틸사진으로 옮겨서, 용역업체를 찾아 사진을 보여주면서 수소문 끝에 결국 문제의 해당 용역을 찾아냈다.

"이런 일은 광우병 사태에서도 있었다. SBS 보도에 나온 외교통상부 문서 가운데 대통령 미국 방문과 쇠고기 협상 타결을 연결시켜 놓은 내용이 들어 있었다. SBS 해당 기자와 통화해서 결국 '한미 FTA 성사를 위해 대통령 방미 전에 쇠고기 협상을 미국이 원하는 조건으로 타결 지어주라'는 내용이 들어 있는 문서의 존재를 확인했다."

_C 작가

2009년 4월 말, KBS가 《KBS스페셜》, 《100분 토론》 등 11개 시사·교양·다큐멘터리 프로그램에서 부분 또는 전면적으로 PD집필제를 시행했으나 작가들의 거센 반발에 부딪쳤다. 회사 측이 겉으로 내건 이유는 PD들의 경쟁력 강화와 경비 절감, 그리고 현장을 취재하지 않은 작가들이 프로그램에 참여함으로써 공정성과 객관성이 떨어진다는 것이었지만 그 속내는 PD저널리즘 프로그램에 대한 불편함이었다((토론회에서)정재홍 한국방송작가협회 이사는 "PD집필제는 제작비 절감 차원이 아니라, PD와 작가가 협업해 온 PD저널리즘, 시사교양 프로그램의 특성을 부정하는 것"이라고 지적했다. 그는 "이는 곧 KBS가 지난 시절 했던 《인물현대사》 등 시사교양 프로그램이 잘못됐고, 그래서 새로운 것을 만들라는 메시지를 넣는 것 아닌가 싶다"며 "《인물현대사》 같은 프로그램을 만들면 작가들 전체의 밥줄이 떨어질 수 있겠다, 조심해야겠다는 식으로 폭력적으로 나타난 것"이라고 지적했다(PD저널, 2009. 7. 17, "KBS·MBC 모두 "제작 자율성 지키기 어려운 상황"-'흔들리는 제작 자율성과 편성권 독립, 어떻게 지킬 것인가' 토론회"). 정권이 바뀌었는데도 기자들과 달리 《100분 토론》 같은 시사프로그램을 하는 PD들은 그렇게 빨리 변하지 않았다. 원인을 알아봤더니 PD와 작가 2명이 함께 작업하기 때문에 PD가 쉽게 타협하고 싶어도 할 수가 없더라는 것이다. 기자저널리즘은 데스크가 게이트키핑을 통해 기자들을 정권, 또는 경영진이 원하는 방향으로 쉽게 고분고분해지게 만들 수 있는 데 비해 PD저널리즘은 PD와 작가라는 두 개의 수레바퀴에 의해 굴러가는 협력·견제시스템이기 때문에 쉽게 변화시킬 수가 없다. 한 사람이 아닌 두 사람에 의해 결정되는 시스템이 공정성과 객관성이 떨어진다는 것은 더 말이 안 되는 이유였다. KBS의 PD집필제 시도는 작가들이 비상대책위원회를 결성하고 제작거부를 선언하며 드라마, 예능 등 다른 부문과 MBC와 SBS, EBS의 다른 작가들로 확산됐고 PD들도 이에 동조하면서 결국 백지화되고 말았다.

스스로 깨끗해지다

PD저널리즘의 제작관행과 관련한, 오래됐으면서도 지속적으로 나오는 비판은 게이트키핑 과정이 없거나 적다는 것이다. 게다가 기자저널리즘에서 전통적으로 존재해온 경찰서 출입훈련과 같은 교육 프로그램도 없다는 것이다. 따라서 저널리즘에 미숙한 PD들이 부실한 취재와 확인과정을 제대로 거치지 않고 프로그램을 제작함으로써 주관적이고 편향적인 결과물을 만들어낸다는 주장이다 (2005년 '황우석 사태' 때부터 주류 신문과 일부 학자들이 주장해온 이 같은 논리들은 3년 후 '광우병 사태'가 났을 때 판박이처럼 되풀이됐다).

PD들은 단호하게 반박한다. "조연출 때까지, 경찰기자 이상의 맹훈련을 받는다. 또 기자들의 게이트키핑에 해당하는 생산물 품질 체크시스템이 철저하게 가동되고 있다. 그렇지 않다면《PD수첩》이 20년 동안 계속되는 장수프로가 될 수 있었겠는가?"라고 반문한다. 생산방식의 차이에 따른 품질관리 체계가 다른 것일 뿐이며 양자 간의 우열을 따지는 것 자체가 다른 의도가 있거나 넌센스라는 것이다.

전통적으로 기자저널리즘에서 게이트키핑은 최초 생산자인 취재기자가 보내온 기사 등이 언론사 내 고위층에 의해 선택과 배제되는 뉴스편집 절차를 말한다. 문제는 게이트키핑 과정에 개입될 수 있는 반反 저널리즘적 영향력, 즉 내외부의 압력을 어떻게 막거나 최소화시킬 수 있느냐에 달려 있다.

"보도국의 경우는 방대한 양의 데일리 뉴스를 처리하려면 효율성을 중시할 수밖에 없고 그러다 보니 자율성은 어느 정도 무시하는 것이 불가피할 것이다. 그렇게 하지 않으면 매일매일 뉴스를 제때 공급하기 어려울 테니까 말이다. 그에 반해서 PD 조직은 시간 여유가 있고 자율성이 강한 만큼, 젊은 PD라도 일정 기간 교육을 받고 나면 똑같은 독립적인 저널리스트로 인정해주는 것이다."

_D PD

KBS에서 시도했던 PD집필제가 실패한 것도, 구성작가 없이는

PD저널리즘 프로그램의 제작이 불가능에 가깝다는 사실을 반증한다. 이런 전례에 비추어보더라도 PD저널리즘에 대한 비판의 근거로 게이트키핑의 부족을 지적하는 조중동의 논지는 취약하다.

《PD수첩》의 게이트키핑이 부실하다는 비판은 시대착오적 발상이라는 비판도 나온다. 내부에서 더 통제해야 한다는 주장은 언론자유가 보장되어야 할 민주주의 시대에 걸맞지 않는 권위주의 시대에나 나올 수 있는 논리라는 것이다.

한마디로 《PD수첩》은 통제구조를 불편해하는 문화를 가지고 있다. 《PD수첩》 제작진은 신뢰 관계를 기초로 구성원 서로 간의 갈등을 극복해왔고 극복 과정에서 다시 신뢰가 쌓이면서, 이것이 동력이 되어 고발성과 폭로성이 더 큰, 따라서 사회적 폭발력이 더 강한 주제를 향해 나아갔다. 보도국에서 관행적으로 굳어져온 불필요하고, 부당한 개입은 선후배 간의 신뢰와 단합보다는 반목과 대립을 불러올 가능성이 높다(이 점은 앞서 구조적 조건의 거버넌스 변화에서 봤듯이 6월항쟁 직후 사내 민주화운동에서 보도부문의 기자들이 앞장섰음에도 불구하고 실제 뉴스 프로그램의 변화에서는 시사교양국의 《PD수첩》에서처럼 큰 성과를 거두지 못하고 있다는 측면에서도 시사하는 바가 크다. 출입처 제도와 다단계 게이트키핑이 MBC 방송기자저널리즘뿐 아니라 기자저널리즘 전체의 올바른 발전을 가로막고, 발목을 잡고 있는 족쇄로 작용하는 것은 아닌가 하는 점이다. 방송기자들을 대상으로 한 실증적 연구가 필요한 부분이다).

자유롭게 만든다

《PD수첩》 제작진의 내부 생산문화는 '수평적 관계에 기초한 자율적 제작문화와 강한 응집력'으로 요약할 수 있을 것 같다. 평소에 자유롭게 자기 책임하에 제작활동을 하다가 어느 순간 외부로부터, 혹은 경영진으로부터 부당한 압력이 들어오면 PD총회를 열어 대책을 논의하고 공동행동에 돌입하는 수순을 밟아왔다.

PD들이 프로그램 생산과정과 관련해 가장 많이 언급하는 생산문화의 강점은 자유와 자율성이다. 위로부터의 개입이나 간섭을 싫어하고 "시키는 대로만 하지 않는다"는 것이다. PD의 자율성이 보장되는 문화가 시사교양국에는 바탕에 깔려 있으며 이런 문화가 대단히 강한 동질성을 형성해왔고 노동조합과 연계되면서 프로그램에 대한 불필요한 간섭과 개입을 원천적으로 막아오게 된 원동력이 됐다.

"'검찰과 스폰서'를 만들면서 보도국과 시사교양국의 문화 차이를 깨닫게 됐다. PD들 가운데는 프로그램 내용과 관련해 물어보는 경우가 없었는데, 기자들 가운데는 "이런 검사가 프로그램에 나오느냐?"고 묻는가 하면 심지어는 진단서까지 끊어가지고 와서 '이 검사는 그런 접대를 받을 수 있는 사람이 아니'라고 특정 검사를 두둔하기도 하더라. '이래 가지고 검찰을 비판하는 기사가 나올 수 있겠나?'하는 한심하다는 생각이 들었다."

_E PD

기자들의 인적 관계망(네트워크)이 비공식적인 형태로 아이템 채택과 기사 내용에 눈에 보이지 않는 큰 영향을 미치고 있는 현실을 절감했다는 말이다. 프로그램에 대한 경영진이나 외부로부터의 압력이 들어오면 PD총회를 열고, 국장이나 CP에게 항의하는 일이 거의 정례화되어 있기 때문에 CP가 아이템 결정이나 프로그램 제작 개입에 자의적으로 끼어드는 것을 조심할 수밖에 없고, 이런 분위기에서 사전 검열을 한다는 것은 생각하기 어려운 풍토가 조성됐다고 볼 수 있다. 구성원들의 오랜 투쟁의 결과로 자율성을 보장하는 내부의 시스템이 이제는 생산문화로서 자리를 잡은 것이다. 《PD수첩》 PD들과 작가들 사이에는 "힘이 없는 쪽, 어렵고 억울한 쪽, 즉 사회적 약자 편에 서야 한다. 그게 아니면《PD수첩》은 무너진다"는 암묵적인 합의가 있다는 것이다.

PD들이 자신이 만들고 있는 프로그램에 대한 타인이나 외부로부터의 간섭이나 개입을 싫어한다는 것은 그만큼 개인주의가 발달돼 있고 보장돼 있다는 의미를 지닌다. 그런데 PD들은 자주 집단행동에 나서기도 한다. 프로그램이 외부의 부당한 압력에 부딪쳐서 제작이나 방송이 중단됐을 경우에 담당 PD만이 아니라 시사교양국 소속 전체 PD들이 총회를 열고 대응책을 마련한다는 것이다. 그런데 어떻게 보면 모순돼 보이는 개인주의와 강한 단합의 공존이 어떻게 가능할까?

"87년 이후에 실질적인 공영방송으로 바뀌면서 회사권력을 견제할 수 있는 대등한 지위의 노조가 나왔다는 것이다. 조중동은 노조에 의해서 회사운영이 좌지우지되는 것처럼 '노영방송'이라고 악선전을 하고 있지만 '평생 바뀌지 않는 사주의 노예'들이 돼 있는 자신들의 한계를 모르기 때문에 그런 말이 나오는 것이다."

_F PD

노조와 PD협회가 생기면서 프로그램 독립성, 자율성을 침해하는 일이 생기면 서로 보호해주고 싸워 주는 생산문화가 20년간 형성돼왔다. 담당 PD 혼자가 아니라 팀 전체, 국 전체가 대응하는 구조로 투쟁해 오면서 고유의 내부 문화로 정착됐고, 이제는 상대편에서 PD들이 제작하려거나 하고 있는 것을 중단시키려면 상당한 위험부담을 안아야 한다는 사실을 알게 됐다는 것이다. 요약하면 내부 집단의 동질성이 강하기 때문에 강고한 대오를 형성할 수 있는 좋은 조건을 갖추고 있는 데다 노조가 생기면서 압력에 맞서 싸울 수 있는 힘이 생겼고 이런 실천들이 쌓여 시간이 흐르면서 《PD수첩》 팀 고유의 문화와 전통으로 자리 잡게 된 것이다.

2005년 말 '황우석 사태'가 일어났을 때 MBC 내부에서 회자됐던 얘기가 있다. 어부가 낚시를 하는데 엄청난 대어가 걸렸다. 얼마나 큰지 그걸 잡으려면 배가 뒤집히게 생겼다. 이때 '어부'인 기자와 PD의 대응이 달랐다는 것이다. 기자가 배가 뒤집힐 것을 우려한 나머지 낚싯줄을 끊어버리는 쪽이라면, PD는 배가 뒤집히든 말든 죽기 살기로 그 고기를 잡는다는 것이다. 개개인의 성향체계가 이렇게 다르다면 보도국의 장과 시사교양국 혹은 《PD수첩》 팀의 장 사이의 간극間隙은 그보다 더 크다고 할 수 있을 것이다.

2005년은 MBC에 대형 특종이 넘쳐났던 해다. 그해 시사교양국 《PD수첩》 팀에서는 '황우석 사기극'을 특종했고, 보도국에서는 이상호 기자가 삼성그룹의 비자금 수수와 관련된 안기부 X−파일 사건을 알아냈다. 앞의 사건이 '국가적 영웅'으로 거짓 포장돼온 인물의 민낯을 적나라하게 까뒤집는 것이었다면, 뒤의 사건은 한국 최대의 재벌기업의 정관재계에 걸친 전방위 로비사실이 드러나는 것이어서 두 사건 모두 사회적으로 엄청난 파문을 불러일으킬 것이 분명했다. 상대방으로부터 불어닥칠 압력과 비난, 공격의 강도強度도 예상키 어려웠지만 명예훼손 등으로 걸릴 거액의 손해배상 소송을 각오해야 했다. 한마디로 보도행위 자체에 대단한 용기와 배짱, 확신이 필요한 세기적 특종이었다. 그런데 결과는 대조적이었다. 시사교양국 《PD수첩》 팀이 광고가 떨어지고 프로그램의 폐지압력이 쏟아지는 등의 온갖 역경을 뚫고 결국 황우석 사태를 보도하는 데 성공한 반면, 보도국은 사건의 폭발력에 미리 겁을 먹은 국장 등 간부들이 '자체적인 보도지침'을 설정해놓고 시간을 끌다가 조선일보에서 안기부 도청팀 기사를 터뜨리고 나오자 이를 따라가는 초라하고 비겁한 행태를 보였다. 물론 방송 이후에 시청자들의 반응도 극과 극으로 갈라졌다. 대다수 PD들은 만일《PD수첩》팀에서 안기부 X-파일 사건을 알았다면 어떻게든 방송을 내보냈을 것이라고 말한다.

기자들의 생산문화와 PD들의 그것 사이에 우열을 가를 수는 없다. 조직의 논리와 체계, 요구가 다르기 때문이다. 다만 차이점은 분명히 있다. 기자들의 생산문화가 수직적이고 생산성·효율성을 중시하며 리더 의존형인 데 반해, PD들의 그것은 수평적이고 자율성을 중시하며 자립형이다. 따라서 기자저널리즘은 능력과 철학을 겸비한 리더를 만나면 최대의 성과를 거두겠지만, PD저널리즘은 특정 리더를 떠나 항상 저널리즘의 정도를 걸을 수 있다.

이제, 희망을 이야기하며

《PD수첩》은 2005년 '황우석 사태'로 프로그램 폐지 위기에까지 몰렸다. 하지만 보도 내용이 진실인 것으로 판명되면서 프로그램의 신뢰성과 영향력을 한 차원 제고시키는 성과를 낳았다. 이때가 지배집단으로서는 《PD수첩》에 대한 두려움과 더불어 '반드시 제거해야 할 프로그램'이라는 결의를 다지는 계기가 된 듯하다. 조중동의 입지를 결정적이며 동시에 극적으로 추락시켰기 때문이다. 취재윤리를 빌미로 《PD수첩》을 거의 프로그램 폐지 직전까지 몰아붙였던 조중동은 황우석 쪽 내부의 양심고백으로 줄기세포가 없다는 사실이 드러나면서 처지가 180도 뒤바뀌었고 결국은 황우석 관련 오보에 대한 대국민 사과문을 써야 했다. 조중동은 PD저널리즘을

'기본이 안 된 미숙한 저널리즘'으로 비방해왔는데, 핵심적인 사실 관계도 모르면서 오보를 해온 것은 바로 자신들이었다는 사실이 밝혀짐으로써, 저널리즘 장의 신규 진입자인 《PD수첩》에게 공개적으로 망신을 당했던 것이다. 사실 《PD수첩》은 이전에도 여러 차례에 걸쳐 사주 일가가 소유와 경영, 편집권을 독점하고 있는 조중동의 족벌지배체제와 언론권력화의 문제점, 그리고 극단적인 반공이데올로기 선전기구화 현상 등을 공론화했었다. 게다가 조선일보와 동아일보에 대해서는 일제 때의 친일행적까지 강하게 비판해온 것이 《PD수첩》이었다.

2008년 4월 29일, '광우병 사태' 보도는 《PD수첩》을 다시 논란의 한 중심으로 불러들였다. 미국산 쇠고기의 무차별적 수입을 반대하는 시민들이 모인 가운데 서울 시청 앞 광장 등 전국의 대도시에서 촛불집회가 이어지면서 《PD수첩》은 정부정책에 대한 비판적 보도를 했다는 이유로 정치권력과 조중동의 권언복합체로부터 줄기차게 공격을 당했다. 여기에다 외부의 압력에 몰린 MBC 회사 측의 반反저널리즘적, 기회주의적 행태로 제작진 교체와 민감한 소재의 제작 방해 등 내부 압력까지 더해졌다. 권력의 점지를 받은 낙하산 사장 김재철이 입성한 뒤로는 프로그램 생존 자체를 장담할 수 없는 지경에 처하게 됐다.

하지만 어둠이 깊으면 새벽이 멀지 않았다고 했다. 《PD수첩》의 '광우병' 보도로 촉발된 2008년 촛불집회는 이를 잘 보여주었다. 촛불시민들은 조중동에 대한 거부를 취재거부, 광고주 불매운동, 오물투척 등 다양한 양상으로 표현했다. 그 언론의 존재 이유는 처음도, 마지막도 진실추구이며 이러한 저널리즘 실천은 감추고 싶은 사실의 폭로와 고발을 두려워하는 지배집단, 기득권 세력에 의해 탄압받아온 것이 인류의 역사이다. 따라서 진실을 보도하는 데 가장 필요한 덕목은 용기다. 《PD수첩》은 '올바른 저널리즘' 활동을 하겠다고 한 약속을 지키기 위해 지금의 고통을 겪고 있는 것이다.

이명박 정권 기간 내내 《PD수첩》은 많은 고초를 겪었다. 《PD수첩》과 마찬가지로 가치와 원칙을 포기하지 않고 무분별한 타협을 거부했던 MBC 노동조합 구성원들도 170일간의 장기파업 이후 복귀해서도 회사 측으로부터 각종 중징계와 따돌림('신천교육대'를 포함한)을 당하면서도 투쟁의지를 버리지 않고 있다. 앞에서 보았듯이 공영방송에 대한 정치 지도자들의 철학, 관용과 더불어 정당 또는 사회운동과 결합, 조직된 시민들의 존재가 탄탄하게 갖추어졌을 때 공영방송 제도는 안착할 수 있다. 아쉽게도 한국사회는 아직까지 그 수준에는 도달하지 못했으며 따라서 《PD수첩》 제작진의 의지와 MBC 노동조합의 운동성만으로는 역사적, 사회문화적 조건을 극복하는 데는 한계가 있다는 사실을 이해할 필요가 있다.

그러나 비관은 이르다. 한국사회는 역동성과 저력이라는 측면에서 세계적으로 유례를 찾기 힘든 놀라운 사회이기 때문이다. 몇 가지 예를 들어본다.

첫째, 영국의 더 타임스 기자는 1952년 발췌개헌안 파동을 보고 "한국에서 민주주의가 피기를 기대하는 것은 쓰레기통에서 장미꽃이 피기를 기대하는 것과 같다"라고 썼다. 그러나 한국인들은 1960년 4.19혁명으로 장미꽃을 피워냈다.

둘째, 1980년 8월 광주의 양민학살 주범 전두환이 대통령 자리에 오르려 할 때 외신기자들이 주한 미군사령관 존 위컴에게 한국 사람들이 과연 전두환을 지지할 것인가에 대해 질문했다. 그러자 위컴은 "한국인의 국민성은 들쥐와 같아서 누가 지도자가 되든 그를 따라갈 것이며, 한국인들에게는 민주주의가 적합하지 않다"고 말했다. 그러나 한국인들은 1987년 6월 항쟁으로 전두환의 독재를 무너뜨렸다.

이제 정치적 민주화로 표상되는 '87년 체제'를 대치했던 이명박이라는 유사類似독재 체제가 끝나가고 있다. 국내적으로 재벌과 부자들의 마름이요, 국제적으로 미국의 이해관계에 복무해온 사대주의 정권에 대한 한국인들의 심판은 어떤 식으로 나타날까? 현실은 비관적이지만 의지로써 낙관할 수 있는 충분한 근거를 우리의 역사는 보여주고 있다.

| Part 4. 부활하라! PD수첩

Part4는 최용익 전 MBC 논설위원이 필자의 박사학위 논문 「'사회적 실천'으로서의 PD 저널리즘에 관한 연구―《PD수첩》 광우병 관련 보도를 중심으로」 중 일부를 참고했음을 밝힌다. 《PD수첩》 소속 PD와 작가들의 심층 인터뷰 내용은 필요한 부분만 발췌·재인용했다.

강준만 (1990). 『한국 방송민주화 운동사』. 서울: 태암.

조항제 (2008). 한국방송사의 관점들―관점별 특징과 문제제기. 『언론과 사회』, 16권 1호, 2~48.

최홍미 (2007). 「MBC 생성의 역사적 과정에 관한 일 고찰」, 한국외국어대학교 대학원 신문방송학과 박사학위논문.

정준희 (2010). 한국 공영방송 제도의 이상과 현실―복수 해답으로서 공영방송 제도와 한국적 경로에 대한 모색. 미디어 공공성 포럼 세미나 발제문, 2010년 2월.

| 최용익 전 MBC 논설위원

1981년 MBC에 입사해 편집부, 사회부, 국제부 등의 기자와 유럽 특파원을 거친 후 1999년부터 《100분 토론》과 《미디어 비평》 팀장을 역임했다. 《100분 토론》은 방송사의 토론 수준을 한 단계 높였다는 평가를 받았다. 예민한 주제, 첨예한 대립을 보여 주는 토론자, 역량 있는 사회자 선정으로 화제를 모았다. 《미디어 비평》은 한국방송사상 최초의 매체 비평 프로그램으로 한국 사회 공론장을 다양화하는 데 기여했다. 2001년 〈안종필 자유언론상〉과 언론노조의 〈민주언론상〉을 수상했다. 이후 논설위원으로 활동하면서 참언론인들의 모임인 새언론포럼 회장을 맡았다. 현재 《뉴스타파》 칼럼니스트.

| 송일준 PD

1984년 MBC 입사. 오랫동안 《PD수첩》에서 PD를 했고, 《PD수첩》 CP를 거쳐 2008년 시사교양국 부국장 겸 《PD수첩》 MC로 일하던 가운데 '긴급취재, 미국산 쇠고기 광우병으로부터 안전한가' 편의 진행을 맡았다는 이유로 검찰에 의해 기소되어 재판을 받았고, 무죄판결을 받았다. 〈응답하라! PD수첩〉 행사에서 김미화 씨와 함께 진행을 맡기도 했다.

| 최승호 PD

1986년 MBC 입사. 《PD수첩》 책임PD 당시 2005년 '황우석 박사의 논문조작 의혹'을 방영했다. 이후 이명박 정부 들어와 2009년 《PD수첩》의 일선PD로 복귀했다. '4대강과 민생예산', '검사와 스폰서', '공정사회와 낙하산', '한 해군장교의 양심선언' 등 화제작을 연이어 연출했다. 한국PD대상 올해의 PD상에 2번 선정된 유일한 PD다. 2012년 MBC 170일 파업 도중 파업에 참여했다는 이유로 해고되었다.

| 김영호 PD

1986년 MBC 입사. 2012년 《PD수첩》 신년특집에서 '위기의 자영업자'를 주제로 제작하던 중 자영업자 문제와 한미 FTA는 불가분의 관계가 있다는 사실을 알게 되고, 정당한 절차를 밟아 한미 FTA 문제를 취재했다. 당시 비노조원이었기에 파업 와중에도 방송 일정이 잡혔지만, 회사는 결국 불방 조치를 내렸다. 이후 파업에 참여했고, 결국 《PD수첩》에서 쫓겨났다.

| 조능희 PD

1987년 MBC 입사. 《PD수첩》 PD를 오랫동안 경험한 후 2008년 '긴급취재, 미국산 쇠고기 광우병으로부터 안전한가' 방영 당시 《PD수첩》 CP를 지냈다. 이 프로그램으로 2008년 8월 《PD수첩》에서 물러났다. 이 방송에 대해 이명박 정부의 검찰이 명예훼손으로 기소하자 4년여 간 소송을 이끌어 결국 대법원으로부터 무죄판결을 받았다. 하지만, 김재철 사장은 그에게 정직 3개월의 중징계를 내렸다. 징계를 받은 《PD수첩》 제작진은 현재 MBC를 상대로 징계무효취소소송을 진행 중이다.

| 김환균 PD

1987년 MBC 입사. 부장. 《PD수첩》 책임PD 역임(2008년 8월~2010년 3월). 책임PD 당시 '용산 참사, 왜 그들은 망루에 올랐을까', '봉쇄된 광장, 연행되는 인권', '4대강과 민생예산' 등을 통해 이명박 정부의 치부를 드러냈다. 책임PD에서 물러난 후, 1년 만인 2011년 3월에 다시 《PD수첩》의 일선PD로 복귀했다. 복귀 후 '이국철의 비망록', '영구의 몰락' 등을 연출했다. 파업 복귀 후 《PD수첩》에서 물러났다.

| 이우환 PD

1993년 MBC 입사. 《PD수첩》에서 약 5년간 연출. 2005년 국적포기가 성행할 무렵, '국적포기를 한 사람들은 누구인가?'를 통해 사회 지도층의 자제들이 대규모로 국적포기를 하고 있다는 것을 밝혀냈다. 다큐멘터리 〈곰팡이〉, 〈갠지스〉 등을 연출했다. 2011년 《PD수첩》에 복귀한 후 '쌍용자동차 22명 죽음의 진실'을 연출하고, 2011년 5월 '남북경협 중단 1년'을 취재하던 중에 용인 드라미아(드라마 세트 관리소)로 쫓겨났고, 이 사건으로 MBC 시사교양국은 걷잡을 수 없는 갈등의 소용돌이가 된다. 이후 '부당전보가처분신청'에서 승소해서 다시 시사교양국 PD로 복귀했다. 170일 파업 이후 대기발령 후 MBC 아카데미에서 교육 중이다.

| 이영백 PD

1993년 MBC 입사. 《금요와이드》의 실질적인 PD로 일하던 중 170일 파업에 참여했다. 파업 복귀 후 《금요와이드》에서 김정민 PD의 '노조탈퇴 안 한다고 얼차려' 아이템을 승인했다는 이유로 인사위원회에 회부되었다. 통상적인 절차를 밟아 제작을 했다고 증언했지만, 간부들은 이를 인정하지 않고 정직 3개월의 중징계를 내렸다.

| 한학수 PD

1997년 MBC 입사. 2005년 '황우석 박사의 논문조작'을 연출해 올해의 PD상을 수상했다. 이후 다큐멘터리 〈아프리카의 눈물〉 등 연출. 윤모 국장 취임 직후 26명의 PD를 한꺼번에 인사이동 시키고, 최승호 PD 등을 《PD수첩》에서 제외하자 시사교양국 PD들은 자체적으로 '시사교양국 평PD협의회'를 구성한다. 한학수 PD는 이 '평PD협의회'를 대표해 윤모 국장과 대화를 주도했지만, 결국 이우환 PD와 함께 2011년 5월 시사교양국에서 쫓겨나 '경인지사 수원총국'으로 발령이 났다. 이후 이우환 PD와 함께 '부당전보가처분신청'에서 승소해 다시 시사교양국 PD로 복귀했다. 파업 이후 대기발령 후 MBC 아카데미에서 교육 중이다.

| 김재영 PD

2001년 MBC 입사. 2010년까지 4년여 동안 《PD수첩》에서 '하우스푸어 시리즈', '이 정부는 왜 나를 사찰했나' 등 연출. 다큐멘터리 〈남극의 눈물〉 연출 도중, 파업에 참여하고 〈파워업 PD수첩〉 제작을 했다는 이유로 정직 3개월을 받고 현재 MBC 아카데미에서 교육 중이다.

| 이춘근 PD

2001년 MBC 입사. 2008년 '미국산 쇠고기, 광우병으로부터 안전한가'를 연출한 후 연행되고, 검찰 수사를 받는 등의 고초를 당했다. 이후 대법원에 의해 무죄가 선고되었으나, 회사 측의 징계로 인해 6개월 감봉에 처해졌다. 이후 파업에 참여했다는 이유로 다시 정직 3개월을 받고, 현재 MBC 아카데미에서 교육 중이다.

| 김보슬 PD

2003년 MBC 입사. '황우석 박사의 논문조작' 방영 당시 한학수 PD의 조연출로 《PD수첩》에 첫발을 디뎠다. 2008년 《PD수첩》에서 '긴급취재, 미국산 쇠고기 광우병으로부터 안전한가'를 연출했다는 이유로 검찰에 연행을 당하는 등 고초를 당했다. 2011년 《MBC스페셜》에서 만들었던 '여의도 1번지, 사모님들'은 방영 일주일을 앞두고 불방 조치를 당했다. 김재철 체제에서 정직 3개월을 받고 현재 정직 중이다.

| 이중각 PD

2003년 MBC 입사. 2011년 5월 《PD수첩》으로 발령. 《PD수첩》에서 '허니문 푸어, 빚과 결혼하다' 등 연출. '제주7대자연경관 선정의혹'을 취재하려다가 배모 팀장에게 기획안을 찢기는 만행을 겪었다. 파업 도중 시용기자들의 명단을 사내 자유발언대에 올렸다는 이유로 6개월 정직을 받았다.

| 김동희 PD

2005년 MBC 입사. '이 정부는 왜 나를 사찰했나', '어느 병사의 일기, 그는 왜 죽음을 택했나' 등 연출. 2011년 이우환 PD와 함께 '쌍용자동차 죽음의 진실'을

함께 연출하고, 이후 '남북경협 중단 1년'을 제작하던 중, 간부의 지시를 어기고 취재를 했다는 이유로 징계위원회 회부 협박을 받다. 이후 지시를 어긴 것이 아닌 것으로 밝혀지려 하자, 회사는 이 사태에 대해 유감을 표시하면 징계에 회부하지 않겠다고 밝혀 김동희 PD는 결국 사유서를 쓰고 징계에 회부되지는 않았다. 〈파워업 피디수첩〉에 이러한 내용을 증언했다는 이유로 대기 발령 이후 현재 MBC 아카데미에서 교육 중이다.

| 임경식 PD

2005년 MBC 입사. 참여정부 후반기부터 MB정부 출범 직전까지 'BBK명함의 진실', '현장보고 독일 운하를 가다' 등 1년 9개월 동안 《PD수첩》을 연출했다. 이후 MB정부 후반기인 2011년 3월, 다시 《PD수첩》으로 발령받았다. 10개월 동안 11편의 아이템을 방송하면서 윤모 국장으로부터 두 차례나 강제발령 시키겠다는 협박성 경고를 들었다. 파업 이후 대기발령을 받았고, 현재 MBC 아카데미에서 교육 중이다.

| 임채원 PD

2006년 MBC 입사. 2011년 5월 《PD수첩》으로 발령. '사랑합니다 KT', '부자농협, 가난한 농민' 등 연출. 김모 당시 《PD수첩》 팀장이 제작진의 책상을 뒤지는 행위를 비롯, 아이템 검열을 하는 것에 항의했다. 파업 이후 대기발령을 받고 현재 MBC 아카데미에서 교육 중이다.

| 서정문 PD

2006년 MBC 입사. 2010년 3월 《PD수첩》으로 발령. '한국원전은 안전한가?', '구제역 대재앙' 등 연출. 김모 당시 《PD수첩》 팀장의 아이템 검열, PD 쫓아내기 등에 항의하다 6개월 만에 《PD수첩》에서 제외되었다. 파업 이후 대기발령을 받았고, 현재 MBC 아카데미에서 교육 중이다.

| 이미영 PD

2006년 MBC 입사. 2010년 7월 《PD수첩》으로 발령. '무늬만 동반성장? 위기의 중소기업', '현대자동차 하청 노동자 파업' 등 연출. 윤모 국장-김모 CP 체제 이

전과 하에도 그리고 파업 후 업무 복귀 이후에도 계속 《PD수첩》에 있는 유일한 PD다. 동료들이 쫓겨날 때 혼자 쫓겨나지 않았다는 사실이 괴롭긴 하지만, 그래도 엄혹한 시절을 견뎌낸 유일한 생존자라고 믿으며 위안 삼고 있다.

| 김영혜 PD

2006년 MBC 입사. 2011년 9월 《PD수첩》으로 발령. '현대차 하청공장 비정규직 여성 성희롱', '4대강 누수 논란' 등 연출. 파업 이후에도 타 프로그램으로 쫓겨나지 않고 《PD수첩》으로 무사히 생환했으나 작가 해고 사태로 인해 제대로 된 방송을 재개하지 못하고 있다.

| 김정민 PD

2007년 MBC 입사. 입사 1년 만에 《아마존의 눈물》 조연출로 제작에 참여했다가 아마존 벌레들에 물린 제작기가 화제가 된 적이 있다. 그가 입사 후 5년간 MBC에서는 파업만 4번을 했다. 2012년 170일 파업 이후에 《금요와이드》 교양 프로그램을 연출하던 중, 노조에 가입했다는 이유로 얼차려를 시키는 회사를 간부의 지시를 받지 않고 취재하려고 한다는 이유로 정직 1개월의 징계를 받았다.

| 정재홍

《PD수첩》 집필 12년차 작가. '검사와 스폰서', '4대강, 수심 6미터의 비밀', '한 해군장교의 양심선언', '공정사회와 낙하산' 등.

| 장형운

《PD수첩》 집필 5년차 작가. '이 정부는 왜 나를 사찰했나?(김종익 씨 민간인사찰)', '행복을 배우는 작은 학교', '우리는 살고 싶다(쌍용차해고자)', '청계천과 가든파이브', '나는 야간이 아니다(순복음교회 조용기 목사)' 등.

| 이소영

《PD수첩》 집필 4년차 작가. '아파트의 그늘(하우스푸어 시리즈)', '이국철의 비망록', '기무사 민간인 사찰, 그날의 진실', '영구의 몰락(심형래 영구아트 의혹)'.

| 이화정

《PD수첩》 집필 3년차 작가. '누구를 위한 한강변 개발인가', '사랑합니다 KT(KT의 인력퇴출 프로그램)', '뉴타운, 출구는 없는가?', '허니문푸어, 빚과 결혼하다' 등.

| 이김보라

《PD수첩》 집필 2년차 작가. '4대강 누수논란', '삼화고속 파업사태', '미군범죄는 성역인가', '교육감직선제 개정논란', '서민공약 어디로 갔나' 등.

| 임효주

《PD수첩》 집필 2년차 작가. '인권위에 제소당한 인권위', '고대 의대생 성추행', '홍대 청소 노동자들의 투쟁 그후', '선관위 디도스 공격' 등.

| 2008년 4월 29일 769회 '긴급취재, 미국산 쇠고기 광우병으로부터 안전한가?'

기획 조능희 / 연출 이춘근, 김보슬

이명박 정부가 《PD수첩》 죽이기에 나서게 된 가장 결정적인 계기가 된 프로그램. 졸속으로 이루어진 미국산 쇠고기 수입 협상의 내막을 파헤치고, 당시 미국 현지에서도 문제가 되었던 미국 축산업계의 검역 시스템을 심층 취재했다. 이후 촛불시위가 대규모로 일어나 30개월령 이상의 쇠고기까지 가능했던 수입협상이 30개월령 미만으로 조건이 강화되었다. 〈이달의 PD상〉, 〈기자협회가 주는 특별상〉, 그리고 〈올해의 PD상〉 등을 수상했다.

| 2008년 10월 7일 787회 '내가 정말 죄를 지었나요?'

기획 김환균 / 연출 이근행, 오행운

대통령의 사과와 추가협상이 이루어진 뒤 촛불시위가 잠잠해진다. 그리고 이명박 정부는 촛불시민들에 대한 대대적인 검거에 나선다. 사소한 이유들로 무고한 시민들을 기소하는 경찰과 검찰의 행태를 비판했다. 〈언론인권상〉을 수상했다.

| 2008년 10월 14일 788회 '누명'

기획 김환균 / 연출 이승준, 이중각

간첩 누명을 쓰고 수십 년을 살아온 사람들의 억울한 사연을 소개했다. 과거사

진상조사위원회를 통해 간첩 누명을 쓰고 살아온 많은 사람들이 진실 규명에 나섰지만, 아직까지도 억울함 속에 살아가는 사람들이 있다.

| 2008년 10월 21일 789회 'YTN, 마이크 빼앗긴 기자들'
기획 김환균 / 연출 오상광, 성기연
이명박 정부 언론장악 서곡이었던 YTN. 이명박 캠프의 언론특보가 사장에 오르는 상황 속에서 YTN 구성원들은 저항하고 결국 6명의 기자들이 해고되었다. MBC와 KBS에서 비슷한 상황은 계속되었다. 이명박 정부 언론장악에 대한 탐사보도는 이 프로그램이 마지막이었다. 대한민국의 시청자들은 이후 단 한 번도 이명박 정부 시대에 공영방송사가 파업을 하는지 볼 수 없었다.

| 2009년 2월 3일 801회 '용산 참사, 그들은 왜 망루에 올랐을까?'
기획 김환균 / 연출 성기연, 오행운
용산 참사가 왜 일어났을까. 철거민들은 수개월 동안 공권력 공백의 공간에서 사설용역들로부터 상시적인 폭력의 대상이었다. 심지어 용역들은 참사가 일어나는 바로 하루 전에도 철거민들이 있는 남일당 건물에서 불을 피우며 갈등을 부추겼다. 《PD수첩》은 경찰의 무리한 작전에 용역들이 동원되었다는 결정적 증거, 용역들이 물대포를 뿌리며 협조하고 있는 모습을 독점 취재했다. 한국 PD연합회 〈이달의 PD상〉 등 수상.

| 2009년 4월 28일 811회 '한미 쇠고기 협상 1년, 무엇을 남겼나'
기획 김환균 / 연출 강지웅
쇠고기 협상 1년 후, 정부가 공공연히 떠들었던 대만도, 일본도, 그 어느 곳도 미국산 쇠고기에 대한 검역조건을 완화하지 않았다. 한미 쇠고기 협상 1년을 맞이해 과연 한미 쇠고기 협상이 정부가 약속한 그대로 지켜지고 있는지, 정부의 발표에는 문제가 없었는지 진단했다.

| 2009년 6월 2일 816회 '봉쇄된 광장, 연행되는 인권'
기획 김환균 / 연출 강지웅, 김재영

촛불집회에 대한 이명박 정부의 포비아(phobia: 공포증)는 집회의 자유를 억압하는 정책으로 나타났다. 노무현 대통령의 죽음 이후 시청 앞 광장을 경찰차 수십대로 막았던 그 풍경이 상징했다. 촛불집회 이후 이명박 정부가 어떻게 집회와 결사의 자유를 억압하는지 생생하게 보여주었다. 〈국제엠네스티 언론상〉을 수상했다.

| 2009년 9월 22일 830회 '행복을 배우는 작은 학교들'

기획 김환균 / 연출 김형윤

지금은 익숙한 '혁신학교'의 참모습이 이 방송을 통해 전국적으로 알려진다. '남한산 초등학교'라고 하는 작은 학교에서 일어나는 교육 혁신의 모습을 보여줘 학교 교육의 혁신에 대한 대중의 환기를 불러 일으켰다. 이후 '혁신학교'는 한국 교육의 화두가 되었다.

| 2009년 10월 13일 833회 '한 해군장교의 양심선언, 나는 고발한다'

기획 김환균 / 연출 최승호, 박건식

해군장교인 김영수 소령의 내부고발을 통해 해군 납품 비리 의혹을 짚고, 군 사법시스템과 내부 정화시스템 마비 상태를 알려 엄청난 반향을 일으켰다. 해군 예산 10억 원 이상이 유용되고 있음을 밝힌 것은 군 내에서 처벌을 받은 김영수 소령의 용감한 제보가 결정적이었다. 김영수 소령은 《PD수첩》을 믿고 제보를 했고, 《PD수첩》은 김영수 소령의 증언을 완벽하게 뒷받침해서 군 권력에게 경종을 울렸다. 참여연대에서 선정하는 〈올해의 공익제보자〉로 선정되는 등 시민사회의 극찬을 받았다.

| 2009년 12월 1일 840회 '4대강과 민생예산'

기획 김환균 / 연출 최승호, 박건식

4대강 사업이 논란 속에 시작되었다. 이명박 정부 임기 안에 22조 원이라는 천문학적 예산이 투입되면서 다른 예산 곳곳에서 누수가 발생했다. 특히 민생, 복지예산의 경우가 줄었다는 논란이 일어났다. '4대강과 민생예산'은 이런 논란에 종지부를 찍었다. 4대강 사업으로 민생예산은 줄어들었다는 사실을 밝혀냈다.

| 2010년 3월 30일 856회 '긴급 취재 천안함 침몰'

기획 김환균 / 연출 강지웅, 전성관, 김재영

천안함 침몰이 일어나자마자 발 빠르게 그 전 과정의 전말과 의혹을 취재했다. 높은 시청률(수도권 기준 약 13%)을 기록했고 김환균 CP가 마지막으로 기획한 프로그램이었다.

| 2010년 4월 20일 857회 '검사와 스폰서'

기획 김태현 / 연출 최승호, 박건식

2010년 김재철 체제가 등장하는 것을 막기 위해 MBC 노동조합이 파업했을 무렵 방영되어 역설적이게도 MBC 파업의 정당성을 보여주었다. 박모 부산지검장, 한모 법무부 감찰부장 등 검찰의 최고위급 인사들이 부산, 경남 지역의 유지였던 정모 씨로부터 십수 년간 스폰을 받았다는 의혹을 제기했다. 최승호 PD에게 박검사장이 전화로 협박하는 모습이 인구에 회자되었다. 방송 이후 수사에 들어갔지만, 수사는 꼬리 자르기로 끝나고 만다. 시민들이 검찰 개혁을 요구하게 되는 신호탄 격인 프로그램이다. 이 프로그램 등으로 최승호 PD는 한국PD연합회 〈올해의 PD상〉을 수상했다.

| 2010년 6월 29일 862회 '이 정부는 왜 나를 사찰했나'

기획 김태현 / 연출 김재영, 김동희

이명박 정부 최대 스캔들 가운데 하나인 '국무총리실 민간인 사찰'을 최초 보도한 프로그램이다. 사업가 김종익 씨에 대해 국무총리실 공직윤리지원관실이 불법사찰을 벌이고 불법적인 재산 강탈을 했다는 사실이 드러나 정국을 강타했다. 검찰의 수사가 이어졌지만, 김준규 당시 검찰총장조차 실패한 수사로 인정했을 정도로 부실수사였다. 이후 2012년 3월, 국무총리실 장진수 주무관의 폭로로 증거인멸 과정이 밝혀졌고, 결국 불법 사찰의 주체로 부인을 거듭하던 이명박 정부 최대 실세 박영준 국무총리실 차장이 구속되었다. 실제적으로 민간인 사찰의 최종 책임자는 바로 이명박 대통령일 것이라는 추측이 난무하다.

| 2010년 8월 24일 869회 '4대강 수심 6미터의 비밀'

기획 김태현 / 연출 최승호

최승호 PD가 4대강 사업에 대해 '제대로' 탐사보도한 프로그램. 최초 4대강 사업계획이 바뀌게 된 과정과 결국 '운하'로서의 기능 이외에 다른 무엇으로도 설명되지 않는 수심 6미터의 비밀을 파헤쳐, 4대강 사업의 허구성을 증명했다. 국토해양부가 방송 직전 서울 남부지법에 '방송금지가처분신청'을 청구하지만, 기각되었다. 방영을 몇 시간 앞두고 김재철 사장은 "자신이 사전에 보지 않은 상태에서는 방영 불가" 결정을 내려 결국 제 시간에 방영되지 못했다. 집요한 방해공작 속에서도 결국 예정보다 일주일 늦게 방영이 되었고, 시청자들의 뜨거운 호응을 받았다.

| 2010년 9월 14일 872회 '죄송내각, 구멍 뚫린 인사검증'
기획 김태현 / 연출 김동희

유독 인사실패가 많았던 이명박 정부. 위장전입, 탈세, 논문표절 병역의혹 등 인사청문 4대 필요조건이라는 불명예를 얻기도 했다. 김재철 사장 첫 임기에는 가능했던 프로그램이었지만, 그후 김재철 사장이 백-윤-김모 라인을 통해 《PD수첩》 아이템을 검열한 후에는 절대로 이런 종류의 아이템은 할 수 없었다.

| 2010년 11월 30일 880회 '어느 하청 노동자의 분신'
기획 김태현 / 연출 이미영

현대자동차 비정규직 하청 노동자들의 처절한 삶을 조명했다. 당시 현대자동차 노동자들은 법적인 판단에도 불구하고 바뀌지 않는 현실에 저항하고자 연이어 극단적인 선택을 했다. 비정규직 문제와 같이 소외된 계층에 대해 시사프로그램이 끊임없이 관심을 가져야 한다는 기조를 당시까지 《PD수첩》은 유지했다.

| 2010년 12월 14일 882회 '기무사 민간인 사찰, 그날의 진실'
기획 김태현 / 연출 김종우

국무총리실뿐 아니었다. 기무사에서도 민간인 사찰은 부활했다. 기무사 신모 대위는 집회 현장에서 캠코더 촬영을 하다 한 시민에게 발각되었고, 그의 캠코더와 수첩에서는 민간인 20여 명에 대한 사찰의 기록들이 있었다. 이명박 정부의 검찰은 오히려 그 시민을 강도상해죄로 기소해 면죄부를 주었다. 이후 사찰 피해자였던 시민은 우울증을 겪다가 자살로 억울한 생을 마감했다. 현재 피해

자들이 국가를 상대로 소송을 냈고 1, 2심에서 승소해 대법원 판결을 기다리고
있다.

| 2011년 1월 11일 886회 '공정사회와 낙하산'

기획 김태현 / 연출 최승호

과연 이명박 정부는 공정한가? 2010년 이명박 정부는 자신들의 정부 캐치프레
이즈로 "공정사회"를 들고 나왔다. 하지만, 인사의 임명에 있어서 낙하산이 난
무하는 정부가 과연 이 구호를 선언할 수 있는가? 바로 한나라당이 참여정부
시절 만들었던 낙하산 인사의 기준으로 이명박 정부를 분석했고, 이명박 정부
가 훨씬 더 낙하산 인사를 했다는 통계적 사실을 토대로 비판을 했다. 이 방송
으로 청와대에서 진노했다는 확인되지 않는 소문이 돌았다.

| 2011년 4월 19일 898회 '우리는 살고 싶다_ 쌍용차 해고자의 2년'

기획 김철진 / 연출 이우환, 김동희

쌍용자동차 강제 진압 이후 20여 명의 노동자들이 스스로 목숨을 끊거나 죽임
을 당했다. 희망퇴직과 해고에 대한 스트레스로 인한 비극이었다. 이 프로그램
을 하기 위해 PD들은 시청률을 담보하고 설득에 설득을 해야 했다. 윤모 시사
교양국장 체제는 이 프로그램을 마지막으로 대한민국에서 일어나는 노동문제
에 대한 취재는 불허했다. 한진중공업 사태를 비롯해 모든 노동문제는 칙칙하
다는 이유로 거부되었다. 이 비극은 아직도 계속되고 있다. 교양프로그램 《금요
와이드》에서 불법노조파괴공작을 다루려던 PD들은 정직이라는 중징계를 받았
다. 이것이 지금 MBC의 현실이다.

| 2011년 10월 11일 921회 '사랑합니다 KT_ KT의 인력퇴출 프로그램'

기획 김철진 / 연출 임채원

국내 최대 통신기업이자 국민기업인 KT가 연간 2조 원이라는 막대한 이익에도
불구하고, 비인간적인 인력퇴출프로그램을 운영하면서 노동자들을 압박하고
있다는 것을 고발했다. 과도한 스트레스로 인해 2009년 이후 KT에서는 다른
기업에 비해 매우 높은 수준의 자살률을 보이고 있었다. 당시 PD가 KT에 취재
요청을 하기도 전에 이미 KT 쪽에서 취재내용을 파악하고 있었다. 어떤 경로로

취재정보가 넘어간 것이었다.

| 2011년 11월 1일 924회 '99%의 분노, 점령하라!'

기획 김철진 / 연출 김형윤

2012년 10월 김재철 사장과 노동조합 사이에 극적인 합의가 도출되어 단체협약을 체결했다. 급변하는 정세 속에서 김재철 사장은 공정방송 조항 등에 있어서 자신이 스스로 해지를 했던 수준의 단체협약을 노동조합과 체결했다. 보도책임자들은 긴장했다. 잠시 《PD수첩》에도 해빙기가 왔다. 당시 미국에서 벌어졌던 '월가를 점거하라'를 통해 현재 경제위기의 본질, 새로운 사회운동의 태동을 취재해 방영했다.

| 2011년 11월 29일 928회 '이국철의 비망록'

기획 김철진 / 연출 김환균, 김영혜

이국철 SLS 회장이 이명박 대통령의 형인 이상득 의원, 신재민 전(前)문화체육관광부 차관 등 권력 최상층부에 정기적으로 로비를 해왔다고 폭로했다. 그의 로비는 정치권과 검찰 상층부에 광범위하게 펼쳐져 있었고, 자신의 비망록에 자신의 로비 상황들을 적고 있었다. 《PD수첩》은 비망록을 입수해서 왜 그가 이렇게 폭로를 했고, 폭로의 내용은 무엇인지 심층 취재했다. 김재철 사장과 노동조합과의 단체협약, 그리고 김사장과 시사교양PD들 사이의 회동 이후에 가능했던 아이템이었다.

| 2012년 1월 17일 934회 '허니문푸어, 빚과 결혼하다'

기획 김철진 / 연출 이중각

빚더미와 함께 결혼을 시작하는 청년세대의 비극을 다루었다. 이 프로그램은 '허니문푸어'라는 신조어를 만들었다. 이 아이템을 마지막으로 PD수첩은 아직까지 방영을 못하고 있다.

응답하라! PD수첩

PD수첩에 가해진 폭력과 저항의 기록
ⓒ PD수첩 제작진 2012

1판 1쇄 2012년 11월 30일
1판 2쇄 2012년 12월 5일

지은이 PD수첩 제작진

펴낸이 강병선
편집인 황상욱

기획·책임편집 황상욱 구성 조은호 디자인 이보람
표지 그림 강풀 캘리그라피 최형환 교정 남연정
마케팅 이숙재 온라인 마케팅 김희숙 김상만 이원주
제작 서동관 김애진 임현식 제작처 미광원색사(인쇄) 창림P&B(제본)

펴낸곳 (주)문학동네
출판등록 1993년 10월 22일 제406-2003-000045호
임프린트 휴먼큐브

주소 413-756 경기도 파주시 문발동 파주출판도시 513-8 2층
문의전화 031-955-1902(편집) 031-955-3578(마케팅) 031-955-8855(팩스)
전자우편 forviya@munhak.com 트위터 @forviya

ISBN 978-89-546-1974-5 03300

www.munhak.com